国宏智库丛书（2018）

交通大融合

汪　鸣　吴文化　樊一江　等著

中国计划出版社

图书在版编目（CIP）数据

交通大融合 / 汪鸣等著. -- 北京 : 中国计划出版社，2019.6（2022.4重印）
（国宏智库丛书. 2018）
ISBN 978-7-5182-0974-3

Ⅰ. ①交… Ⅱ. ①汪… Ⅲ. ①交通运输经济一研究一中国 Ⅳ. ①F512

中国版本图书馆CIP数据核字（2018）第284044号

国宏智库丛书（2018）
交通大融合
汪鸣　吴文化　樊一江　等著

中国计划出版社出版
网址：www. jhpress. com
地址：北京市西城区木樨地北里甲11号国宏大厦C座3层
邮政编码：100038　电话：（010）63906433（发行部）
新华书店经销
北京虎彩文化传播有限公司印刷

787mm×1092mm　1/16　16.75印张　263千字
2019年6月第1版　2022年4月第3次印刷

ISBN 978-7-5182-0974-3
定价：67.00元

《国宏智库丛书》编委会

本书课题组成员

汪　鸣　吴文化　樊一江

谢雨蓉　毛科俊　丁金学

张广厚　陈晓博　马艺菲

向爱兵

总　序

自1999年以来，中国宏观经济研究院每年都从课题研究中，选出一些为社会各界比较关注的优秀成果，结集为《中国宏观经济丛书》公开出版。2015年入选首批国家高端智库试点单位以来，中国宏观经济研究院进一步加强智库建设，连续几年在全国智库排名中位列前几名，其中，2016年在部委直属事业单位智库系统影响力排名中位居第一。为进一步加大对中国宏观经济研究院优秀研究成果的宣传力度，持续扩大中国宏观经济研究院的学术影响力、决策影响力、社会影响力和国际影响力，中国宏观经济研究院进一步整合院内优秀研究成果，集中打造《国宏智库丛书》品牌，加强与同行的学术交流，更好地为经济管理部门、科研机构和社会各界提供服务。

《国宏智库丛书》（2018）是中国宏观经济研究院优秀课题研究成果的集合，包括全面建成小康社会解难题补短板、完善房地产市场调控政策、振兴实体经济壮大制造业的政策措施、旅游景区收费体制、我国竞争政策实施的思路与路径、推动交通运输与经济社会融合发展、保障和改善民生以及收入分配问题等主题。

由于水平所限，丛书内容难免有不足之处，我们诚恳期待社会各界进行批评指正，以帮助我们不断提高研究水平和丛书质量。

中国宏观经济研究院

《国宏智库丛书》编委会

2018年10月

前　言

交通运输是经济社会重要的基础性、先导性、战略性产业，一直以来也是技术革新、业态更新、模式创新的试验应用载体和新兴产业的孵化成长平台。随着经济社会发展进步、运输服务需求升级和交通运输自身条件改善，在现代信息技术应用、资源利用方式变革和商业模式创新的推动下，我国交通运输与经济社会发展关系正在发生巨大变化，这种变化的显著特征是交通运输从需求伴随、派生性行业逐步融入现代经济社会发展创新之中，成为在设施空间布局、装备创新应用、运输服务模式、信息化智能化等多维组合基础上对产业发展、经贸流通、城镇国土开发具有引领性的行业，满足单纯的运输需求不再是交通运输发展动力机制的全部，未来的交通运输发展有针对性地提供个性化、多样化、高质量、高效率运输服务，并带动制造、商贸、旅游、消费等产业发展和产业组织模式创新，以及城市、城乡空间结构改善。交通运输相关产业和空间布局融合互动、互促共进态势明显，正深刻改变着生产生活方式，以及政府管理模式，成为驱动经济增长与新旧动能转换的重要力量。

在我国经济社会、交通运输均迈入转型升级发展阶段，面临新的战略机遇期的关键节点，突破交通运输与经济社会需求伴生、派生发展思路，改革现行管控治理方式，主动迎接和推动交通运输与经济社会深度融合发展，既是深化供给侧结构性改革、更好满足人们美好生活需要的客观要求，也是经济社会转型发展创新的重要路径。但融合发展所催生的新业态，既会带动新的经济增长，也会带来新的风险。为此，应遵循客观规律，把握未来趋势，以需求为导向，趋利避害、精准调适，在加快构建现代综合交通运输体系的基础上，围绕跨业、跨域、跨界三个层维，即交通运输与相关产业跨业融合培育新的经济增长点、与国土开发和区域经济跨域融合拓展新的发展空间、与民生生态等跨界融合形成新的发展动能，统筹传统与新兴、存量与增量、硬件与软件、国际与国内四大方面，促融合、谋发展，实现交通运输与中国创新、中国制造、中国服务、中国开放互促共进，着力建设交通强国，为决胜全面建成小康社会、建设社会主义现代化强国奠定坚实基础。

本书正是针对交通运输与经济社会互动关系这一转变趋势而研究编撰的，是在2017年国家发展改革委宏观经济研究院重点课题《推动交通运输与经济社会深度融合发展研究》成果基础上编辑而成，课题主管领导为汪鸣、吴文化，课题负责人为樊一江。本书分为总论篇、理论篇、实践篇三篇，共十章。汪鸣、吴文化负责总体设计与把关，樊一江负责思路拟定、框架设计和全文修订，具体各章执笔人分别是：第一章，樊一江、谢雨蓉、毛科俊、丁金学、张广厚、陈晓博、向爱兵；第二章，张广厚；第三章，丁金学；第四章，陈晓博；第五章，毛科俊；第六章，马艺菲、谢雨蓉；第七章，张广厚、蒋中铭；第八章，丁金学；第九章，毛科俊；第十章，陈晓博。

在研究过程中，课题组得到了国家发展改革委相关领导以及基础产业司、宏观经济研究院、国务院发展研究中心、中国科学院、中国交通运输协会、中国铁路经济规划研究院等相关负责同志、专家学者的指导和帮助，也得到了江苏省、贵州省、河南省、深圳市、武汉市、西安市、济南市、长沙市、南通市等省市相关部门，以及中国商用飞机公司、中国远洋海运集团、天津港集团、顺丰速运、传化智联、满帮集团、百度、滴滴出行、威马汽车、雅骏新能源汽车、嘀嗒拼车、接我巴士、摩拜单车、即行等单位的大力支持，在此表示衷心感谢。本书尝试结合新的形势环境对交通运输与经济社会融合发展相关问题，特别是融合催生的新规律、新业态、新模式等进行梳理和分析，但由于研究水平有限，还存在不少疏漏和争议，尤其对融合发展定量测度、政策应对等方面的研究仍只是粗浅探索，仅为抛砖引玉，敬请读者批评指正。

《交通大融合》课题组

2018年10月

目　录

总　论　篇

理　论　篇

实　践　篇

总　论　篇

第一章 交通运输与经济社会深度融合发展

——总体思路与任务

内容提要 交通运输是经济社会重要的基础性、先导性、战略性产业，是先进技术试验应用载体和新兴产业孵化成长平台。近年来，随着经济社会发展进步和交通运输自身条件改善，在现代信息技术应用和商业模式创新的推动下，我国交通运输与经济社会发展关系正在发生巨大变化，融合互动、互促共进态势明显，并深刻改变着传统生产生活方式，以及政府管理模式，成为驱动经济增长与社会发展新旧动能转换的重要力量。在我国经济社会、交通运输均迈入转型升级战略机遇期的关键节点，突破传统发展思路、改革现行管控治理方式，主动迎接和推动交通运输与经济社会深度融合发展，既是深化供给侧结构性改革、更好满足人们美好生活需要的客观要求，也是经济社会转型创新发展的重要路径。但融合发展所催生的新业态，既会带动新的经济增长，也会带来新的风险。为此，应遵循客观规律，把握未来趋势，以需求为导向，趋利避害、精准调适，更有效地推动交通运输与经济社会深度融合发展。本章通过分析交通运输与经济融合发展机理与趋势、推动二者融合的战略价值等，研究提出推动二者融合的总体思路、重点任务、主要路径和相关建议。

随着经济社会发展和技术模式创新进步，许多领域均出现了融合发展的新现象，如产业融合、产城融合、军民融合等。特别是在现代互联网技术广泛应用的背景下，融合范围更广，趋势更为显著，影响更加深刻。近年来，融合问题备受各界关注，融合研究逐渐从微观层面延伸到宏观层面，从技术、工艺等具象领域渗透到概念、模式、业态等抽象领域。从国内外发展来看，经济社会各领域之间融合发展已是大势所趋，交通运输领域也不例外。这一趋势，不仅改变着交通运输自身运行状态与发展方式，更影响着人们生产、生活的方方面面，需要我们提高认识，把握客观趋势与规律，系统研究，认真对待。

一、融合发展的机理与趋势

（一）融合的一般规律和特征

一个领域区别于另一个领域，通常在于二者之间存在较为确定的边界，不同领域发生融合意味着原来的边界被突破。在经济社会系统中，这种以突破传统边界为标志的融合现象发生在许多领域，它们由不同因素驱动，产生不同的融合形态、融合结果，以及由融合带来不同的经济社会正负效应，这其中也存在一般性的规律和特征。

专栏1-1　融合的概念及演进
所谓融合，即“几种不同的东西合成一体”，核心是“改变事物的本来属性，融合创新为新事物”。融合现象长期存在，对融合问题的关注最早源于生物、歌剧等领域，生物领域侧重于细胞、生物体性状等相互融合形成新的生物结构；歌剧则是不同表演形式、演唱方法相互融合而产生的新的艺术形式。 资料来源：科普中国百科科学词条编写与应用工作项目。

1. 融合的驱动因素

驱动融合的因素多种多样，其中有一些共性因素，它们单独或者共同对融合的发生发挥着重要作用。

（1）技术驱动

经济社会中不同领域都有各自的技术或工艺，由此构成的技术壁垒往往成为不同领域的边界。当技术取得突破性进展，或者不同领域的技术创新性组合在一起，形成新的技术，领域之间原有的边界就被打破，实现了融合发展。

专栏 1－2　技术驱动的融合案例——三网融合

三网融合是指电信网、广播电视网、互联网在向宽带通信网、数字电视网、下一代互联网演进过程中，通过技术改造，其功能趋于一致，业务范围趋于相同，网络互联互通、资源共享，形成相互渗透、兼容并逐步整合成统一的信息通信网络，为用户提供语音、数据和广播电视等多种服务。三网融合并不意味着三大网络的物理合一，而主要是指高层业务应用的融合，即手机可以看电视、上网，电视可以打电话、上网，电脑也可以打电话、看电视，三者之间相互交叉，形成你中有我、我中有你的格局。

资料来源：科普中国百科科学词条编写与应用工作项目。

（2）需求驱动

经济社会运行的最终目的都是为了有效满足人的需求，当人们对不同领域的需求变得密不可分，并逐渐产生一体化、可扩张的需求时，这些领域就会在需求的推动下融为一体。

专栏 1－3　需求驱动的融合案例——网购与物流的融合

零售与物流是两个不同的领域，零售满足人们对商品所有权的需求，而物流满足的是货物在时空维度上位移的需求。当网购成为零售一种新业态，消费者对商品所有权的需求和位移的需求就成为一个整体。尽管当前这两个领域仍在独立运行，但龙头企业的业务融合趋势已十分明显，对两种需求一站式满足已成为主流。

资料来源：课题组整理。

（3）供给驱动

经济社会中不同的供给主体依托不同的资源要素，构建一个领域，提供私人产品或公共产品去满足社会需求。当供给主体利用的资源要素或提供产品的方式等不再彼此隔绝，就会驱动融合的发生。

专栏 1－4　供给驱动的融合案例——军民融合

军民融合就是把国防和军队现代化建设与经济社会发展结合起来。二战后，美国政府强调军转民，实行军工科研资料解密，鼓励将国防科技成果和人才转入民用企业。日本大力发展民间军事工业，成立军民一体化公司，以民用带动军用，推进军民一体化进程。我国要求国防工业服从和服务于国家经济建设大局，建立和完善军民结合、寓军于民的武器装备科研生产体系、军队人才培养体系和军队保障体系。

资料来源：课题组整理。

（4）政策驱动

无论是供给还是需求，主要都是市场层面对融合的驱动因素，而政策对经济社会融合发展同样发挥了重要作用。政策驱动表现为两个方面，一是某一领域原本存在政策壁垒，随着政府放松规制，壁垒消除，融合发生；二是政府采取鼓励性措施，着力推动不同领域融合发展，如我国正在推动的“互联网+”行动计划。

专栏1-5　政策驱动的融合案例——综合性金融业

20世纪30年代，以美国为代表的西方发达国家对金融业实行分业规制，银行业、证券业、保险业等形成产业分立。进入80年代，各国政府放松了金融规制，消除了各产业的政策性进入壁垒，并促进融合性金融创新。商业银行、保险公司、证券公司等以金融控股公司形式进行业务重组，使银行业务、证券业务和保险业务相互交叉、渗透、融合，建立了没有业务界限、无所不包的多元化金融集团，为客户提供综合性金融服务。

资料来源：《产业融合论》。

2. 融合主体与方式

在经济社会领域，产业融合趋势最为显著，很多融合现象的发生都与产业相关，本章研究的重点也主要是围绕产业发生的融合问题。

（1）融合的主体

产业是具有某种同类属性的企业经济活动的集合，是社会分工的产物，目前出现了两种发展趋势：一是产业内部分工更加细化，分化出新的产业，走向专业化。二是不同产业相互渗透、相互交叉，最终融为一体，形成新的产业，理论界称其为产业融合（Industry Convergence）。产业融合发生在产业与产业之间，是最主要的一种融合形态。除此之外，融合还可能发生在产业与人口、城乡空间之间，如产城融合，又或者发生在产业与产业体系的延伸领域之间，如产学研融合、工业化与信息化融合等。

（2）融合的方式

一是技术融合，主要由技术驱动，出现了同一技术对不同产业环节和领域的有机串接。二是市场融合，主要由需求驱动，使原来的细分市场变为统一市场，但这并不意味着需求由多元化走向单一化，而是零散的分段需求转变为一体化、可扩张的需求。三是业务融合，主要由供给驱动，即具有相似资源组织方式或工艺流程的业务被整合在一起，形成对分段独立运行产业的发展挤压。四是管理融合，通常由技术、供给、政策等多重因素驱动，包括企业层面的管理融合，如基于现代信息技术与管理软件等发生的管理融合，也包括宏观层面的管理与调控，如在管理公共事务中融合经济手段、法律手段、行政手段等，这对目前的分行业管理带来巨大挑战，如网约车模式和企业的出现，使得交通、金融、安全、信息等部门均出现无法有效管理的局面。

3. 融合引致的结果

融合发生在经济社会的不同领域，产生的结果多种多样，产业作为主体与其他领域的融合主要会产生以下几种结果。

（1）产业融合推动传统产业升级或产生新兴产业

具体体现为商业模式、产业组织方式、产业生命周期等重大变革。

——商业模式创新。通俗地说，商业模式就是企业致力于满足消费者哪一类需求，通过提供什么产品或者服务去满足这一类需求，企业生产这一产品或者服务需要哪些资源和如何组织这些资源开展生产经营活动，以及在这个过程中企业是如何获取收益的。产业融合创造了新的产品、满足了新的需求、形成了新的资源整合方式、构建了新的盈利模式，实现了商业模式创新。

——产业组织方式变革。产业组织是指由生产同类型产品的企业在同一市场上集合而成的产业内各企业之间的关系结构。产业融合改变了构成产业的市场主体、企业的生产经营行为、市场的竞争格局和产业创造的价值，从而带来产业组织方式的变革，甚至重新构建产业链条。

——产业生命周期改变。产业经历产生、发展和衰退的过程，被称为生命周期，通常这一过程被划分为四个阶段——导入期、成长期、成熟期和衰退期，并被描绘为一条倒“U”形的生命周期曲线。产业融合以技术变革或者颠覆市场需求等方式，推动产业生命周期演化，使曲线走势陡然变化甚至改变趋势（见图1－1）。

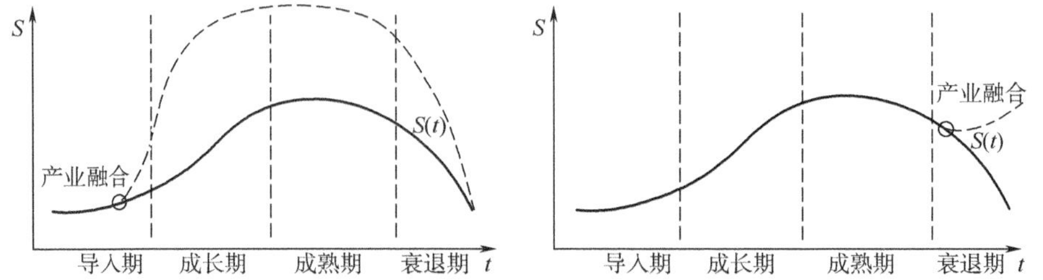

图 1－1　产业融合改变产业生命周期曲线

专栏1－6　产业融合推动传统产业升级或产生新兴产业的案例		
融合结果	具体表现	案　　例
商业模式创新	创造新产品	信息产业与装备制造、文化创意、健康医疗等产业的融合，产生了穿戴式智能设备这一全新产品。
	满足新需求	生物技术与医药产业的融合，使药品的研制周期和价格均大幅下降，使许多患者治疗需求得到满足。
	新的资源整合方式	互联网、第三方支付和传统出租车行业的融合，产生了打车软件，把乘客、司机、车辆以一种全新的方式整合在一起，并把原本处在传统出租车行业之外的社会资源也调动起来，参与运输服务的供给。
	新的盈利模式	互联网与许多产业的融合产生了“免费模式”，微信、网络视频、手机游戏等很多产品和服务均不需要消费者付费，或者不需要所有消费者付费。企业通过吸引庞大流量，在广告、数据、资金沉淀、增值服务、VIP 客户等其他领域取得收益，或者在此基础上嫁接其他产品，获取更高利润。
产业组织方式变革	市场主体改变	手机与智能化产业融合使摩托罗拉、诺基亚等传统企业没落，苹果公司等新兴企业迅速崛起。
	企业生产经营行为改变	传统商业银行的经营方式主要是依托广覆盖、高密度的营业网点，吸收存款、发放贷款、办理票据贴现等，与互联网产业融合的网络银行不再依赖于密集的实体网点，甚至传统银行赖以生存的存贷业务也已经不再是其主营业务，如平安银行橙 e 网依托虚拟平台打造中小微企业综合服务体系。

续专栏 1－6		
融合结果	具体表现	案　　例
产业组织方式变革	市场竞争格局改变	互联网与交通运输产业融合产生的共享交通模式，改变了城市公共交通、出租车等自然垄断格局。
	创造新的价值	产业创造的价值体现在资源配置效率、技术进步状况、企业的利润水平、消费福利等方面，产业融合通过规模经济、生产能力的充分利用、生产组织的高效率、管理科学化、创新等途径使这些价值得到提升。
产业生命周期改变	导入期融合	在产业的导入期，产业融合带来的技术变革使投入和成本大幅下降，或者生产的新产品引起需求爆发式增长，使得产业快速进入成长与成熟期。
	衰退期融合	在产业的衰退期，产业融合使传统产业重新焕发生命力，再次显示出成长期或者成熟期的特征。

（2）产业与人口城乡空间融合形成新的经济地理格局

人既是重要的生产要素，也是产业服务的对象，人口、城乡和产业均以地理空间为载体，依托地理空间分布。当产业与人口城乡空间融合发展，既有的经济地理格局就会被打破。在农村地区，农业与农民千百年来维系着自给自足的农业经济与一家一户的农业生产方式，三农融合发展加速了农业产业化和农村地区的城镇化，改变了这一经济地理格局。在城市，产城融合、港城融合等是形成产业与人口聚集的重要动力，对于城市规模扩张以及都市圈、城市群的形成发挥了重要作用。同样，产业与人口城乡空间的融合发展在区域开发、对外开放等领域，对于经济地理格局也会产生重要影响。

（3）产业与产业体系的延伸领域融合改变投入产出关系

投入要素、产出产品或服务是产业基本的运行方式，这些均处于一个大的生态系统当中，当产业与这一生态系统的方方面面产生融合，就会改变投入的要素、产出的产品和服务以及投入产出的方式。比如，把产业发展与人才教育培训、科技成果转化相融合，可以使资源禀赋转化为可投入要素，产业与生态环境的融合发展，改变粗放型的资源投入方式等。

4. 融合产生的影响

融合对经济社会的影响是多方面的，可能产生推动经济社会发展的正面效益，也可能带来不利的负面效应。

（1）产业融合发掘了新经济增长点

产业发展创造的增加值体现为国民经济的增长，产业融合无论是推动传统产业升级，还是助力新兴产业崛起，都可能使国民经济体系出现新的增长点。

（2）产业与人口空间融合开拓了新发展空间

在产业与人口空间融合形成的新经济地理格局中，会产生许多新的发展空间，有的是通过产业布局形成的空间拓展，有的是通过区域之间的产业联系形成的空间辐射，既包括国内，也包括国际产能合作的国际空间。随着互联网与产业的融合发展，人类在现实空间之外又开拓出虚拟空间，实现了更大范围、更多维度的空间拓展。

（3）产业与产业体系的延伸领域融合产生新增长动力

投入产出推动着经济增长，产业与产业体系的延伸领域融合，改变了传统的投入产出内容与方式，会使经济社会发展形成新的增长动力，实现新旧动能转换。

除此之外，以产业为主体的融合发展也会产生一些负面影响，比如形成新的垄断，诱发一些生产领域的产能过剩，如网约车巨头合并后对市场的绝对主导、共享单车对自行车产业产能盲目扩张的诱导等。此外，某些新业态发展也可能对个人空间造成侵犯，或者带来其他经济安全隐患等。

（二）交通运输与经济社会融合发展的规律与特点

交通运输是国民经济基础性产业，为经济社会运行提供人和物的空间位移服务，它与经济社会其他领域的融合发展具有融合的一般规律和特征，同时由于自身的产业特征和发展规律，在融合发展进程中也体现出一些特殊性。

1. 交通运输业的特点

交通运输具有基础性、服务性、公共性、强管制性、资本密集性、高沉没成本、网络拓展性、网络规模经济性、内部弱替代性、外部性、需求快变性与供给慢变性等基本特征，这些对交通运输与经济社会融合发展产生了重要影响。

（1）交通运输与经济社会密不可分

运输需求是经济社会运行的派生需求，交通运输业需要依托经济社会而存在，同时又为社会生产生活提供一种必不可少的服务。因此，交通运输既需要市场发挥配置资源的决定性作用，又需要政府维护其公共服务属性，它与经济社会融合发展具有逻辑基础和内在动力，并受到需求、供给、政策等多重因素驱动。

（2）交通运输与新技术相互促进

交通运输本身就是新技术的开拓者，工程施工、装备工具、运输组织等相当一部分是技术密集型领域，同时，现代交通运输的发展也得到了新技术的有力支撑，成为新技术新模式孵化与推广应用的载体。因此，技术也是推动交通运输与经济社会融合的重要驱动力。

（3）交通运输存在规模经济到规模不经济的发展规律

在交通基础设施发展初期，各种运输方式的建设和网络规模的扩大会使边际成本快速下降，显示出显著的规模效应。当交通网络趋于完善，进一步的扩张就会出现规模效应递减，甚至由于新建设施工程造价偏高、经济效益不佳而出现规模不经济。交通运输与经济社会的融合发展是突破规模不经济瓶颈的有效手段。

（4）交通运输关联产业和领域众多

交通运输自身产业链长，当它与现代物流融合发展成为一种生产生活组织方式，其关联产业范围进一步扩大，并依托供应链延伸到经济社会的各个领域，在带动经济发展、促进就业、营造产业发展环境等方面发挥了重要作用。融合发展是交通运输与关联产业、相关领域形成共生关系并相互促进的必然要求。

2. 交通运输与经济社会融合变迁历程

交通运输与经济社会长期共存，并相互调整适应，一直在融合中发展前进，同时也在融合中改变着传统生产生活方式和世界政治经济格局。

（1）远洋运输与国际贸易、海上军事力量的同步扩张

从600多年前郑和第一次下西洋，拉开全球远洋贸易序幕，航海事业的发展就开始与国际贸易的拓展融为一体。15世纪，欧洲海洋船舶设计与发展异常迅速，同时数学、天文及地图绘制方面的研究被应用于航海技

术，大大扩展了远洋船舶的航行范围，降低了远航的风险与不确定性，开启了人类大航海时代，也使国际贸易从大陆、沿海延展至全球。这一时期，欧洲在舰船建造与武器装备方面也取得长足进步，并在此基础上建立了强大的海军，形成了对国际贸易航线的控制力，国际商船队在国际贸易中获取的巨大利益又为海军的装备与扩张提供了经济支撑。在长达 4 个世纪的时间里，随着海运作为一种交通运输方式的重要性大幅提升，欧洲国家海外贸易与殖民活动空前活跃，交通运输、国际贸易、军事活动形成了主导世界格局的合力，并推动欧洲经济和政治重心由地中海向大西洋沿岸转移。20 世纪中期，集装箱运输在美国港口启航，随之而来的是美国制造业对外输出与全球化生产、贸易体系的快速构建。随后集装箱运输被应用于军事后勤保障，并在越南战争中发挥了重要作用。欧洲、美国的发展历程展现了交通运输与贸易、技术、军事、地缘政治、经济地理等的相互渗透，可以被视为现代交通运输与经济社会融合发展的初级形态。

（2）铁路运输与工业革命、区域开发齐头并进

19 世纪初，在蒸汽机引发工业革命的几十年之后，第一台运行于铁轨上的蒸汽机车问世，之后英国修建了斯托克顿—达灵顿铁路并投入运营，成为近代铁路运输业的开端。从此以后，铁路运输就与工业化进程和区域开发紧密联系在一起。1862 年，美国通过了第一个建设太平洋铁路法案，随后开始修建横贯北美大陆的太平洋铁路，历时 7 年完成这一浩大工程。这条贯通东西的交通运输线路为美国开垦西部广袤土地和获取西海岸丰富矿产资源提供了重要支撑，并使东部地区成为西部自然资源的加工地和销售市场。在我国，铁路运输的发展与产业布局、国土开发的进程同样不可分割，早在“十一五”期间提出的铁路“八纵八横”主通道就与矿产资源开发、经济走廊建设紧密结合，新一轮铁路规划与经济社会融合发展的趋势则更加明显。

（3）汽车与道路运输和工业化、能源革命共同推进

同远洋船舶、铁路机车的发展历程相似，汽车的出现同样建立在一系列工业发明与设计的基础上。从 19 世纪末第一辆现代汽车在德国诞生，石油、钢铁、铝、化工、塑料、机械设备、电力等众多领域与汽车产业的发展就一直密不可分。尤其是 20 世纪初，建立在大众需求与乡间道路状况基础上的 T 型车得到了市场认可，此后流水生产线技术又被运用到汽车

生产之中，从而开始了汽车在美国的大批量生产。随着道路网络升级完善，特别是高速公路迅猛发展，汽车运输迎来了广阔市场。在汽车运输发展进程中，能源始终扮演着重要角色，从最初的蒸汽动力到柴油、汽油，再到与新能源产业协同发展，出现了压缩天然气、液化石油气、生物质燃料，以及电动、混合动力、燃料电池等新能源汽车。近年来，电子技术的发展又使汽车运输步入电子化、智能化时代，融合发展的边界进一步扩大。

（4）交通运输与现代信息技术、商业模式深度融合催生新业态新模式

随着五种现代交通运输方式的发展成熟，相互之间优势互补、协同运作、加强衔接，综合交通运输体系开始在世界范围内建立起来。近年来，互联网、大数据、云计算等现代信息技术蓬勃发展，并逐渐融入综合交通运输体系，共享经济、体验经济、平台经济、众包众筹等新型业态模式也在相关领域得到广泛应用，交通运输与经济社会的融合发展逐步走向深入。借助后发优势，我国在交通运输与新技术、新业态等融合发展中，从规模、速度、范围、模式等方面逐渐超越西方发达国家，形成了电商快递、打车软件、共享单车等众多融合发展的竞争优势领域，并在通道经济、枢纽经济、高铁经济、航空经济等方面做出了积极探索，并取得了丰硕成果。

3. 交通运输与经济社会融合的新趋势

交通运输与经济社会融合发展并不是新鲜事物，但随着人类物质文化生活水平快速提升、社会文明的不断进步和交通运输自身的发展成熟，特别是以互联网为代表的现代信息技术、供应链技术和金融服务等的创新，交通运输与经济社会融合的广度、深度出现前所未有的变化，在遵循融合一般规律的基础上，呈现出一些新的特征与趋势。

（1）网络信息技术在融合中的作用更加凸显

从以往发展历程来看，交通运输与经济社会的融合首先并主要发生在技术层面，技术一直是融合发展的首要驱动力。20 世纪下半叶，信息技术引发第三次产业革命，推动生产向自动化、智能化方向演进，也使交通运输的供给与需求发生深刻变化，与经济社会的融合步伐明显加快。尤其是互联网技术的发展，使交通运输成为大众创业万众创新的重要领域。技术一直是交通运输与经济社会融合发展的介质和动力，而网络信息技术则以

一种全新的资源整合与运输组织方式，满足社会生产生活对传统运输的需求。并不断诱发新的需求。它不仅是交通运输与经济社会融合发展的驱动力，而且本身已经演变成一个新崛起的产业，成为与交通运输融合发展的主体。除此之外，网络信息技术还突破甚至颠覆了传统发展边界，为更多产业、更多领域与交通运输融合发展创造了条件。

（2）融合范围更广、程度更深

从最初的人力、畜力运输方式，到后来的机械动力交通工具，再到现在五种现代交通运输方式，未来还会创造和衍生出更多交通运输新领域，交通运输效率快速提升，服务模式日新月异，与之相伴的是其与经济社会融合范围不断扩张，融合程度日益加深。目前，交通运输已经与农业、制造业、旅游业、商贸流通业、房地产业等众多产业呈现出突破边界的融合发展趋势，产生了诸多新产业、新业态、新模式。这种融合突破不再是简单的互为因果的共生关系，而是真正成为有机整体，正在深刻改变着经济社会发展形态。交通运输在国土空间开发、人口要素集聚、产业优化布局等方面也不再仅仅从外围发挥支撑引领作用，而是将自身的发展融入其中，依托运输通道、交通枢纽构建的经济走廊、经济中心城市已遍布全球。

（3）融合效应更大

随着交通运输与经济社会融合发展的范围变得更广，程度不断加深，融合产生的效应也越来越大。由于交通运输存在规模经济到规模不经济的发展规律，在与其他产业融合发展的进程中，交通运输不仅实现了自身的降本增效，而且降低了经济社会的平均运行成本，重新回归到规模经济的发展轨道。技术进步和产业变革也使融合发展的乘数效应持续增强，带动了传统产业的升级进步，同时融合产生的新产业、新业态、新模式逐步成为经济新增长点，为新旧动能转换提供了重要支撑。交通运输与经济社会在空间维度上融合发展的效应不断扩大，许多在传统经济地理格局中处于边缘、内陆、末梢、偏远等不利区位的地区，在深度融合中被赋予了新的区位标签与经济能量，开拓出更广阔的发展空间。

（4）融合发展面临的风险和不确定性增多

经济体系和社会结构日益复杂是经济社会发展的总体趋势，国家对经济社会总体调控的难度在加大，交通运输与经济社会融合发展牵涉传统产业的变革、新生事物的诞生，可能面临政府管理、行业垄断、市场竞争和社会稳定等多重风险。同时，全球一体化使得国家之间交往更加频繁，联系更加紧密，相互影响也更为显著，交通运输与经济社会融合发展在国际环境中演进，还将面对国际局势复杂多变以及他国政策、法律、文化传统、宗教习俗等众多不确定性因素。此外，在与经济社会融合发展的进程中，交通运输自身也在不断完善，系统架构变得日益庞大和复杂，涉及要素与关联领域也越来越多，特别是融合催生并快速发展的新业态、新模式，发展的风险与不确定性在系统内部也不断累积，对既有的政策秩序、法律边界等也提出了新的挑战。

二、深度融合发展的战略价值

交通运输与经济社会融合发展并非新鲜事物，而是长期存在的普遍现象，只是不同发展阶段交通运输与经济社会之间融合关系显现的形态有所差异。当前，两者融合程度大大超过以往任何历史时期，其顺应时代变迁、技术进步和业态更迭，更大程度上打破了传统边界。交通运输成为引导经济社会要素流动、相互渗透、模式创新的重要因素，使交通运输与经济社会成为一个相互促进支撑更为紧密的有机整体，两者深度融合使关联领域、业态、环节等更为紧密互动、双向推动、动态调适，推动交通运输自身以及经济社会发展方式深刻变革，对供需精准匹配与系统整体升级产生深远影响。顺应新的形势变化，推动交通运输与经济社会深度融合发展，不仅是推进交通运输自身转型升级、构建现代综合交通运输体系、建设交通强国的客观要求，更是深入推进供给侧结构性改革、构建现代经济体系、拓展经济社会发展空间、推动新旧动能接续转换、建设社会主义现代化国家的必然选择。

（一）我国交通运输与经济社会具有深度融合发展的条件和要求

交通运输与经济社会深度融合是二者均迈入较高发展阶段后的客观趋势和必然要求。当前，我国经济社会和交通运输均发展到一个新的较高水平的历史阶段，加之国际环境形势特别是全球基础设施呈现新的发展趋势，对交通运输与经济社会深度融合发展提出新的更高的要求（见图1－2）。

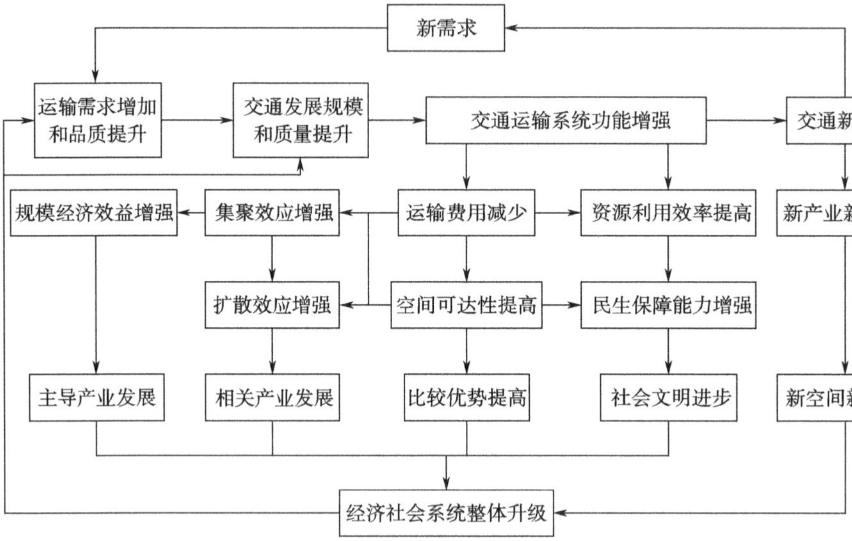

图 1-2　交通运输与经济社会融合发展的逻辑关系

1. 我国迈入建设社会主义现代化国家新时代，运输派生需求深刻变化

当前，我国经济已由高速增长转向中高速、高质量发展阶段，正处于转变发展方式、优化经济结构、转换增长动力的攻坚期，即将在全面建成小康社会的基础上，朝着基本实现社会主义现代化，进而向建设社会主义现代化强国迈进。作为世界第二大经济体，我国经济规模已经超过 82 万亿元人民币，进出口年贸易总额近 4 万亿美元，社会消费品零售总额超过 36 万亿元人民币，均位居世界前列，相当规模种类的产品产量位居世界首位，人均 GDP 超过 8800 美元，经济社会发展不断升级进步，生产、生活、消费、交易方式等加快变化，人们对美好生活的向往更加迫切。由此带来的交通运输需求随之发生深刻调整，在继续保持大体量运输需求规模的同时，多样性、异质性、实效性、个性化等运输需求迅速增长，特别是互联网等带动下的新业态新需求快速涌现，需要通过融合发展予以及时有效满足。此外，随着新时代国家战略目标和任务调整，现代产业体系建设，创新驱动、区域协调、乡村振兴、可持续发展、军民融合等战略实施，要求交通运输在基础设施能力、服务模式、服务质量和效率等方面适应更加深刻的经济社会变革，彻底改变传统的交通运输与经济社会以相互依存为主

要特征的融合关系，转向顺应经济社会深度变革的多层次、多模式、广范围的深度融合互动发展，为现代经济体系，特别是产业、城镇、开放、民生、生态、军民等领域，提供更适用的交通运输承载平台和营造全链条发展环境。

专栏1-7 近年来我国交通运输新需求新变化

2017年，我国最终消费对经济增长的贡献率达58.8%，交通是消费增长较快的主要领域之一。汽车保有量已由2000年的13辆/千人快速增加到2017年的156辆/千人，小汽车加快进入家庭极大改变了人们的出行理念和方式，拉动了假日消费。

2017年，全年民航旅客运输量达到5.5亿人次，同比增长13%，其中国际航线达5545万人次，同比增长7.4%。

2017年，通用航空企业数量、在册通用航空器架数、全年飞行小时分别同比增长14.1%、15%和9.5%，通用航空发展迅猛。

2017年，多式联运、无船承运、无车承运等货运组织形式快速发展，快递业务总量同比增长28%，国家铁路集装箱、商品汽车、散货快运量同比分别增长47.9%、58%和9.3%。集装箱铁水联运量同比增长超17%。

2. 我国交通运输率先步入现代化新征程，转型升级提质增效形势紧迫

当前，我国交通运输正处于决胜全面建成小康社会的攻坚期、优化网络布局的关键期、提质增效升级的转型期、建设交通强国的发力期，率先步入现代化发展新征程。经过多年大规模建设，特别是“十二五”时期快速发展，我国交通运输面貌大为改观，“五纵五横”综合运输大通道基本贯通，快速铁路网、高速公路网基本建成，高速铁路营业里程、高速公路通车里程、城市轨道交通运营里程、港口万吨级及以上泊位数量均位居世界第一，综合交通基础设施基本成网，覆盖范围明显扩大，服务能力显著提升，共享交通、快递电商、物流众包等业态与模式创新和发展速度惊艳世界，打造交通强国的根基已经奠定。交通运输自身发展已经成为一种具有增量价值的经济活动，成为带动经济转型和社会进步的重要力量。交通运输自身发展阶段变化以及新时代国家经济转型发展，要求交通运输进一步提升创新发展和产业化能力。通过融合发展，建设交通强国，为经济转型升级和社会文明进步提供新的路径和方式，精准对接、创新引领需求变化，优化服务供给，打开

全面提升交通运输自身发展质量与效率效益的新空间。

3. 全球基础设施进入新一轮代际更替新阶段，融合联动趋势显著

在全球探索经济增长新空间的过程中，受经济社会新需求和交通运输创新发展的双重推动，包括交通基础设施在内的全球基础设施建设已步入新一轮代际更替新阶段，呈现国际联通化、网络化、智能化、跨界融合化等新特点。高速铁路、智能公路、超级港口、智能电网、量子通信、人工智能等新一代基础设施已成为各国角逐热点和现代化发展标志，对技术、产业以及经济社会发展正在产生更加深远的影响。为抓住领先世界经济社会和交通运输发展的历史性机遇，迫切要求我国在经济布局调整优化、产业升级、城镇发展、全面开放、改善民生、生态文明建设等战略实施中，从融合加快发展和融合引领发展的视角，顺应规律趋势，加快构建具有全球竞争力的交通运输与经济社会融合发展系统。

总体来看，尽管我国交通运输与经济社会发展的融合程度在加深，两者在共生互促发展方面进步显著，但面对国际国内新的形势和要求，我国交通运输与经济社会融合发展方面仍存在需求对接不精准、供给服务不配套、资源共享利用效率不高、牵引带动能力不足等不充分不平衡不协同问题，传统发展方式、运行模式、管控手段等已难以适应当前及未来发展需要。迫切需要转变理念，抓住战略机遇，系统推进两者向更高水平深度融合发展。

（二）当前推动交通运输与经济社会深度融合发展意义重大

我国交通运输与经济社会在许多领域都已步入融合发展，融合产生的效益也在逐步显现，影响不断扩大。顺应新时代国际国内环境形势深刻变化，推动二者深度融合，不仅对交通运输自身转型升级具有重要作用，更对牵引带动经济社会整体升级进步、全面建设社会主义现代化国家具有重要战略意义。

1. 有利于提高交通运输供给体系质量和效率，扩大有效和中高端供给，推进实体经济降本增效，更好地保障社会民生，满足人们美好出行需要

（1）交通运输与经济社会深度融合发展是提高运输供给质量的基本路径

交通运输作为基础性、先导性、服务性行业，是连接生产和消费的重

要纽带。随着经济社会发展进步，作为派生需求的运输需求日益多样复杂，对运输服务供给的总体要求，特别是供给弹性、灵活性和多样性方面要求进一步提高。这就需要进一步精准对接经济社会发展、产业转型升级、人们出行消费、社会民生保障等需求，在保障交通运输基本公共服务均等化的基础上，提高交通运输供给体系质量和效率，扩大有效和中高端供给，增加高品质、快捷化、差异化、定制化的交通运输服务供给。

（2）交通运输与经济社会深度融合是推进实体经济降本增效的有效支撑

当前我国实体经济运行成本高、效率低、效益差等问题较为突出，其中运输和物流成本高是一个重要原因，既加重了制造业、商贸流通业等企业的负担，又制约了产业和企业转型，影响经济社会整体运行效率。尽管全社会物流总费用占 GDP 比率已由“十一五”末的 18% 下降至 2017 年的 14% 左右，但仍为美国和日本的 2 倍、德国的 1.9 倍、印度的 1.3 倍、巴西和墨西哥的 1.4 倍左右，企业物流费用率为 8.3%，比日本高 3.5 个百分点。这一方面与我国产业结构有关，但同时也与运输供需精准匹配度不足、运输供给效率水平不高等直接相关。推进交通运输与经济社会深度融合发展，就是要准确对接制造业、商贸业等实体经济发展需要，高效匹配现代产业运行组织模式和人们生活方式，提供专业化、精细化、一体化、多样化的综合运输及物流服务，拓展服务领域、延伸服务链条、优化服务供给，激发内生动力和市场活力，提升整体效率效益，有效降低成本。

（3）交通运输与经济社会深度融合发展是满足人们美好出行的重要保障

新时代我国社会主要矛盾已经转变为人民日益增长的美好生活需要和不平衡不充分的发展之间的矛盾，畅捷出行、便捷运输、零距离换乘、无缝化衔接是人们美好生活的重要内容。无论城市还是乡村、无论贫穷还是富有、无论发达地区还是偏远欠发达地区，人们对美好出行的向往都是一样的。近年来，随着人们生活水平提高，假日经济快速发展，人们出行频次和消费水平显著提高，“五一”“十一”“暑运”等假期客流最高峰已经超过春运，“十一假期”客流年均增速超过 10%（见图 1－3）。推动交通运输与经济社会深度融合发展，就是要以人民为中心，更加准确、更加广泛地把握不同地区、不同群体的人们日益提升、日趋多样的出行和货物运输需求，精准地予以供给保障，真正做到“行有所运、无忧畅行”。

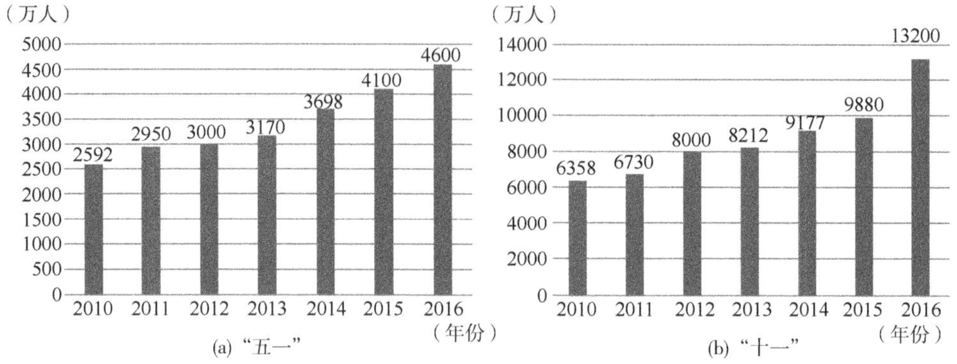

图 1－3　近年来我国“五一”“十一”假期铁路客流发送量变化情况

2. 有利于节约集约共享共用资源，盘活存量资产，提升增量价值，进一步带动技术与服务进步创新，提高交通运输及经济社会全要素利用水平

（1）精准对接需求，优化供给结构，提高资源配置水平及全要素利用效率

近年来，我国交通运输快速发展，运输结构不断优化，运输资源配置效率和水平不断提高，由此带来全要素利用率大幅提升。与此同时，现代信息技术与运输技术、物流技术等集成创新，以及交通运输领域全面深化改革，进一步提高资源节约集约共享利用水平，有效盘活存量资产，提升增量价值。以智能交通为例，通过与交通视频监控、交通采集与诱导、交通信号控制、交通类平台、GPS 与警用系统、出租车信息服务管理系统、客运枢纽信息化、智能公交、电子警察、电子停车、电子卡口等细分行业和领域深度融合，实现大数据分析层面上的交通智慧管控，大幅降低无效运输，提高运输效率。目前，我国利用互联网等技术，依托国家交通运输物流公共信息平台，实现每天服务全国 45 万用户、铁公水航 23 个交换场景和 2300 万条业务单据交换管理，向社会提供主要港口船舶和集装箱状态、全国 300 多万营运货车实时位置、全球船舶位置等信息数据查询服务，每天查询量达到 29 万次。

专栏 1-8　创新对提高全要素生产率具有重要意义
国际货币基金组织（IMF）分析指出，中国全要素生产率近年有较大变化，2002～2007 年，中国全要素生产率增长幅度为 5%～6%；而 2008～2013 年，增长幅度下降到 2%～3%。IMF 预测，如果中国把正在试点的自贸区改革等推广到全国，对中国全要素劳动生产率的年度贡献可达到 0.8%；再全面推进和落实包括户籍制度改革在内的社会制度改革，该生产率可再提高 1.3 个百分点；如果按照十八届三中全会和四中全会的改革方案，坚定不移推进改革创新，"十三五"期间年均全要素生产率增长将达到 5%～6%。

（2）助推共享经济发展，强化资源集约共享利用

交通运输是共享经济的先行领域和重要载体。网约车、共享单车、定制公交等共享经济理念下的共享交通发展，在带动共享经济发展中扮演重要角色，既培育形成新业态和供给新模式，又引导诱发新的消费增长。近年来，我国共享经济快速发展，2017 年共享经济市场交易额达 4.9 万亿元，比 2015 年增长 188%，参与共享人数超过 7 亿人，提供服务人数约 7000 万人。共享单车仅用 9 个月时间便实现周活跃用户量超过 850 万人，网络预约出租车用户规模快速突破 2 亿人，在自身迅猛发展的同时，也带动汽车、自行车等上下游产业快速发展。在科技进步驱动、产业跨界融合、模式深刻变化、空间不断拓展的趋势下，跨界合作、资源共享已成为交通运输以及经济社会融合联动发展的重要方向，对于集约利用和优化配置资源要素具有深远影响。

3. 有利于打破传统产业边界，延伸产业链和价值链，催生新业态，激发潜在需求，为现代化经济体系建设和新旧动能接续转换提供交通支撑和承载平台

（1）加速传统农业、制造业、服务业联动升级，推动制造业服务化

交通运输关联产业众多，对关联产业影响带动作用显著。一方面体现在交通基础设施建设领域，如铁路、公路、港口、机场等建设直接带动钢铁、建材、机械、电子设备和能源工业等相关产业发展，并吸收了大量劳动力。另一方面体现在运输服务有效串接关联产业链条，如紧密衔接商贸流通、金融、信息、口岸等综合服务与业务，形成价值链延伸和增值（见图 1-4）。例如，现代国际航运中心的金融服务增值部分，

大都建立在传统航运业务基础之上。再一方面体现在交通技术装备研发制造应用，尤其是高速铁路、民用飞机、汽车、特大桥梁隧道等高技术设施装备，对于带动制造业等关联产业整体升级具有重要作用（见图1－5、图1－6）。精准匹配需求，主动深入推动交通运输与农业、制造业、商贸流通业等企业协同产业链、供应链上下游能够极大延伸服务链条、拓展市场空间和服务领域，既有利于通过实体经济服务化运作模式创新，带来新利润源，又可依托供应链高效服务提高产品辐射范围与流转效率，提高产业发展能力和盈利能力，促进传统产业价值向微笑曲线的两端延伸。

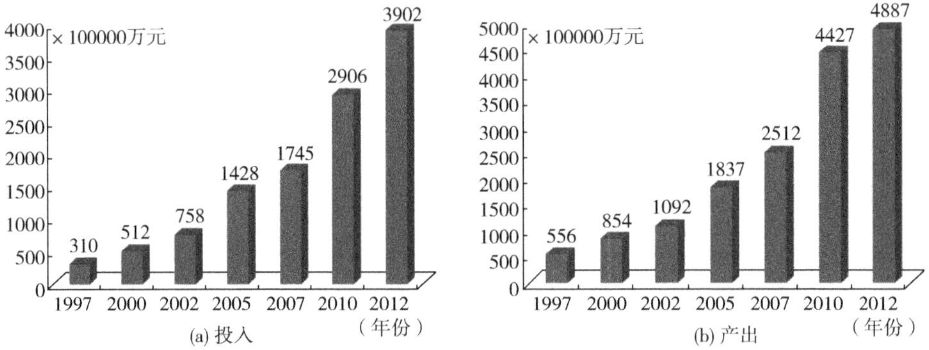

图1－4　交通运输行业对其他产业的投入产出情况

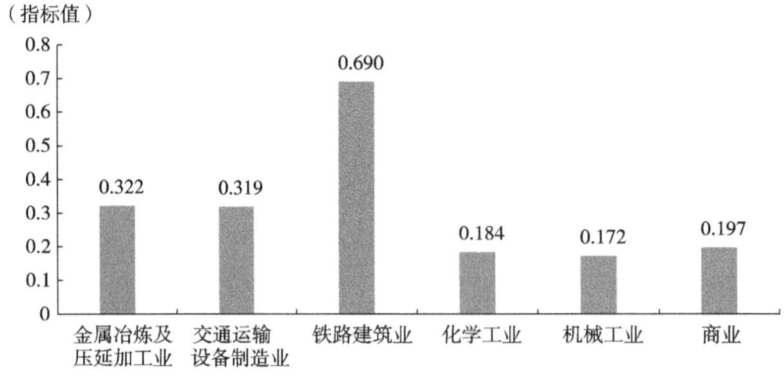

图1－5　铁路建设对关联产业的带动效应

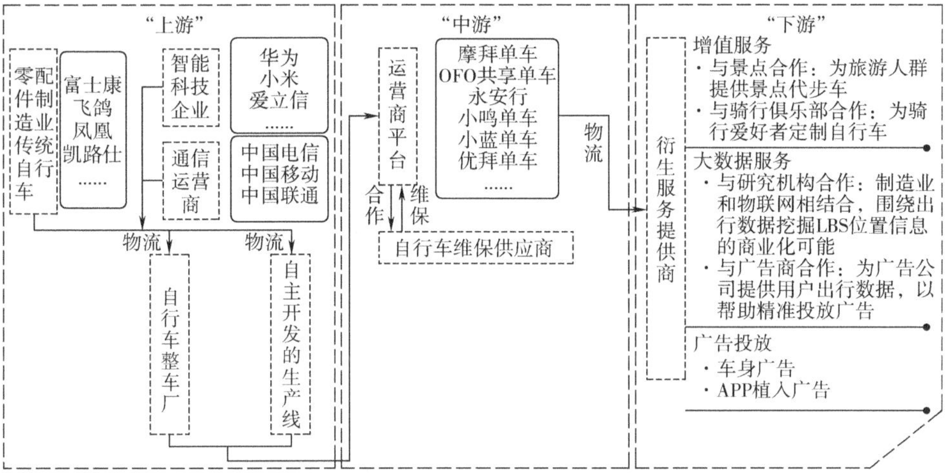

图 1-6 共享单车产业链

（2）催生新兴业态，激发潜在需求，为新旧动能接续转换提供交通承载平台

交通运输与经济社会深度融合、互动渗透、协调联动，加速重构资源组织方式。以互联网、大数据等现代信息技术为依托，实体与虚拟、线上与线下一体化高效组织，区域资源共享共用、畅捷流转、高效配置，市场新领域不断开辟，发展新动能进一步增强。近年来，围绕"交通运输+"的跨界新业态新模式不断涌现，客运服务领域的滴滴出行、神州专车，货运物流领域的货拉拉、菜鸟联盟，租赁服务领域的摩拜单车、PP 租车，导航服务领域的百度、高德，票务服务领域的携程、艺龙，停车领域的 ETCP、PP 停车等快速发展，通用航空、邮轮游艇、自驾车房车营地等蓬勃兴起。交通运输新业态新模式正在成为引领我国经济转型升级的强大动力（见表 1-1）。

表 1-1 我国主要初创企业独角兽

序号	公司	估值（亿美元）	产业领域	部分投资者
1	头条（字节跳动）	750	数字媒体/人工智能	Sequoia Capital China，SIG Asia Investments，Sina Weibo，Softbank Group
2	滴滴出行	560	供需对接	Matrix Partners，Tiger Global Management，Softbank Corp.

续表 1－1

序号	公司	估值（亿美元）	产业领域	部分投资者
3	比特大陆	120	区块链	Coatue Management, Sequoia Capital China, IDG Capital
4	大疆创新	100	硬件	Accel Partners, Sequoia Capital
5	瓜子	66	电子交易平台	Sequoia Capital China, GX Capital
6	满帮	60	供应链和物流	Softbank Group, Capital G
7	链家	58	电子交易平台	Tencent, Baidu, Huasheng Capital
8	居然之家	57	零售	Alibaba Group, Boyu Capital, Borui Capital
9	优必选	50	机器人	CDH Investments, Goldstone Investments, Qiming Venture Partners
10	汇影医疗	50	医疗	China Life Insurance, China Development Bank Capital, CITIC Securities International

资料来源：CBInsights 2019 年 1 月。

注：独角兽是风险投资行业术语，用来指估值超过 10 亿美元未完成 IPO 的初创企业。

4. 有利于加速国际国内互联互通，高效组织配置两个市场两种资源，联动国际产业合作和国内产业梯度转移，拓展经济社会发展新空间

（1）支撑引领国土开发空间优化，促进新型城镇化、乡村振兴和脱贫攻坚

推动交通运输与经济社会深度融合发展，可以充分发挥交通运输对国土空间开发的支撑引领作用，加速区域资源和人口流动，促进生产要素集聚与扩散，形成以经济开发区为代表的经济产业带、以大型集贸市场为代表的商品流通产业带、以乡镇企业为代表的县乡产业带及旅游资源开发产业带、以科技园区为代表的高新技术产业带等各类产业带，推动国土空间优化开发和区域经济协调发展。同时，有助于培育通道经济和枢纽经济等区域经济发展新形态，形成以枢纽场站为核心的区域综合开发新模式。我国京沪高铁开通运营 5 年来，累计运送旅客突破 4.5 亿人次，有力促进了沿线经济产业发展（见图 1－7）。

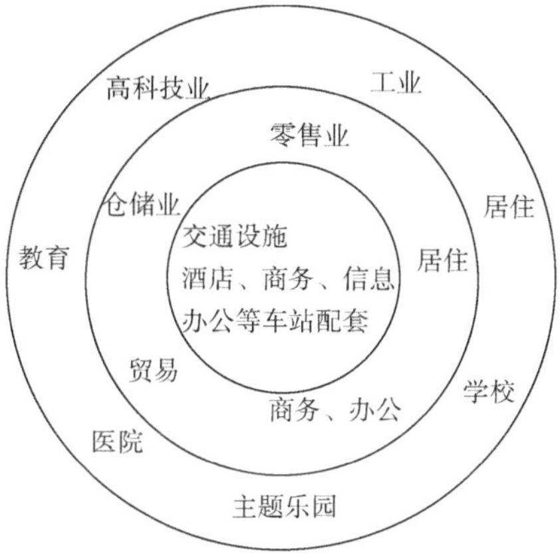

图1－7　以高铁站为核心的"三圈层"式产业空间布局示意图

此外，加强交通运输与新型城镇化以及脱贫攻坚的协同联动发展，有助于形成交通运输服务横向错位发展、纵向分工协作的发展格局，培育形成通勤高效、一体发展的都市圈，支撑中小城市和小城镇承接产业转移和特色产业发展。也有助于改善贫困地区和乡村等欠发达地区交通条件，强化交通与关联产业发展，提升欠发达地区特别是贫困地区的造血发展能力。

专栏1－9　日本新干线高铁通道经济带动效益

1964年，日本新干线建成以后，活跃了沿线的经济活动，促进了沿线产业结构的调整和产业带的形成。新干线从大阪延伸到九州后，冈山、广岛、大分乃至福冈、熊本等沿线地带工业布局迅速变化，汽车、机电、家用电器等加工产业和集成电路等尖端产业逐步取代传统的钢铁、石化产业。同时，新干线将京滨、中京、阪神、北九州四大工商业地带与静冈、冈山、广岛等新兴工业地带连接起来，形成沿太平洋伸展的"太平洋工业带"。

为谋求均衡开发，消除经济上的地区差异，日本于1970年制定了《全国新干线铁路扩建法》，并据此确定了总长约为6000km的新干线铁路建设基本计划。1982年东北新干线和上越新干线先后通车，形成伸向东北和日本海地区的高速铁路线。统计资料表明，1982年东北新干线开通后，沿线的企业及商业发展速度大大高于其他地区，自开通以后沿线城市的企业增加了45%，人口增加30%，远超日本其他地区（其他地区增加为企业15%，人口10%），东北新干线产业带逐步形成。同时，新干线的建设，使原先集中于关东地区的产业活动向中部地区、近畿地区扩散，为日本经济均衡发展做出了贡献。

（2）支撑构建全面对外开放格局，积极拓展海外合作空间

未来我国将以“一带一路”为统领，全方位、多层次、宽领域加快对外开放步伐，坚持“引进来”与“走出去”并行发展，加强国际产能合作。交通运输是密切与全球特别是周边国家合作的重要基础。依托交通运输互联互通，特别是跨境多式联运交通走廊，建设中蒙俄、中国—中亚—西亚、中国—中南半岛、新亚欧大陆桥、中巴、孟中印缅等国际经济合作走廊，建立各种范畴、不同空间尺度的国际合作区域，促进国内国际要素资源有序流动和高效配置，加快形成全球产业链供应链格局，要求加强我国交通运输与经济社会，特别是对外经济融合发展，围绕国际产能合作，深度融入全球供应链、产业链和价值链。2018 年，“中欧班列”共开行 6300 列，覆盖欧洲 15 个国家的 49 个城市，有力支撑了我国国际合作空间的拓展。我国的远洋船队目前已航行于世界 100 多个国家的 600 多个港口之间，拥有国际海运航线 100 多条，将我国沿海港口与亚、非、欧、美及大洋洲国家和地区紧密联系在一起，为我国对外经济和贸易发展提供了重要保障。

专栏 1 -10　“一带一路”国际经济走廊重点建设方向

根据《推动共建丝绸之路经济带和 21 世纪海上丝绸之路的愿景与行动》《“一带一路”建设海上合作设想》，“一带一路”建设走向主要包括：

丝绸之路经济带：一是从中国西北、东北经中亚、俄罗斯至欧洲、波罗的海；二是从中国西北经中亚、西亚至波斯湾、地中海；三是从中国西南经中南半岛至印度洋。

21 世纪海上丝绸之路：一是中国—印度洋—非洲—地中海蓝色经济通道；二是中国—大洋洲—南太平洋蓝色经济通道；三是积极推动共建经北冰洋连接欧洲的蓝色经济通道。

但也要清楚地认识到，交通运输与经济社会融合发展，特别是通过融合所催生的新业态，对实体经济和社会发展是一把双刃剑。在推动消费需求升级和供给侧结构性改革，为制造业等实体经济开拓新的发展空间的同时，也不可避免地会产生一些新的问题和风险，特别是如共享单车、网约车等交通新业态快速扩张发展“虚火”过后，对制造业等实体经济的冲击尤其值得反思和警醒。在没有筑牢“防火墙”、形成有效应对方案的情况下，这些业态创新、模式创新带来的风险将会由经济社会共同承担。为此，必须主动作为、积极应对，在推动二者深度融合发展的同时，避免交

通领域创新带来的风险延伸至经济社会其他领域。

三、深度融合发展的总体思路

进入新的历史时代，面对新技术与新模式更迭，交通运输与经济社会全领域广谱系深度融合已成为大势所趋。从发展实际来看，融合实践已经走在理论、政策之前。如何把握规律，顺势而为，主动迎接和推动深度融合发展，充分挖掘融合效应与价值，需要从战略全局的角度系统谋划。

（一）深度融合发展的总体方向

深刻把握习近平新时代中国特色社会主义思想，紧紧围绕创新、协调、绿色、开放、共享发展理念，适应把握引领经济发展新常态，顺应科技进步和经济全球化调整驱动下，各领域融合发展、业态模式深刻变化、空间不断拓展新特征新趋势，坚持以服务人民为根本，以提高发展质量和效益为中心，以深入推进供给侧结构性改革为主线，推动交通运输与经济社会跨业、跨域、跨界深度融合发展，把握构建现代综合交通运输体系的基本方向，加快建设交通强国，实现交通运输与中国创新、中国制造、中国服务、中国开放互促共进，在更高水平上发挥交通运输对经济社会的支撑引领作用，融合联动形成经济增长新动能、拓展经济社会发展新空间、塑造国际竞争新优势、构筑可持续发展新生态，为决胜全面建成小康社会、建设社会主义现代化强国奠定坚实基础。

（二）深度融合发展的主要着眼点

1. 把握基本规律与发展趋势，从跨业、跨域、跨界三个维度分类分层推进

交通运输与经济社会融合联动，其实质在于“跨”字，要素资源的跨领域整合、运营思维与逻辑模式的跨领域应用等。笼统归纳，主要集中于跨业、跨域、跨界三个层维，在推进交通运输内部各方式深度衔接融合的基础上，重点围绕产业、空间、社会及其他领域三个大的界面系统展开。

所谓跨业，是指产业层面的跨领域融合联动，包括一、二、三产业，也包括传统产业与新兴产业。所谓跨域，是指从时间及国土空间尺度范围的融合联动，包括国际、国内，以及国内空间上的区域、城际、市域、县乡村等，以及线上线下虚拟与现实空间之间，空间尺度的“跨”往往和时间高度关联。所谓跨界，是除了上述经济产业以及时间空间之外的其他界域，包括社会民生领域、生态环境领域、军队国防领域等。三个层维融合在内容等方面存在交叉，但侧重各不相同（见图1－8）。

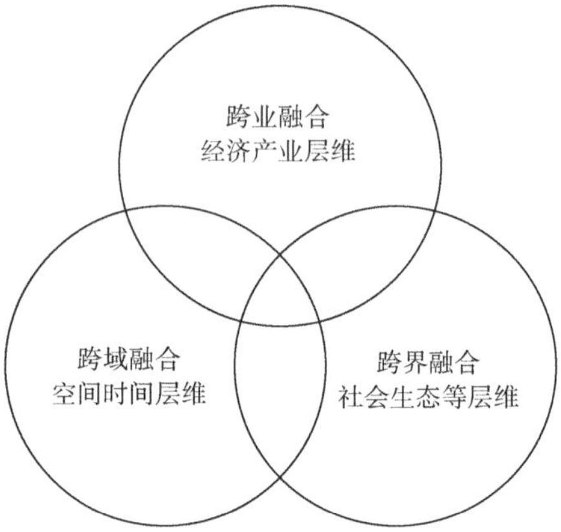

图1－8　交通运输与经济社会融合发展分析审视的三个层维

（1）围绕产业融合规律与趋势，推动交通运输与关联产业深度融合，为构建现代经济体系提供支撑

在跨业融合层面，交通运输拥有显著比较优势，一方面，交通运输作为基础和纽带，是各产业运行发展的支撑条件。另一方面，交通运输作为服务业，特别是生产性服务业，在整个经济运行中具有重要作用。同时，其在制造业服务化大趋势下，可融合联动空间十分广泛。更重要的是，随着技术进步，交通运输在围绕产业链层面的分工与串接、承载关联产业发展等方面的地位日益突出，对于建设现代经济体系作用显著。这既体现在基础设施建设方面，更体现在交通运输装备方面，比如，高铁拥有全产业链带动作用，发展意义重大。再如，交通运输与互联网等现代信息技术等联动扩展，所形成的共享经济等业态模式，对于改造传统产业，促进新兴产业发展意义重大。除此之外，新能源、电动汽车、民机、船舶等跨业融

合，作用同样显著。

（2）围绕国际产能合作和国内产业梯度转移，充分发挥交通运输在拓展国际国内发展空间、优化空间格局方面的重要作用

随着交通网络建设与完善，交通运输与产业布局、国土格局、人口分布等关联影响更为深刻，其在支撑、引领以及锚固产业布局与国土空间格局中的作用日益突出。除“通道经济”带动之外，即通过运输通道建设贯通，强化区域要素资源联系，并围绕运输通道形成若干产业聚集区、连绵带，当前围绕枢纽的“枢纽经济”，也成为带动区域经济增长的重要途径与手段。而且随着与现代互联网及企业组织运营模式深入对接，交通枢纽与通信枢纽协同发展形成的“组织枢纽”带动作用进一步凸显。未来，这一功能作用还将在我国以“一带一路”为核心的全方位对外开放新体系建设之中进一步凸显，依托运输通道与枢纽节点织密国际国内组织网络，嫁接植入口岸、贸易、信息、金融结算与规则等功能，强化国际经济走廊建设，以及围绕经济走廊的国际产能合作等紧密联动，形成跨境多式联运走廊带动产业走廊、贸易走廊、经济走廊的发展模式。

（3）着眼人们对美好生活的需要，提升交通运输与社会民生、生态环境、军事国防等领域的融合对接水平

首先，重点突出全面建成小康社会和建设社会主义现代化国家战略目标下，更加有效满足人们日益增长的美好生活需要，充分发挥交通运输在促进公共服务均等化、区域协调发展、乡村振兴发展、扶贫脱贫攻坚等方面的重要作用，强调交通运输普遍服务的基础性和精准性。在发挥交通运输支撑新型城镇化、促进国土开发作用的基础上，更加强调对贫困地区脱贫攻坚引领作用。其次，围绕可持续发展，强调交通运输绿色化、低碳化发展。围绕交通运输导向调整、结构优化以及载体平台功能拓展，促进绿色经济、绿岛枢纽经济等新业态发展，强化交通运输与蓝色海洋经济发展需求等精准对接。再次，贯彻落实新时期军民融合战略要求，强化交通运输与军事国防领域深度融合，突出交通对军事国防需求支撑保障，为军事技术民用产业化运用和发展提供载体。从国际社会发展经验来看，交通运输领域往往都是军事技术最先应用孵化的载体和平台，如航空航天等。

2. 抓住关键领域环节，围绕传统新兴、存量增量、硬件软件分策分步推进

交通运输与经济社会融合是历史性的扩散渐进过程，从个别领域向广泛领域拓展，从浅层联动到深度融合，不间断、不停滞，但又不是简单的重复循环。要更好推动交通运输与经济社会深度融合，必须立足需求，顺应规律和趋势，结合发展阶段，抓住关键领域和关键环节，围绕传统领域与新兴领域、存量资源与增量资产、硬件设施与软件系统等，分步骤、分阶段、分区域分类有序推进。

（1）突出联动培育形成新领域新业态的同时，强调新技术新模式对于传统领域的提质升级，并充分结合东中西部发展阶段差异，分类施策

现代信息技术和服务模式下，交通运输与关联领域率先越界渗透，形成网约车、共享单车等诸多新兴业态。同时，依托快递等运输业态模式升级，极大促进电商、送餐等业态发展，激发了新需求，培育了新动能，这些已被各界所关注。现实中，交通运输也有诸多传统领域，很多存量资产亟待盘活升级。特别是在中西部地区，由于发展阶段不同，尽管同为一种运输方式、一个发展领域，却呈现出明显的阶段代际差异。如深圳、上海等地区综合交通枢纽已步入“枢纽社区”，而西部地区集多种运输方式为一体的“交通综合体”都十分罕见。因此，对于传统领域，需要根据区域发展阶段差别，推进差异化融合发展和差异化提质升级。

（2）强调基础设施硬件领域融合拓展的同时，强化运输服务模式、互联网智能管控、运营网络等软性领域的融合联动

长期以来，交通运输更多作为硬性基础设施而备受关注。随着我国基础设施网络不断完善，运输服务系统、智能管控系统等软性领域发展提升更为紧迫，其渗透融合领域更广、空间更大、功效更显，特别是在现代信息技术和金融模式下，围绕信息网络平台以及组织经营的网络化发展意义更为重要。

3. 明晰定位，合理分工，充分发挥市场与政府推动融合发展的作用和优势

从实际情况来看，交通运输与经济社会融合发展，实践走在理论之前，市场走在政府之前。回顾历史，交通运输与经济社会融合发展所催生

的新模式、新业态，最先都是企业等市场主体先行探索实践而来的。而且在跨领域深度融合中，又有很多是传统领域之外的企业或机构先行实践并向纵深推广发展起来的，即“外行推动”，比如，网约车的出现，最早源于交通运输行业外IT网络工程师的创新探索，集装箱在远洋运输中的推广，最早源于卡车运输巨头的尝试等。政府在融合过程中，有正向和反向两面作用。正向作用是把握市场发展规律趋势，顺势而为，助力助推，并完善相关政策、对营造良好环境予以保障。但很多也是负面的，例如，担心新事物冲击传统格局，抑或迫于既得利益集团压力，对融合新事物、新业态、新模式予以严格限制。或者，尽管接受新的融合趋势，但仍以传统思维模式予以管控治理，影响着融合效益充分发挥。因此，必须结合交通运输自身属性特点，明确市场与政府各自分工，合力推进交通运输与经济社会各部类各领域朝着有利方向深度融合发展。

（1）强化创新驱动，充分发挥市场主体在交通运输与经济社会融合萌芽起步阶段的源生性诱发作用

融合缘起因素很多，包括技术进步、行业竞争、新产品巨额价值增值、成本控制等，其中以价值增加、效率提升、成本降低等为核心的竞争力提高，是根本动因。这些活动均以企业为核心主体，其在融合创新的价值挖掘中更具有主动性和探索性。如果市场机制够完善，就会按照市场经济基本规律进行资源优化配置。但前提是市场机制运行有效，能够对企业不合理行为带来的风险加以预防控制。

（2）充分发挥政府在推动交通运输与经济社会深度融合中的助推、引导和监管职能

各领域之所以出现融合有两个重要条件，一是技术进步，二是政府放松管制，交通运输与经济社会融合也不例外。由于交通运输自身具有很强的基础性和公益性，很难完全发挥市场机制作用，政府有效管控甚至直接提供某些公共供给十分必要。政府调控的一个重要原则，是“助推不干扰”，对融合给予一定开放度和尝试期。一方面营造有利于创新和有效竞争的政策环境，激发市场主体创新主动性，为市场探索融合、挖掘价值提供机制保障。另一方面以开放的态度看待融合形成的新事物、新业态、新模式，避免简单套用传统惯性模式加以管控，减少不必要的干扰，政府监管重点应放在防风险、防垄断、防恶性竞争等方面。再一方面，对看得准

且有重要经济社会价值的融合趋势，政府需要直接给予必要的前期助推和引导。这其中，需要正确处理好各级政府关系，包括中央、地方，中央各部门、地方各部门，地方与军方，以及与其他国家的政府部门和国际机构等的关系。

（三）深度融合发展的基本原则

1. 围绕需求本源，以有效满足多样化需求为融合发展导向

需求是融合萌发并持续发展的本源驱动，一方面通过交通运输与经济社会深度融合发展，更好满足人们不断提升、日益多样的美好运输需求，另一方面则通过融合发展，创造新的服务供给，激发潜在运输及相关联的消费等需求。推动交通运输与经济社会深度融合发展要立足市场需求，着眼战略需求，以融合联动发展为手段，扩大有效需求，增加有效供给，更好地满足传统需求，积极响应新兴需求，实现融合供给与联动需求的精准对接和充分匹配，更好地服务人们出行、服务社会运行、服务实体经济振兴。

2. 围绕技术创新和服务创新，发挥互联网等融合媒介的作用

把交通运输与经济社会融合的基点放在创新上，打破地区分割、部门分割和市场分割，充分利用新一代信息技术和金融服务手段，加强交通运输与经济社会各领域广泛渗透，积极发展新技术、新产业、新业态、新模式。推进交通运输与农业、制造业、服务业等深度融合发展，在关联领域的规划、建设、运营、服务等方面做到综合协调，联动中国服务、中国开放，提升中国制造核心竞争力。

3. 围绕能级提升与空间拓展，统筹国际国内、传统新兴、硬件软件

以更长远、更战略性和更广阔的视野，立足全球与国际，系统审视交通运输与经济社会融合发展问题。一方面更加重视融合对于交通运输、关联产业以及经济社会转型升级和效能提升等作用，另一方面通过交通运输与对外经济特别是国际产能合作，融合延伸拓展国内发展空间和国际联动空间。准确把握国内外经济社会、交通运输发展的新趋势新要求，补足基础设施、技术装备等硬件设施设备发展和衔接短板，统筹国际国内两个市

场、两种资源，强化综合服务、组织管理、业态模式、政策环境等软性支撑，关注新兴领域，着眼传统领域，撬动存量整合，提升增量价值，全面提升融合深度广度，形成融合联动组合效益。

4. 围绕全周期产业生态构建，营造推动深度融合发展的市场环境

广域融合发展是一个探索渐进过程，有成功，也有失败，关键是能否遵循客观规律和市场规则，形成良性自发调节运转。在这一过程中，形成符合规律的市场环境与规则意义重大。需要发挥市场在促进交通运输与经济社会融合配置资源中的决定性作用，最大限度激发市场主体活力，在公平竞争中提升融合度和渗透度。更好发挥政府作用，加快转变政府职能，适应融合发展规律，创新宏观调控方式，改进服务和监管模式，优化配套政策，营造深度融合的良好发展环境。

四、深度融合发展的重点和路径

交通运输与经济社会深度广泛融合是一个长期、持续的动态发展过程，也是一个关乎综合交通运输整体供给质量提升、全社会全要素生产率提高、经济社会发展空间拓展与动力转换的复杂系统工程，既需要战略谋划，强化顶层设计和总体导向，也需要把握战略重点，明确具体实施路径。特别是在新时代决胜全面建成小康社会、基本实现社会主义现代化和全面建设社会主义现代化强国三步走的形势要求下，更需要抓住核心领域和关键环节，找准战略着力点和重点突破口，明晰战略路径与阶段性任务。

（一）深度融合发展的着力点

推动交通运输与经济社会广泛深度融合，既是提高综合交通运输自身供给质量的要求，也是提升经济社会整体发展效能的需要。应从国家长远、战略、全局的角度着眼，也需落实到具体抓手层面，围绕核心领域和关键环节准确切入。考虑我国经济社会、交通运输整体发展阶段，以及围绕现代化发展分阶段推进的战略导向，未来需要在强化自身不同运输方式

间衔接融合的基础上，围绕跨业、跨域、跨界三个层维，分类分步分区发力。精准对接国家战略，按照更好满足人们美好生活的要求，依托重点通道、重点枢纽等传统存量资源，着眼共享交通、智能交通、旅游交通、绿色交通等新领域，有效推进交通运输与经济社会深度融合发展。

1. 围绕现代经济体系构建和现代化建设，从跨业层维分类精准发力

顺应新一轮产业变革和消费革命，打破既有产业边界，依托前沿科技与现代技术手段，有序推动交通运输与农业、制造业、商贸业、现代信息等关联产业融合发展，推动传统产业转型升级，加速新兴产业发展壮大，培育新业态新模式，振兴实体经济，形成新的增长点。

2. 围绕国际国内经济社会发展空间拓展，从跨域层维分步有序推进

在更广阔时间空间、国际国内、线上线下的维度上，推动交通运输与经济社会深度融合发展。着眼区域协调发展战略，围绕“一带一路”建设、京津冀协同发展、长江经济带发展等，强化国内国际统筹推进，沿海沿江沿边沿线与国际战略支点同步发力，破除内陆、偏远等地区传统区位劣势束缚，打造新的前沿、口岸、门户、平台等区域经济载体，塑造新的发展优势，拓展经济社会发展新空间。

3. 围绕满足人们美好出行和可持续发展，从跨界层维分项着力发展

立足更好满足人们日益增长的美好生活需要，以及生态文明建设、军民融合发展等，分类别分事项推进交通运输与社会、民生、脱贫、生态、军事等融合发展，创新要素投入方式，提高投入产出效率和经济社会效益，放大发展溢出效应，扩大受惠群体和范围，减少负外部影响。

（二）深度融合发展的重点任务

在进一步强化交通运输方式间衔接融合，加快构建现代综合交通运输体系，全面建设交通强国，实现“美好出行、畅捷运输”的基础上，着力推进交通运输与经济社会“跨业、跨域、跨界”深度融合发展。

1. 深入推进交通运输“跨业”融合发展

强化交通运输与制造业、农业、旅游业、商贸流通业以及其他关联产

业和新兴产业深度融合发展，推动产业转型升级，支撑现代经济体系建设。

（1）引领“中国制造”转型升级

——引导交通运输与装备制造协同联动。打通交通装备制造业生产、销售、使用全链条，推动上下游共享信息，共同参与产品研发制造。联动提升高速铁路、城市轨道交通、民用大型飞机、大型专业化船舶等装备谱系化制造水平。支持网约车、车货匹配、共享单车等共享交通平台加强数据积累，分析用户使用习惯和消费倾向，融入科技元素，与小汽车、货运车、三轮车、自行车等生产企业开放合作，参与产品的研发设计，鼓励定制，推动传统制造业转型升级。适应城乡居民生活品质提高和快递物流等新行业产生的新需求，发展无人驾驶车辆、无人机、无人配送车、自动分拣设备等生产制造，加快城市道路信号控制装置等设施设备的配套升级改造，助推新兴制造业崛起。

——支持交通装备制造业延伸服务链条。引导交通装备制造企业，依托现代信息技术手段，从提供产品向提供“产品＋服务”转型，推动制造业服务化。鼓励交通工具等生产制造企业跟踪产品售后使用情况，采集油耗、电池、磨损、异常情况等数据信息，为使用者提供优化操作的指导和维修、保养、更换等针对性建议。研究探索交通装备制造业与金融、信用等领域的信息共享途径，以数据分析为基础，为保险、征信等行业提供客户精准画像，助其打造个性化产品与服务。积极利用交通装备制造业的设备运行数据，进行综合分析，透视宏观经济和行业运行情况，为政府决策和企业管理提供依据。

——强化交通运输对现代制造业的服务支撑。围绕制造业迈向中高端水平，加快交通运输业转型升级，提高运输效率与服务水平，实现交通运输与现代制造核心竞争力高度协同。推进柔性制造、智慧工厂等智能生产体系建设，构建电子商务、金融、交通物流等社会化协同体系。鼓励制造企业优化供应链管理，依托交通运输，整合分散化制造资源，推动网络化协同制造。鼓励有条件的制造企业进行包括设备制造与采购、施工安装、维护管理、现代物流等在内的一体化服务集成。

（2）支撑带动“三农”经济发展

——促进交通运输与农业现代化协同。着眼构建现代农业产业体系、生产体系、经营体系发展要求，完善农业配送和综合服务网络。围绕特色经济、林下经济以及特色农牧区经济发展，加强交通设施、流通设施和运输服务体系建设，优化农产品冷链物流设施网络，实施特色农产品产区预冷工程，发展农产品从产地到销地的直销和配送。畅通农资下乡物流渠道，支持农业主产区建设专业化农资储运设施，针对农资物流地域性、季节性需求特点，鼓励物流企业利用富余能力开展农资储运配送业务。

——支持交通运输打造农村经济多元化发展平台。顺应农村一二三产业融合发展趋势，发挥交通运输支撑引领作用，依托交通运输与物流新业态创造商业机会，活跃农村经济，促进农村社会进步。鼓励围绕本地特色农产品、特色手工制品等发展农村电商，积极接入大型电商平台和物流平台，扶持农村特色产品垂直电商的发展。支持电商物流企业结合服务网络的布局和下沉，在农村发展合伙人、加盟店等经营业态。围绕传统“农家乐”升级和体验式农业等发展，配建停车设施，布局乡村汽车营地，加强设施配套，深度挖掘农村自驾游等旅游休闲市场。

——加强交通运输服务农民小康生活。满足全面小康社会农民生活水平提高产生的多层次、个性化需求，提高交通运输服务在农村地区覆盖广度与深度，提升服务产品多样性。拓宽农村道路，提高技术等级，优化农村客运班线，研发推广适于农民生产生活使用的交通工具，鼓励有条件地区推广发展共享交通，方便农民个性化出行。进一步拓展延伸农村邮路，实现户户通邮，实施“快递下乡”工程，与邮政、供销社等网点协同联动，加密快递收发站点，发展快递代寄代收点、智能快递柜等末端收发投递新模式。

（3）构建现代商贸流通体系

——打通线上线下商贸流通渠道。鼓励电子商务与实体贸易协同发展，互相搭建平台和拓展渠道，加强服务融合，实现线上商流和线下物流一体化。支持电商企业依托线上平台，整合流通领域实体店和物流领域仓储配送等资源，打造集商品展示、消费体验、演示培训、经验分享、休闲娱乐、代购取货等多种功能于一体的线下营业网点。引导传统专业化市场、批零企业自建平台或主动对接电商企业，发展线上业务，充分利用线下完善的流通渠道和销售网点，提供直接对接消费者的物流配送服务。

——鼓励商业模式与业态创新。利用现代信息技术和管理理念改造传统商贸流通体系，创建融合发展新业态、新模式。鼓励商业仓储设施建设开放货架，依托物联网、近距离无线通信、移动支付等技术，打造“免结账”新型商超。充分利用互联网、大数据等技术，促进物流、快递与电商、餐饮、家政服务等业态融合发展，创新物流配送商业模式。

——推动商贸流通资源整合与共享。盘活既有商贸流通资源，推进社会化进程，提高资源利用效率。加快城市流通基础设施升级改造，加强社区物流配送等基础设施建设，优化社区商业网点、公共服务设施规划布局和业态配置。鼓励商贸流通企业自有仓库、车辆、分拣设施、营业网点、配送队伍等资源向社会开放。

（4）强化与现代物流深度融合发展

——打通交通与物流全链条。加强交通物流衔接组织，完善交通物流网络，强化枢纽对货物全程运输的组织功能，打通连接枢纽的“最后一公里”。推广全程一体化服务。依托电子赋码制度和绿色畅行物流单，强化交通物流全程组织，以整箱、整车等标准化货物单元为重点，实现货物一站托运、随到随走、无缝转运、智能仓储、送货上门，制定服务规范，简化费用清算，推进信息共享，实现全程服务可视化。支持有实力的运输企业向多式联运经营人、综合物流服务商转变，整合物流服务资源，向供应链上下游延伸。

——构建交通与物流服务大平台。鼓励专业化平台分工协作，支持社会资本有序建设经营平台，提供多元化服务，加强与金融、流通、外贸等企业合作，拓展增值服务功能。鼓励交通物流、电子商务、供应链管理等企业开放经营平台，提供社会化服务。引导企业创新平台形式与经营模式，深度开发细分市场，加强平台间分工协作。加强对平台的服务与监督，建立平台间数据合作、交换和共享机制，支持信息标准统一和系统对接。归集各类平台信用记录，建立实施“红黑名单”制度以及预警警示企业、惩戒失信企业和淘汰严重失信企业的机制。

——培育交通与物流融合发展新模式。构建线上线下联动网络，推进跨区域、跨行业资源整合和信息共享，促进多业态融合发展。发挥交通运输对生产与消费的衔接作用，以及现代物流对全流程的组织作用，在重点行业构建具有竞争优势的供应链。开辟商品服务新兴市场。建立完善危险品物流全过程监管体系和应急救援系统，完善冷链运输服务。发掘电商、海淘、“O2O”等消费领域潜在市场，大力发展快递、海外仓、打包寄递、到家服务等供给模式，引领消费升级。

（5）发掘休闲旅游消费市场

——推进交通与旅游设施一体建设。统一规划、设计、建设交通与旅游基础设施，打造景观铁路、绿色步道、美丽公路等交通风景带、风景点，规范完善公路沿线和枢纽站场内的旅游标识。畅通景区和乡村旅游区与交通干线的连接，围绕全域旅游，在机场、车站、客运码头等交通枢纽配建游客集散中心等设施，构建覆盖景区的交通网络。在机场、高铁、高速公路和其他交通线路选址选线中，统筹考虑对重点景区、旅游特色小镇、旅游资源丰富的贫困地区、红色旅游目的地等的衔接与辐射。完善景区停车场、充电桩、加油加气站、交通信息服务等设施。

——增强游客出行消费配套服务保障。根据旅游淡旺季，合理调整热点城市机场航线网络与航班时刻，优化铁路客车运行组织与客运汽车线路班次，规范发展旅游包机、包车、专列等服务。在通往旅游目的地的高速公路服务区，开发餐饮住宿、休闲娱乐、展示购物、票务咨询、汽车宿营等旅游服务功能。支持汽车租赁企业构建全国性和区域性经营网络，在旅游城市的客运枢纽、酒店和主要景区加密取车还车网点，大力发展异地还车。在具有特色文化、产业、产品的地区，结合旅游商品开发，鼓励物流快递企业为游客提供适应不同品类、时效、价格的寄递服务。规划建设区域性旅游应急救援基地，开辟急救线路，发展无人机救援与应急物资投递，利用现代科技，加强对游客偏离正规旅游线路的监测警示救援。

——打造“出行即出游”旅游消费新模式。结合交通运输新业态，积极开发新型旅游消费产品。发展邮轮游艇，合理布局沿海与内河邮轮游艇和客运码头，打造“精品航线＋岸上旅游”一体化服务产品，完善物料供给、船舶维修养护等保障体系。依托景观较好的交通线路，发展慢行火车、旅馆列车、房车旅游、自驾游等服务产品，在火车站、高速公路服务区、普通公路沿线等地建设观景台，做好安全保障与公共服务配套。支持将具有历史印记的交通线路遗迹开发为旅游产品，发展体验式旅游。

（6）推进智能交通产业化

——拓展智能交通服务领域。促进运输企业和互联网企业线上线下战略合作，鼓励互联网平台等各类市场主体整合多种运输方式信息资源，运用网络信息等新兴媒体，提供综合交通运输信息服务。促进交通旅游大数据应用，为社会公众提供多层次、全方位综合交通旅游信息服务。稳步推进一卡通跨区域互联互通，加快移动支付方式在多种运输领域应用。

——大力推广智慧交通管理。开放政府公共信息资源，加强部门间数据共享，推动交通运输政务服务网上办理和“一站式”行政许可，推进许可证件（书）数字化。基于物联网、大数据、移动互联网、人工智能等技术，提高综合交通运输协同化运行管理、决策支持和安全监管能力。推动轨道交通运营与管理信息大数据深度应用。开展新一代国家交通控制网、智慧公路建设试点，推动路网管理、车路协同和出行信息服务的智能化。发展船舶智能化管理以及智能港口与码头运营管理。发展新一代空管系统。实现综合交通枢纽协同运行与服务。提升城市交通智能化管理水平。强化对网约车、共享单车等新业态的数字化监管。

——加快智能装备技术研发应用。推广应用具有通信、定位、自动操控等功能的智能运输装备和装卸机具。实现200公里/小时和600公里/小时中高速磁浮交通系统和装备产业化。推动全自动驾驶汽车研发和应用。研发航运风险防控与应急处置技术，以及基于高精度航空气象预报的空地协同飞行调控技术。对无人机物流关键技术进行研究与验证，大力发展智能仓配技术。积极推广应用北斗卫星导航系统，提供通信保障和多源位置数据支撑。研究建设智能地下管道配送系统。

——加强数据信息的共享和保护。充分利用各类数据开放平台，加强交通运输数据跨部门、跨地区、跨行业共享。推动相关政府部门、事业单位加快公开和共享公共数据。完善交通主管部门交通出行大数据开放云平台。依法构建交通运输行业网络综合防范体系，形成信息安全管控良性联动。防控用户个人信息、隐私和商业秘密泄露及转让，杜绝因网络数据控制权纠纷损伤用户利益的行为。

（7）培育交通经济新业态

——创新发展共享交通。优化市场环境，支持企业完善共享单车、网约车、汽车分时租赁、车货匹配、自由快递员等共享交通商业模式，加快拓展共享交通新领域，打造高效利用资源、方便生产生活的交通新模式。鼓励企业搭建互联网平台，整合个人或企业闲置过剩运输资源，面向社会共享使用，推动形成平台企业、资源提供者和消费者合理的利益分配与责任分担机制。建立政府与互联网平台方多方协同治理模式，降低共享经济发展的政策风险，营造包容创新的社会氛围。

——丰富体验交通业态模式。深度挖掘交通运输过程中的经济价值，发展观光、休闲、运动、探险等多元主题的体验交通消费模式。完善交通线路沿途景观设施规划与建设，美化交通基础设施和运输工具，提升旅客在途体验。支持开发基于位置的自然景观、历史文化、风土人情等解说APP，为旅客在旅程中提供自助导游服务。依托城市自然本底和历史人文特色，运用智能穿戴先进装备，创新营造城市交通体验感知系列服务。鼓励发掘运输工具的附加功能，规范发展各类极限运动、探秘探险等新业务。

——推动通航经济发展。加快通用机场建设，深化低空空域改革，支持通用航空从事农垦牧渔、航空护林等农业生产活动，促进通航航空与农业融合发展。推动通用航空与制造、能源、采掘、建筑等产业融合，加快通用航空示范区建设，促进产业转型和集聚发展。推动通用航空与互联网、创意经济融合。鼓励发展通用航空旅游，开发低空飞行旅游产品，推动低空旅游产业园、飞行营地建设。促进空中游览、航空体育、飞行培训、体验飞行等新业态发展，规范发展无人机航拍。鼓励和加强通用航空在抢险救灾、医疗救护、反恐处突和公共管理等领域的应用。

——鼓励发展交通平台经济。支持企业建设各类交通运输平台，集聚资源，撮合运输服务交易。鼓励交通运输信息服务平台依托核心业务向经济社会服务平台扩展，集聚数据、人才、技术等创新资源，开展运行支撑、决策辅助、社会服务等业务。推进商业平台与政务平台数据互联互通，鼓励基础电信企业和互联网企业向公众和初创企业开放数据资源。积极发展“畅行中国”综合交通运输信息服务平台、骨干物流信息平台等国家平台。依托平台充分整合政府和社会力量，促进数据畅通互联，培育平台经济新产业。

2. 重点推进交通运输“跨域”融合发展

在交通运输实现支撑经济发展基础上，充分发挥交通枢纽、通道、网络等级化、集聚、扩散和网络型功能，以客货流为牵引，带动商流、贸易流、资金流、信息流、人才流向交通设施合理集聚，拓展国际国内发展空间，形成经济发展新动能，提升价值再造能力。

(1) 培育交通运输枢纽经济

——分类分级培育枢纽经济示范区。按照以“一带一路”建设为统领构建全方位对外开放新格局的要求，以国际性综合交通枢纽为重点，充分利用国际资源，推动具有全球资源配置能力的开放型枢纽经济发展。顺应经济发展动能转变、内需扩大和消费升级等趋势，以内陆国际性、全国性综合交通枢纽为重点，提升资源集聚辐射能力，精准、高效对接内需市场，打造若干个内陆型枢纽经济发展高地。增强其他综合交通枢纽区域资源整合能力，推进一批具有关联产业、特色产业支撑的枢纽经济发展（见图1-9）。

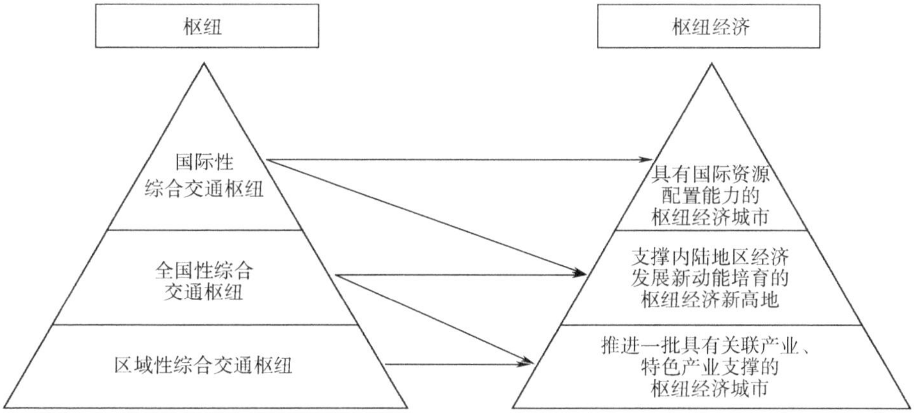

图1-9　依托枢纽城市打造枢纽经济示意图

——打造临港经济升级版。围绕产业链、供应链、价值链提升，强化沿海、沿江港口资源整合与有序分工，拓展完善口岸、金融、保险、信息、交易等综合服务功能，推进临港经济转型升级。加快推进国际航运中心、长江航运中心、江海联运服务中心等建设，依托重要港口，围绕粤港澳、杭州湾、渤海湾、北部湾等湾区经济发展，打造一批港产城深度联动融合的临港经济区升级版，形成高效聚集要素资源、有效辐射国际国内的配置中心和组织中心。积极探索社会主义自由港发展及其联动经济发展的新范式。

——高品质建设陆路枢纽经济区。围绕高铁车站、铁路货场、物流园区、公路港、沿边陆路口岸等交通枢纽，打造集交通、商业、经贸等为一体的现代城市综合体和产业聚集区。发展高速铁路、城际铁路等站区经济，推动综合开发，引导商贸金融、旅游餐饮、教育会展、电子商务、现代物流等关联产业聚集和规模发展。推动铁路物流基地、公路港向多式联运中心转型升级，强化与产业集聚区以及自由贸易试验区等联动，聚集共性生产服务需求和资源要素。积极发展具有口岸保税等功能的现代内陆港。提升中欧班列集结中心经济辐射水平。围绕重点高速公路服务区和有条件的匝道出入口，探索发展服务区经济和匝道经济。

——培育构建航空枢纽经济区。以机场为依托，促进临空经济发展，提升航空运输经济与航空工业经济、服务经济、知识经济、信息经济等融合发展水平。强化国际枢纽、区域枢纽、干线和支线机场以及通用机场间分工协作，提升机场客运与货运服务的功能融合及衍生融合水平。围绕大型枢纽机场和专业货运机场，跨区域跨领域协同联动，高水准打造一批具有资源要素集聚配置和国际国内辐射功能的现代航空枢纽经济区。探索发展集产业、城市功能为一体的特色航空小镇。

——创新发展口岸枢纽经济。拓展沿边口岸和内陆口岸功能，在增强重要口岸交通枢纽服务功能基础上，强化与通关、贸易、产业、信息、金融等深度融合，提高“一站式”口岸通关能力，探索培育口岸枢纽经济新模式。完善口岸基础设施，构建双多边国际运输合作机制。提升口岸衔接国内外两个市场、配置国内外两种资源的窗口作用和联动作用，打造内陆、沿边开放型服务经济高地。

专栏 1－11　我国重要口岸节点空间布局
优化提升丹东、珲春、绥芬河、东宁、抚远、黑河、同江、满洲里、二连浩特、甘其毛都、策克、巴克图、吉木乃、阿拉山口、霍尔果斯、吐尔尕特、红其拉甫、樟木、亚东、瑞丽、磨憨、河口、龙邦、凭祥、东兴等沿边重要口岸枢纽，以及部分重要内陆口岸功能，创新口岸经济发展的政策路径。

（2）积极发展交通运输通道经济

——构建串接“四大板块”的运输经济轴带。强化区域发展总体战略的交通支撑，重点依托“十纵十横”综合运输大通道，培育壮大沿线新极点和经济合作走廊，提升资源要素流动效率和产业跨区分工协作水平，形成区域经济带状联动。优化东部地区交通运输结构，提高中部地区贯通南北、连接东西的通道能力，强化西部地区内外联通通道建设，研究谋划西部地区经由北部湾港口的陆海运输通道，完善东北地区进出关和出海通道格局，强化与产业、城镇等联动，形成更好支撑引领区域协调发展的交通经济轴带。

——战略谋划我国中轴经济带。顺应新时代中西部地区生产力布局和国土空间开发，围绕西部地区南北向高效连接和产业协同联动，立足国土板块中轴地带，以包海等综合运输大通道为依托，系统谋划串接包头、延安、西安、重庆、贵阳、南宁、湛江、海口等中西部核心城市的中部经济发展轴带，挺起中部经济脊梁。

——培育发展高铁经济带。重点依托“八纵八横”高铁通道，引领支撑沿线城镇、产业、人口等合理布局，培育壮大沿线产业带和枢纽节点城市，加强与现代服务业联动，带动沿线产业转移和城市经济转型升级，形成以高铁站为核心、以高铁通道为轴线的圈层轴带式经济空间布局。

——打造“一带一路”国际多式联运和经济合作走廊。提升丝绸之路经济带沿线交通联通水平，培育口岸经济，强化境外陆路支点及网络建设，开辟跨境多式联运走廊，助力中蒙俄、中国—中亚—西亚、中国—中南半岛、新亚欧大陆桥、中巴、孟中印缅等国际经济合作走廊建设，逐步形成连接亚洲各次区域以及亚欧非之间的国际贸易和物流大通道。畅通 21 世纪海上丝绸之路海运贸易通道，完善沿线航线网络，加快海外战略支点建设，加强国际海运合作，推动中国—印度洋—非洲—地中海、中国—大洋洲—南太平洋以及经北冰洋连接欧洲的蓝色经济通道建设。强化空中交通联系，织密国际航线网络，提升航空走廊保障水平。

（3）着力提升城市群交通网络经济效益

——推动城市群快轨经济发展。加快建设京津冀、长三角、珠三角、长江中游、成渝等城市群多层次、多样化城际轨道交通网络。在珠三角城市群轨道交通一体化基础上，高品质建设粤港澳大湾区一体化轨道交通网。按照高质量一体化协同发展要求，全面优化提升长三角轨道交通网络水平。依托城际轨道交通，发展城市群快轨网络经济，强化都市圈轨道经济联动，推进资源优化配置，促进区域一体化发展，密切生产和经济联系，紧凑用地空间和人口布局，打造轨道上的城市群。

——增强中小城市群交通网络经济发展动能。按照山东半岛、海峡西岸、中原、关中平原、北部湾、哈长、辽中南、山西中部、呼包鄂榆、黔中、滇中、兰州—西宁、宁夏沿黄、天山北坡等城市群区位优势和功能定位，围绕城际产业分工协作，提升以城际轨道交通和高速公路为骨干，有效衔接大中小城市和小城镇的多层次快速交通运输网络经济带动辐射效能。

——厚植都市圈交通经济发展潜力。尊重城市和都市圈发展规律，顺应大城市人口、产业溢出，优先发展公共交通，强化城市轨道交通、市域（郊）铁路等与产业、城镇、贸易协同布局，联动发展，着眼现代都市圈建设和产业协同发展，实现大城市对周边新城、卫星城镇的有效辐射，提升中小城市与城镇的产业转移承载与接纳能力。

3. 着力推进交通运输“跨界”融合发展

围绕社会民生、生态环境、军事国防等领域，精准对接需求，推动交通运输深度广泛融合发展，全面提升支撑保障联动发展能力。

（1）全面提升交通社会民生服务保障水平

——充分发挥交通对扶贫脱贫攻坚的基础支撑作用。创新交通扶贫脱贫理念，推进贫困地区交通与特色产业融合发展，实现由偏重“输血”向注重“造血”转变。推进资源开发性铁路建设，建设资源路、产业园区路，积极推进农村公路向资源产地、产业基地延伸，强化对外交通联系。培育贫困地区交通旅游产业链，着力改善交通条件，加快建设覆盖重要旅游景区的支线机场、普通铁路，开通直通旅游航线和铁路旅游专线。推动贫困地区物流以及电商等发展。

——提升交通公共服务供给水平。加强公益性基础性交通设施建设，推进城乡交通公共服务均等化。优先发展城市公共交通，加强微循环和支路网建设，改善自行车、步行等出行环境，完善社区通勤接驳。推进通乡连村公路建设，实现所有具备条件的乡镇、建制村、撤并村及一定人口规模的自然村通硬化路。实施建制村通客车攻坚工程，提高农村地区居民出行和运输服务水平。

——推进交通运输“双创”发展。培育交通创新良好环境，创新政府监管方式，引导创新资源配置，充分调动科研机构、院校、企业和社会各方积极性，形成融合领域科技进步与创新合力。运用政策工具、资本市场和新技术手段，积极推进创客项目与交通运输等企业嫁接和项目落地。统筹推进交通运输传统业态转型升级和新兴业态培育壮大，提升交通运输容纳就业能力。

（2）打造生态与交通运输融合发展圈

——强化与清洁能源体系和绿色循环体系深度联动。加强与清洁低碳、安全高效能源体系和绿色低循环体系联动发展。贯彻绿色交通发展理念，全过程全周期加强生态环境保护，加强交通环境影响监测。倡导生态选线和环保设计，鼓励开展生态修复，减少交通对生态敏感区域的影响。集约利用土地、线位、桥位、岸线等资源，推进交通资源综合循环利用。推动基础设施建设节能降耗，推进绿色低碳枢纽建设，鼓励低碳化改造。科学配置交通运输资源，鼓励共享共用。发展大能力、集约化运输方式，推进新能源汽车及其他节能环保型运输设施设备发展。

——培育发展绿色交通新产业。坚持生态优先，探索交通、产业、城市和生态环境四位一体协同发展模式。积极发展资源节约型和环境友好型等绿岛枢纽经济。促进交通线路与沿线生态环境相配合，推动生态、交通等融合发展。结合城市整体风貌，依托废旧交通设施，鼓励打造集生态、休闲、文化、旅游等多种功能于一体的城市主题公园。加强绿色环保新技术、新工艺、新装备研发应用，积极发展慢行步道等绿色出行配套产业和业态。

（3）促进交通运输军民融合发展

——强化交通运输对军事国防安全战略支撑能力。顺应新时代国防要求，加强国防交通基础设施建设，推动战略投送支援力量建设。依托综合运输大通道建设，完善连通省际、战区之间、前沿阵地与战略纵深间的国防交通战略通道和主要战略方向的战役通道，统筹推进沿边、沿海铁路和公路基础设施建设，提高通达性和可靠性。加强界河航道日常维护和管理，保持界河清晰稳定，保障航运畅通。加强海上投送、物资运输、应急搜索等国防动员力量建设，拓展深远海等战略安全和应急保障能力。

——推进交通领域军民技术互转互促与推广应用。以铁路、公路、航空、水运等工程和装备领域为重点，推进全要素、多领域、高效益军民融合深度发展，激发活力，降低成本，构建桥梁和纽带。积极发展军民两用技术，促进双向技术交流。加快推进民用运载工具贯彻国防要求，满足部队多样化军事任务保障需求和军民技术转换需求，全面提升国防交通运输保障水平。

（三）交通运输与经济社会重点领域深度融合发展的路径

交通运输与经济社会深度融合涉及众多领域，各领域融合目标、内容、方式、路径、重点等各不相同。需要充分考虑我国国情特点，特别是新时代发展战略目标任务，有效选择重点领域，明确融合发展的路径、时序和重点。

1. 融合阶段划分和时点选择：按照全面建设社会主义现代化国家总体部署，分三个阶段分步推进

按照新时代开启社会主义现代化国家建设新征程三阶段任务总体部署，即第一阶段，到2020年全面建成小康社会；第二阶段，从2020年到2035年在全面建成小康社会的基础上再奋斗15年，基本实现社会主义现代化；从2035年到21世纪中叶，在基本实现现代化的基础上再奋斗15年，把我国建成富强民主文明和谐美丽的社会主义现代化强国。综合考虑交通运输自身发展以及经济社会相关领域发展，坚持交通运输先行引领总体思路，可按三阶段安排交通运输与经济社会重点领域融合发展推进工作。

（1）第一阶段，即目前到2025年

着眼决胜全面建成小康社会和为基本实现社会主义现代化奠定基础，与国家近期颁布的《中长期铁路网发展规划（2016—2025年）》《全国民用运输机场布局规划（2017—2025年）》等交通运输中长期规划时序相对应，全面完善现代综合交通运输体系网络结构，在推动交通运输率先基本实现现代化的基础上，强化与关联领域深度融合发展。

（2）第二阶段，从2025年到2035年

与基本实现社会主义现代化战略目标相对应，全面提升交通运输与关联领域渗透率和融合度，为现代经济体系构建提供有力支撑。

（3）第三阶段，从2035年到2050年

与建成富强民主文明和谐美丽的社会主义现代化强国战略目标相对应，实现交通运输与关联领域深度融合、互促互进，全面建成社会主义现

代化交通强国。

2. 融合重点领域选择：统筹传统与新兴领域选取融合发展重点

综合考虑发展趋势、需求情况、基础条件、可操作性以及融合作用效果，按照传统产业和新兴业态同步推进的原则，选择重点领域分类务实推进。

（1）传统领域

主要围绕重点通道、重点枢纽、重点城市群城际交通等领域，侧重于对传统业态模式的转型升级和联动拓展。

（2）新兴领域

主要围绕共享交通、智能交通、旅游交通、绿色交通等领域，侧重于对新消费、新业态、新模式等的诱发培育与稳步推广。

3. 枢纽经济发展路径与近期实施重点

根据我国综合交通枢纽节点和站点布局，结合不同节点城市性质和规模，以及枢纽站场类别功能等，创新模式，有序推进。首先，强化枢纽设施网络建设，统筹硬件和软件，提升枢纽站场能力以及衔接水平，完善辐射不同区域范围的枢纽节点布局。其次，拓展服务功能，在提升基础设施能力的同时，加强要素平台、配套载体等建设，提升综合服务和组织水平，增强要素集聚、整合、提升等功能。最后，推进融合发展，强化交通枢纽与信息枢纽联动，推动传统交通枢纽向组织枢纽、产业枢纽、经济枢纽、文化枢纽等转型升级。

（1）有序开展枢纽经济试点示范

重点围绕北京、上海、广州、深圳、大连、武汉、西安、成都、重庆、乌鲁木齐、昆明、杭州、银川等开展示范。上海、广州、深圳、大连等重点依托空港、海港、陆港等，培育具有全球资源配置能力的国际性枢纽；武汉、西安、成都等则依托空港、陆港、河港，探索内陆型国际枢纽发展范式。

（2）围绕航运中心建设，打造港口经济升级版

结合现代产业体系布局建设，加强传统港口转型升级，推进渤海湾、北部湾、山东半岛以及浙江、江苏等沿海港口资源整合，强化内海港口联动。建成上海国际航运中心，提升天津北方、大连东北亚、厦门东南国际航运中

心功能，推进武汉长江中游、重庆长江上游建设，加快舟山江海联运服务中心发展。重点联动粤港澳、杭州湾等湾区发展，推进港口经济发展模式转型升级。在有条件的岛屿、港区探索社会主义自由港经济发展新模式。

（3）围绕铁路枢纽站场，培育陆路枢纽经济区

以现代铁路综合客运枢纽为重点，强化与周边区域联动开发，构建集交通、商业、城市等功能为一体的城市综合体和临站经济区。围绕铁路集装箱中心站、铁路物流基地、中欧班列节点等，建设多式联运枢纽，拓展产业、口岸、金融、信息等功能，打造具有综合服务功能的现代陆港枢纽经济区。

（4）围绕重要机场，创新发展航空枢纽经济区

以国家批准的郑州航空港经济综合试验区，以及国家发展改革委和民航局批准的青岛、重庆、北京、广州、上海等十个临空经济区为重点，推进航空物流与产业、城镇融合发展。围绕湖北等以货运为主机场建设，前瞻性谋划跨区域、跨领域协同联动发展的现代航空枢纽经济示范区。

4. 通道经济发展的路径与近期实施重点

立足国家区域协调发展战略，围绕产业梯度转移、产业链分工协作和城镇系统布局，与“一带一路”国际经济合作走廊建设和国际产能合作等对接，依托国家“十纵十横”综合运输大通道、“八纵八横”高速铁路通道以及其他重要运输通道，选择发展基础好、潜力大、辐射广、带动强的运输通道，重点培育符合现代产业运行和跨区域产业链供应链协同特征的通道经济带（主要通道经济带基本情况见本章附表1－1及表1－2）。

表1－2　我国通道经济发展路径示意图

发展步骤	基础设施	联运服务	通道沿线要素集聚和产业分工协作	跨区域产业链分工协作和城镇协同	主要任务
第一步					完善综合运输通道网络，打造多式联运服务走廊
第二步					围绕沿江、陆桥、中轴等运输通道构建经济走廊，推进联运走廊与产业协同发展，探索产业要素围绕通道沿线分工集聚范式
第三步					推进通道沿线产业分工协作和城镇协同发展，推广通道经济发展模式

（1）沿江通道经济带

依托长江综合立体交通走廊，串接长三角、长江中游、成渝等城市群，连接上海、南京、武汉、重庆和成都等中心城市，衔接“一带一路”国际经济走廊，坚持生态优先、绿色发展的战略定位，推动长江上中下游协同发展、东中西部互动合作，建设成为我国生态文明建设的先行示范带、创新驱动带、协调发展带。

（2）陆桥通道经济带

依托陆桥综合运输大通道，串接连云港、徐州、郑州、西安、兰州、乌鲁木齐、喀什等中心城市，连接阿拉山口、霍尔果斯等口岸，东接海上丝绸之路蓝色经济通道，西联亚欧、中俄、中国—中亚—西亚等国际通道，形成沟通我国苏北沿海、中原、西北地区，进而衔接辐射东亚、中亚、西亚、南亚、中东、中东欧、西欧等的重要经济廊道。

（3）京沪通道经济带

依托京沪综合运输大通道，串接北京、天津、济南、徐州、南京、南通、上海等，连接京津冀和长三角两大城市群，是我国客货运输繁忙、社会经济发展活跃、增长潜力最大的运输通道之一，所经主要区域面积占国土总面积6.5%，人口占比26.7%，人口100万以上的城市11个。

（4）粤桂黔高铁经济带

主要依托贵广、南广等高速铁路，串接广州、南宁、贵阳等省，连接广东、贵州、广西等主要城市，沟通西南地区与珠三角发达地区，重点统筹沿线主要城市产业分工协作，打造生态农业观光带、旅游景观带和特色城镇带。

（5）中轴经济带

主要依托包海高铁、蒙华煤运铁路等构成的包海综合运输大通道，北起内蒙古包头、南至海南海口，途经陕西、重庆、湖北、贵州、广西、广东、海南等地区的省会或主要经济中心，构建有效串接国土地理中轴地区经济中心的南北向经济发展轴带。近期重点推进包海高铁、蒙华铁路等通道建设，同步研究推进围绕通道和沿线重要城市节点之间的产业、城镇、商贸等协同发展，立足区域资源禀赋，围绕产业链、供应链协同，按照交通先行引领思路，探索“通道经济 + 枢纽经济”协同发展新范式和新路径。

5. 城市群交通网络经济发展的路径与近期实施重点

根据城市群功能定位、发展程度，以城际铁路等为重要依托，分类分步推进不同城市群交通网络经济发展。重点发挥京津冀、长三角、珠三角城市群以轨道交通为主体的城际交通网络形成的“同城化”网络经济效应和快轨经济效益。提升长江中游、成渝、海峡西岸、中原、关中、山东半岛等城市群以轨道交通、高速公路为主体的网络经济作用（见表1－3）。提升重点都市圈交通经济一体化效能。

表1－3　我国城市群交通网络经济发展路径示意图

城市群	发展步骤	城际交通网	城际运输服务与组织	要素流动和产业集聚	空间优化、产业协同	主要任务
京津冀、长三角、珠三角城市群	第一步	——				完善轨道交通网
	第二步		——	——		推动TOD理念产业城镇协同发展
	第三步			——	——	培育城际快轨经济
长江中游、成渝、山东半岛、关中平原、中原等城市群	第一步	——				完善高速公路和轨道骨干
	第二步		——	——		同步推进运输服务与产业城镇协同
	第三步			——	——	培育形成城际交通网络经济
北部湾、哈长、辽中南、呼包鄂榆宁等	第一步	——				完善高速公路，建设轨道交通
	第二步		——	——		同步推进运输服务与产业城镇协同
	第三步			——	——	培育形成城际交通网络经济

6. 共享交通、智能交通、旅游交通、绿色交通等新兴领域发展路径

重点围绕国家战略性新兴产业培育和服务经济创新，充分利用互联网、大数据、云计算、物联网等现代技术，培育新业态，构筑新平台，创造新供给，激发新消费，加强信息通信、运输装备停放、智能通行道路、旅游交通等服务新业态新模式的配套基础设施建设（见表1－4）。

（1）共享交通

根据不同区域、不同城市、不同业态，分类实施，“先软后硬”。首先，建立完善与共享交通相关的法律法规、标准规范和监管政策体系，依法依规引导和规范，创造发展“软环境”。对于不同类型城市，“抓大放小”，

表1-4 我国交通新业态新模式发展路径示意图

模式	发展步骤	完善政策机制	完善设施设备	联动产业升级	形成稳定业态	主要任务
共享交通	第一步	■				完善政策环境
	第二步		■	■		补齐设施短板，开展产业联动试点
	第三步			■	■	推动关联产业融合发展，形成联动模式
智能交通	第一步	■				完善设施设备政策
	第二步		■			加强创新和示范
	第三步			■	■	形成联动模式，全面推广
旅游交通	第一步	■	■			完善设施政策
	第二步		■	■		结合消费升级发展邮轮、房车等业态
	第三步			■	■	形成联动模式
绿色交通	第一步	■	■			完善绿色交通发展政策和机制
	第二步		■	■		加强绿色低碳新技术新设备研发，加强低碳绿色发展
	第三步			■	■	形成绿色交通联动发展模式

针对共享交通发展需要依赖庞大用户规模的特征，优先指导，督促超特大城市、大城市出台符合自身发展实际的引导性规范和政策。中小城市可适度放宽要求，创造更为宽松的政策环境。有序推广共享交通，逐步向具备条件的乡镇、牧区、林区等延伸，做好配套保障和风险应对。其次，补齐基础设施和装备等短板。完善道路网、停车、场站等交通基础设施，加快建设智能感知、智能通信等智能交通设施。再次，推进共享交通企业与上下游企业融合发展，推动传统行业转型升级。

（2）智能交通

根据发展需求和技术演进，推进现代信息技术、数字技术在道路、铁路、港口、民航、城市交通等领域示范应用，创新发展平台经济。近期重点在自动驾驶、车联网等领域先行示范。第一，加强顶层设计。研究推进信息平台、自动驾驶、车联网等发展，确定演进目标和应用推广计划。对标国际，完善基础性技术标准。第二，加强试点示范。在北京副中心、雄安新区等新城新区以及汽车产业、数字经济发达地区，率先开展开放道路环境自动驾驶、车联网等试点。试点建设自动驾驶货运公路专线。补齐技术和产业链短板。第三，加强推广应用。在国家道路网主干线推广应用自动驾驶汽车和车联网，在规定区域布局车联网，推动自动驾驶汽车和普通车辆混合运行。

（3）旅游交通

把握消费升级总体趋势，推进交通旅游向旅游交通转变，增强交通旅游全域性、过程性和体验感。首先，弥补短板，完善绿道、步道、景观道等旅游交通与交通旅游相关软硬件设施，以及配套政策。其次，加强试点示范，重点提升丝路、高铁等旅游交通品牌，培育邮轮游艇、汽车营地、通用航空等一批具有潜力旅游休闲消费业态。长远来看，延伸交通运输与旅游融合产业链，加强新技术、新装备应用和推广，积极培育符合国民消费特征的交通旅游、体验旅游新业态。

（4）绿色交通

按照建设美丽中国的要求，加强绿色运输先行示范。首先，倡导绿色出行绿色消费，优化运输供给，充分发展铁路、水运等大能力、绿色化运输方式，强化资源集约节约循环利用。其次，加强绿色低碳新设施、新设备、新技术、新材料研发应用，加强与清洁低碳、安全高效能源体系协同，推动交通运输系统整体绿色化、低碳化升级。加强绿色交通、低碳交通试点示范，开展交通运输温室气体与大气污染物排放联控等试点工作。

五、深度融合发展的政策建议

从交通运输与经济社会深度融合发展要求和情况来看，障碍制约仍然突出，亟须开拓视野、创新思路，加快完善相关措施和保障。

（一）政府管控模式仍旧传统，亟待以包容和创新思路系统治理

在当前新一轮科技革命和产业变革多领域、跨学科、群体性突破趋势下，交通运输与经济社会各领域广泛深入渗透，以技术创新为引领，以新产业新业态新模式为核心，以知识、技术、信息、数据等新生产要素组合为支撑的深度融合格局正在形成，呈现技术更迭快、业态多元化、产业融合化、组织网络化、发展个性化、要素成果分享化等新特征。但政府管控

理念和模式仍然传统，服务方式、能力和水平亟待提升。

1. 主动适应交通运输与经济社会融合发展后传统领域改造提升与新兴领域加速成长需要，加快转变政府职能，提高整体服务能力

围绕融合“跨”“新”等趋势特征，加快转变、创新和完善政府服务管理模式和宏观调控方式，继续深入简政放权，最大限度减少中央政府对微观事务的管理，减少非必要的交通审批事项，提高行政服务效能。政府重点加强融合发展战略、规划、政策、标准、监管等制定和实施，中央政府在全局层面着力提升对于传统领域升级和新领域新业态发展的预期、监管和调控能力，地方政府着力加强公共服务、市场监管、社会管理、环境保护等职责。根据融合业态、模式运行特征，有效调整政府机构组织结构。

2. 创新交通运输与经济社会融合新技术新业态，改造提升传统模式

强化交通运输与“中国制造 2025”协同联动，促进制造业研发、生产、管理、服务模式变革。发展工业互联网等新基础设施，支持制造业与互联网融合发展新型生产方式，促进从生产型制造向服务型制造转变。加快推进“互联网 +”行动，充分发挥我国互联网的规模和应用优势，加速推动互联网应用由消费领域向生产领域拓展。做优存量、提升增量，支持发展共享经济。

3. 探索实施动态包容审慎监管，强化风险管控与应对

针对新产业新业态发展需要，完善协同监管体系，密切关注符合时代潮流、成长性好、发展潜力大的新领域，主动引导、主动服务，突破政策束缚。在先行先试的新领域与关联领域之间加筑“防火墙”，消除监管盲区。探索对融合新产品、新服务、新业态实施部门协同监管新机制。实现信息互换、监管互认、执法互助，形成线上与线下协同监管体制。完善风险管控体系，提高信息化治理水平，优化风险管理机制。强化风险预警和分析，提升风险处置决策能力，特别是对新兴领域潜在风险和突发情况快速处置能力。

（二）制度制约依然突出，亟须健全体制机制激发要素流动活力

目前我国交通运输与经济社会各领域融合发展的区域、行业、行政壁

垒仍然存在，尽管交通运输探索推进“大部门”改革制度，但效果仍不理想，核心问题不是简单的部门合并问题，而是深层次协调合作机制问题。因此，要按照现代经济体系、城镇体系、社会体系和绿色生态体系协同发展要求，全面深化改革，创新体制机制。

1. 深化关联领域改革创新

全面深化改革，促进知识、技术、信息、数据等新生产要素合理流动、有效集聚，充分发挥其放大社会生产力的乘数效应。加速新技术新业态向交通运输传统领域融合渗透，全面改造提升交通运输传统动能。

2. 有效放宽新兴经济领域政策限制

健全适应新兴经济领域融合发展的制度，推动备案管理和事前审批，逐渐向加强事中事后监管转变，在共享交通等融合发展新领域探索实施特殊管理制度。

3. 研究建立公平开放的市场准入制度

加强协同配合、鼓励多方参与，引导新产业新业态健康有序发展，完善以负面清单为主的产业准入制度。对未纳入负面清单管理的领域、业务等，各类市场主体皆可依法平等进入。针对融合新技术、新产业、新业态、新模式，本着降低创业门槛的原则，创新负面清单管理机制和模式。

4. 探索构建以市场为主的信用约束机制

按照深度融合发展要求，强化信用约束和协同监管，加快完善信用体系。完善国家信用信息共享平台和企业信用信息公示系统，规范各类市场主体诚信和信用信息采集、归集、公示、评价、应用、服务体系，强化失信联合惩戒，增强信用管理威慑力。

（三） 理论、法规、标准、规范等基础薄弱，亟待健全完善

目前，交通运输与经济社会融合发展的实践已经走在理论、政策之前，理论研究总体薄弱，法律法规、标准规范等基础支撑不足，指导有限，人才资源总体欠缺，跨领域复合型人才十分紧缺，这些问题都制约深度融合发展。

1. 加强前期研究储备

充分认识理论和方法论研究的重要性，系统梳理总结交通运输与经济社会融合发展实践，紧盯国内外新趋势新变化，针对性强化前期研究储

备，更好指导实践工作。充分调动各方积极性，加强理论与方法论研究，以跨界视角，开展关联学科交叉研究，就融合发展的重大战略性、技术性、政策性等问题系统攻关，加快构建符合国情特点的交通运输与经济社会融合发展理论框架与方法论体系，探索新时代中国特色社会主义交通运输发展观，丰富中国特色社会主义理论体系。

2. 加强标准规范保障

着眼融合发展催生的新领域新业态新模式，加快完善相关标准与规范。构建多门类融合科研平台以及产学研创新平台，强化标准衔接创新，加强标准、规范等先行示范与试点认证。推进法规制度适应性变革，建立相关标准动态调整机制。

3. 加强跨领域融合人才培养

激发人才活力，营造有利于深度融合人才团队成长的氛围。创新体制机制，突破院所和学科管理限制，着眼交通运输与经济社会广泛深度融合，从交通与产业、社会、生态、军事以及国际国内联动等视角，培养人才队伍。充分发挥智库在推动交通运输与经济社会融合发展中的研究支撑作用。

4. 完善融合统计支撑体系

建立完善交通运输与经济社会融合领域统计调查和监测分析制度，强化新产业新业态数据搜集、处理、发布和共享工作。打造跟踪分析交通新领域运行的统一数据平台，加强对共享经济等新兴经济活动的核算。构建融合指标体系，研究建立并择时发布融合发展指数，提供趋势性数据和预警分析支撑。

（四）硬件设施、软性环境存在诸多短板，亟须调整优化

交通运输与经济社会融合发展在硬件设施、软件环境等方面均存在诸多短板，传统交通基础设施，特别是中西部地区交通基础设施总体薄弱，服务新业态发展的配套设施，如新能源、智能化载运工具配套设施、多元化交通旅游设施等总体不足。政策支持、产业生态、组织保障、金融支持等软件环境亟待调整优化。

1. 强化顶层设计和系统谋划，营造良好发展环境

构建统筹协调的组织支撑，优化新业态管理和产业发展资源配置，健

全交通新经济协调机制，强化交通运输与共享经济、绿色经济、智能制造、创新金融服务等统筹。加强舆论宣传，引导正确认识，回应社会关切，营造健康发展环境。

2. 完善基础设施网络，强化硬件设施保障

精准对接需求，继续坚持适度超前的理念，补齐设施等短板。推进交通基础设施与信息、能源等基础设施协同布局。鼓励具备条件的地区推进线位、岸线等资源共同利用和同步实施。围绕“一带一路”强化国际基础设施互联互通，构建天上、海上、陆上、网上广泛覆盖、协同联动的交通基础设施网络。强化服务新业态、面向未来的下一代跨领域基础设施建设布局。

3. 优化金融支持政策体系

调整完善投资政策，加大中央预算内投资、专项建设基金等资金对融合支持力度。充分发挥政府各类创业投资引导基金和产业投资基金作用，对符合投向的融合领域创新型企业给予支持。引导社会资金、资源等要素投向，采用产业投资基金等多种方式支持融合发展。持续优化社会资本投向融合领域的政策环境。

4. 强化数据资源开放共享

强化融合领域的公共数据资源共享。完善政务信息资源共享管理，打破“数据烟囱”和“信息孤岛”，健全政府信息公开和企业信息披露制度。

5. 积极推动融合项目示范

根据不同地区经济社会发展实际，组织一批交通运输与经济社会融合示范项目。及时总结成熟做法和成功经验全国推广，发挥示范项目引导带动作用。

执笔人：樊一江、谢雨蓉、毛科俊、丁金学、
张广厚、陈晓博、向爱兵

附表 1－1　我国主要运输通道经济带覆盖区域面积、经济、人口等情况

名称	依托主要通道	途经区域	区域面积（万平方公里）	面积在全国占比(%)	覆盖人口（亿人）	人口在全国占比(%)	GDP（万亿元）	GDP 在全国占比(%)
沿江通道经济带	长江经济带综合立体走廊，沿江、沪昆高铁等	上海、江苏、浙江、安徽、湖北、湖南、江西、四川、重庆、贵州、云南等省市	202	21	5.95	42.8	37.1	45.2
陆桥通道经济带	陇海铁路、兰新铁路、兰新第二双线等通道	江苏、河南、陕西、甘肃、新疆等省区	266	27	2.65	19.06	17	20.81
京沪通道经济带	京沪高铁、京沪二高铁等	北京、天津、河北、山东、江苏、上海等省市	48	5	3.17	22.8	26.96	32.85
京广通道经济带	京广高铁、普铁等	北京、河北、河南、湖北、湖南、广东等省市	95	10	4.32	31.09	26.57	32.37
粤桂黔高铁经济带	贵广、南广高铁等	广东、广西、贵州等省区	59	6	1.97	14.15	12.17	14.83
中轴经济带	包海高铁、蒙华铁路等	内蒙古、陕西、重庆、贵州、广西、广东、海南等省区市	103	11	3.00	21.6	18.36	22.37

注：人口数据和 GDP 数据为 2017 年数据。

参考资料

[1]马健．产业融合论[M]．南京:南京大学出版社,2006.

[2]保罗·肯尼迪．英国海上主导权的兴衰[M]．沈志雄,译．北京:人民出版社,2014.

[3]贾大山．海运强国战略[M]．上海:上海交通大学出版社,2013.

[4]李霞,王明杰．成都经济发展新思考:枢纽经济[J]．中共成都市委党校学报,2014(4):79-82.

[5]程继隆．强势:中国枢纽经济异军突起[J]．吉林省经济管理干部学院学报,2010(5):3-7.

[6]王冬梅,姜帆．城市大型客运交通枢纽国民经济效益分析[J]．数量经济技术研究,2003(7):40-43.

[7]刘武君,顾承东,林晨．建设枢纽功能服务区域经济[M]．上海:上海科学技术出版社,2006.

[8]刘俊生．交通枢纽城市发展策略浅议[J]．城市开发,1997(4):18-20.

[9]储东涛．在实践中深化对枢纽型经济的理论认知[J]．中共南京市委党校学报,2016(6):52-57.

[10]孟令云．系统动力学建构下交通枢纽型经济的发展理论与实证研究[D]．西安:西南交通大学,2007.

[11]阮晓波．发展枢纽经济建设枢纽型网络城市[N]．南风窗,2017-4-1(2).

[12]胡骥．通道旅客运输需求预测研究[D]．成都:西南交通大学,2004.

[13]荆新轩,付晓豫,施其洲．京沪运输通道——经济带系统协调研究[J]．铁道运输与经济,2009(7):25-28.

[14]中共南京市委南京市人民政府关于加快推进枢纽型经济建设的意见[EB/OL]．(2015-07-09)[2018-10-28]．http://www.ce.cn/culture/whcyk/136795/qywhdt/201705/18/t20170518_22976748.shtml.

［15］中欧班列建设发展规划（2016—2020 年）［EB/OL］.（2016 - 10 - 12）［2018 - 10 - 28］. http://www. sohu. com/a/116836181_468675.

［16］铁路物流基地布局规划及 2015 ~ 2017 年建设计划［EB/OL］.（2016 - 12）［2018 - 10 - 28］. www. china - railway. com. cn.

［17］国家发展改革委，外交部，商务部．推动共建丝绸之路经济带和 21 世纪海上丝绸之路的愿景与行动［R/OL］.（2015 - 03 - 28）［2018 - 10 - 28］. http://www. xinhuanet. com//world/2015 - 03/28/c_1114793986. htm.

［18］国家发展改革委，国家海洋局．"一带一路"建设海上合作设想［R/OL］.（2017 - 06 - 20）［2018 - 10 - 28］. http://cpc. people. com. cn/n1/2017/0620/c64387 - 29351310. html.

［19］国务院．"十三五"现代综合交通运输体系发展规划（国办〔2017〕11 号）［R/OL］:（2017 - 02 - 03）［2018 - 10 - 28］. http://www. ndrc. gov. cn/zcfb/zcfbqt/201703/t20170302_840224. html.

［20］国家发展改革委．综合交通网中长期发展规划（发改交运〔2007〕3045 号）［R/OL］.（2007 - 11 - 14）［2018 - 10 - 22］. www. sdpc. gov. cn，2007.

［21］MARTIN KENNEY，JOHN ZYSMAN. The Rise of the Platform Economy［J］. ISSUES IN SCIENCE AND TECHNOLOGY，2016（5）:61 - 69.

［22］Button，Kenneth and Somik Lall. Air Transportation Networks: Theory and Policy Immplications［M］. Northampton: Edward Elgar，2000.

［23］Kasarda，John D，ed. Global Airport Cities［M］. London: Insight Media，2010.

［24］中国信息通信研究院．中国数字经济发展白皮书［R］. 北京：中国信息通信研究院，2017.

［25］科技部，交通运输部．"十三五"交通领域科技创新专项规划（国科发高〔2017〕121 号）［EB/OL］.（2017 - 05 - 02）［2017 - 08 - 01］. http://www. most. gov. cn/mostinfo/xinxifenlei/fgzc/gfxwj/gfxwj2017/201706/t20170601_133311. htm.

［26］中国政府网．李克强主持召开国务院常务会议讨论通过《关于强化实施创新驱动发展战略进一步推进大众创业万众创新深入发展的意见》决定将《快递条例（草案）》向社会公开征求意见［EB/OL］.（2017 - 07 - 12）［2017 - 08 - 01］. http://www. gov. cn/premier/2017 - 07/12/conte nt_5209932. htm.

[27] 中国政府网．习近平主持召开中央网络安全和信息化领导小组第一次会议强调总体布局统筹各方创新发展 努力把我国建设成为网络强国[EB/OL].(2014-02-27)[2017-08-01].http://www.gov.cn/xinwen/2014-02/27/content_2625112.htm.

[28] 魏际刚．中国物流成本为什么高[N]．经济日报,2017-07-14(14).

[29] 工业和信息化部网站．苗圩在中国智能网联汽车产业创新联盟成立大会上讲话．[EB/OL](2017-06-12)[2017-08-01].http://www.miit.gov.cn/n1146285/n1146352/n3054355/n3057585/n3057592/c5686349/content.html.

[30] 马丁·肯尼,约翰·齐斯曼,贾开．平台经济的崛起[N]．英国金融时报,2016-04-28.

[31] Peter C. Evans, Annabelle Gawer. The Rise of the Platform Enterprise - A Global Survey; The Center for Global Enterprise[R]. The Center for Global Enterprise: NewYork, 2016.

[32] Accenture. Platform Economy: Technology - driven business model innovation from the outside in high performance[R]. Accenture: Dublin, 2016.

[33] 中国人民银行网站．人民银行印发《关于做好个人征信业务准备工作的通知》[EB/OL].(2015-01-05)[2017-08-01].http://www.gov.cn/xinwen/2015-01/05/content_2800381.htm.

[34]汪鸣,谢雨蓉,樊一江．"一带一路"产能布局与内需对接亟待构建国际物流控制力[J]．形势要报,2017(67).

[35]丁金学,樊一江．把握全球新一轮基础设施建设多需叠加机遇 抓住我国交通基础设施投资大方向[J]．调查·研究·建议,2017(30).

[36]毛科俊,樊一江．推进我国枢纽经济发展的几点思考[J]．宏观经济信息研究,2017(17).

[37]吴文化,向爱兵．以枢纽经济为抓手 塑造城市经济发展新模式[J]．调查·研究·建议,2017(61).

[38]谢雨蓉,樊一江,张广厚．莫让共享交通等新业态误伤实体经济：推动交通运输与经济社会深度融合创新发展[J]．综合运输参考资料,2017(19).

[39]樊一江,马艺菲.交通运输与经济社会融合发展研究进展与启示[J].综合运输参考资料,2017(20).

[40]陈晓博,樊一江.把握黄金窗口期　战略性发展我国自动驾驶产业[J].综合运输参考资料,2017(23).

[41]毛科俊,樊一江.我国亟须明确枢纽经济发展的方向和路径[J].中国经贸导刊,2017(10).

理　论　篇

第二章　推动共享交通发展的思路和任务

内容提要　共享经济是全球新一轮科技革命和产业变革下涌现的新业态新模式，正在加快驱动资产权属、组织形态、就业模式和消费方式的革新。共享交通是共享经济与交通运输融合发展形成的运输服务供给新业态新模式，并迅速成为共享经济在全球范围内影响最广、争议最多的一个领域，对传统交通运输服务供给模式以及人们生活、经济发展等带来新的变化。本章依据共享经济的基本概念和主要特征，对当前我国共享交通领域中共享驾乘、共享单车、共享汽车、共享停车等四种业态的发展现状和问题进行了深入分析，从提高认识、把握趋势、明确导向等角度提出促进交通与共享经济融合发展的总体思路，并立足交通系统整体发展的需要，从规范和引导共享交通发展的视角，提出政府的职责应重点关注整体战略拟定、监管手段优化、监管能力提升、设施建设与数据共享、征信与隐私保护以及防范垄断等方面。

近十年来，借助移动互联网的快速发展，共享经济规模在我国快速增长。尤其在交通出行领域，据艾媒咨询测算，2017 年中国移动出行用户规模达到 4.35 亿人，庞大的移动出行用户规模为各类共享交通业态的发展提供了广阔的空间，使共享交通成为交通运输领域最受政府、社会及资本关注的领域。尤其在传统交通运输服务产品供给仍存在模式单一、总量不足、结构不合理、质量不高等问题的情况下，具备互联网撮合平台特征的共享交通服务供给主体以更加丰富、更加便捷、更加灵活甚至更加优惠的供给方式，较好适应了人民群众对多样化、高质量出行的需要。但是，需要认识到，在共享交通这种新业态初现端倪以及受到逐利资本驱动导致的业态规模快速膨胀过程中，政府的监管机构反应明显滞后，监管思路茫然、监管政策缺位、监管手段缺乏。在近乎“无序”发展的状况下，共享交通不断暴露一系列问题，引起公众广泛关注，尤其是交通行业以外的一系列社会问题的发生，对共享交通的长远发展带来不利影响，从根本上影响了交通运输服务供给侧结构性改革的推进。长远来看，共享交通仍有广阔的发展空间，既要充分认识到推动共享交通发展对提升运输服务供给质量和供给效率的重要意义，也要更加强化、细化政府相关监管职责和能力，更好地引导和规范共享交通有序发展，更好地适应人民群众日益多样化、个性化的出行需求，为满足人民群众对美好生活的向往提供有力支撑。

一、共享经济概念与基本特征

（一）共享经济的产生

共享是人类天性，自古有之。远古时代，人类一起狩猎，然后相互共享各自的食物和其他资源。石器时代，人类以部落的形态生活，族人一同采摘打猎，共同生活，集体生活让生存变得更加容易。古希腊人通过相互之间的共享而相互依存，他们共享各自的工具，一起搭建居所、收割庄稼，甚至一起保护属于自己的领地。人类学家坚信这种亲密关系和相互回报是一种不可改变的人类行为，是人们互相协同的基石，是人类生存的核心。但总的来看，在20世纪之前，人们的沟通与交流受到地域限制，共享更多地发生在身边认识的人之间，共享的对象限于朋友、亲人，共享局限于地域，多数是一种非利益的、非商业化的行为。

互联网技术的出现，为人与人之间的沟通带来更多的可能，将人内在的这种共享本性更深刻地挖掘出来。从20世纪90年代开始，人们在不同阶段共享着不同的东西。

第一阶段，共享信息为主，人们通过网站、电子邮件传递信息。第二阶段，共享观点为主，包括以BBS、博客为代表的PC时代共享平台，以及当前以Facebook、Twitter等为代表的移动互联网即时共享平台。第三阶段，随着社会经济、技术的快速发展，共享的内容、共享的对象和方式发生了扩展。人们共享的内容从无形转向了无形与有形并重，从共享商品、衣物到房屋、汽车，甚至技能及货币。借助互联网平台，共享的范围可扩展至全球。共享的方式既可以是公益性的，也可以利用现代支付进行有偿的共享。今天共享的边界已超过我们的思维，而且仍在不断演绎发展。

而“共享经济”这一理念最早由美国得克萨斯州立大学社会学教授马科斯·费尔逊（Marcus Felson）和伊利诺伊大学社会学教授琼·斯潘思（JoeL Spaeth）在1978年发表的论文《群落结构和协同消费》（*Community Structure and Collaboration Consumption：A Routine Activity Approach*）中首次提出，并用协同消费（Collaboration Consumption）来描述这样一种生活消费方式，其主要特点是个体通过一个第三方市场平台，实现点对点的直接商品与服务交换。但是这种模式并未吸引太多的关注。2010年，雷切尔·博茨曼（Rachel Botsman）与路·罗杰斯（Roo Rogers）在其出版的书籍《我的就是你的》（What's Mine is Yours）中对共享经济做了更详细的描述，包括其产生的原因及表现形态。该书第一次系统性地对消费领域的共享经济（作者称为“协同消费”）进行了论述，这也把全社会对这一模式的认识带到了新的高度。

但是，作为一个新生的且不断演进的思想，全世界对共享经济尚无统一定义。学者以及业界对这一新经济模式的理解，有着不同的认识和侧重。除了最常见的“共享经济”（Sharing Economy）之外，还有从不同角度赋予的不同名称，如“协同消费”（Collaboration Consumption）、“点对点经济”（P2P Economy）、“网格经济”（The Mess）、“零工经济”（Gig Economy）、“使用经济”（Access Economy）以及“按需经济”（On－Demand Economy）等。

（二）共享经济的特点

共享经济虽然定义并不统一，但共享经济本身有其独特、共性的特点。

1. 强调使用权思想，弱化所有权观念

将使用权与所有权分离，且认为使用权优于所有权，改变了人们对传统消费的认知，强调消费的过程，以使用权替代所有权。

2. 以轻资产的形态，去中介化、分布式的模式运行

去中心化的、完全分布式的组织体系中，交易双方都是平等的，消除中间环节，打破信息不对称，拥有极高的沟通效率。而运营主体公司本身多不具备交易的商品和服务，以完全轻资产的模式运营。

3. 供应者与消费者的角色转换，产销者出现

商品或服务的供应者和消费者界限模糊，买卖双方都让位于产消者（参与生产活动的消费者），产权让位于资源共享，所有权让位于使用权，市场让位于网络，产品的边界成本逐渐下降，一直趋向于零。

4. 充分利用互联网技术

基于互联网技术的共享平台使以前认为不可能的、跨区域的、点对点的交流变为可能，既是共享经济产生的推动力，也是持续发展赖以依托的基础和核心载体。目前，成功的共享经济企业都是通过建立在一定技术基础上的平台来开展业务的。

5. 建立在信任的基础之上

共享经济参与主体的广泛性、交易商品的多样性、个性化，决定了商品难以实现标准化的管理，市场供需双方需要以信任为基础，通过互信关系的建立，才能实现交易。因此，对交易双方以及交易平台的信用要求较高。

（三）共享经济的商业模式

共享经济的商业模式从表现形式上主要可以分为三类。

1. B2C 模式，企业与个人之间

在这种模式下，由经营主体统一采购管理并将商品或服务的模式出租或销售给个人，个人不需要拥有整个商品，只需要拥有阶段的使用权。这种模式也可以认为是租赁的互联网化。这一类代表包括车辆分享的 Zipcar 公司、教科书分享的 Chegg 公司、视频分享的 Netflix 公司以及目前我国发展较为迅速的各类共享单车企业。

2. P2P 模式，个人与个人之间，是共享经济发展的主流模式

在这种模式下，每个个体既是供应者也是消费者，个体与个体之间通过第三方平台进行交流，并将闲置的商品或者服务进行交易，机构只提供交易的便利性，例如撮合、沟通、支付等，不拥有交易商品或服务。这类企业包括住宿分享的 Airbnb 公司、出行分享的 Uber 公司以及我国滴滴出行中的专车、快车、顺风车等业务。

3. B2B 模式，企业与企业之间

通过第三方平台，将企业的闲置资源及能力与其他企业进行分享，并

获得收益。这类企业代表包括办公司分享的 Liquid Space 公司、企业大型工业设备租赁的 Getable 公司等。

（四）共享经济的发展阶段

从共享的商业形态来看，自出现到目前为止，共享经济发展经历了两个阶段。

1. 共享经济 1.0

最早出现在 2000 年左右，一个特点是以 PC 互联网作为主要的承载方式，人们通过计算机进行沟通、交流、分享，代表企业包括闲置物品交易的 eBay、赶集网、58 同城等。另一个特点是 B2C 模式为主，例如 2000 年成立的汽车分时租赁 Zipcar 公司。

2. 共享经济 2.0

到了 2008 年左右，共享经济进入新的阶段。一个特点是智能移动终端和移动互联网的广泛使用，极大丰富了共享经济模式和参与群体，Uber、Airbnb、Lending Club 等公司是典型代表。另一特点是经营模式从企业与个人之间（B2C）更多地走向了个人与个人之间（C2C 或 P2P），去中心化的思想和模式开始出现，企业运作理念也从“轻资产”向“重资产”的角度出发，更加注重专业营运和客户体验。

（五）共享经济的主要领域

1. “共享经济 + 交通”

共享交通是目前共享经济在全球范围内影响最广、争议最多的一个领域，与交通相关的共享经济模式和企业主要包括以下四种类型。

——共享驾乘。这种模式不仅要提供车辆，还要提供行程服务，以 Uber、滴滴等公司为代表。但在具体表现形式上又可分为两种模式，一种是以专车、快车为主的出租车模式，服务提供者需要根据乘车者的要求，专程将乘客由 A 地送至 B 地，另一种是顺风车模式，以车辆提供者的行程路线为主，将乘客由 A 地送至 B 地。此外，共享驾乘工具除了小汽车外，满足多人出行的共享巴士等业态也在快速发展，以国内的接我等公司为代表。

——共享租车。主要包括两种模式，一种是以 Zipcar 为代表的 B2C 模式，企业拥有车辆，通过网上预约、网上支付以及灵活的停放地点等手段提供用户使用便利性；另一种是P2P模式，是私家车主将个人车辆在闲置的时候发布供给信息，企业通过撮合的方式，实现承租人与车主之间联系与交易，如RelayRides公司。

——共享自行车。与共享租车类似，共享自行车也包括P2P和B2C两种模式。一种是车主将自行车信息发布到自行车共享平台，通过平台撮合与租客完成联系和交易，赚取一定费用，例如美国的Spinlister公司。另一种是企业自购自行车并投放，用户通过移动互联网终端实现自助租赁，目前我国的摩拜、OFO等公司均属于这种模式。

——共享停车位。顾名思义，就是停车位所有者在停车位闲置时，通过网络平台发布信息，提供给需要停车位的人。由于减少了开车兜圈寻找停车位的时间，能够有效减少交通拥堵和污染物排放。

2. “共享经济+空间”

空间是具有明确属性特征的资源，需要购买或者租赁才可使用，而过去以来中介的模式，难以适应高频次、短周期的交易需求，适用于闲置空间短时期租赁的共享空间模式应运而生。

——共享住宿空间。按商业模式的不同，可分为P2P和C2B2C两种模式。P2P模式下，平台企业协助房东发布租赁信息，指导房客完成在线预定，收取一定的佣金，最具代表性的是Airbnb公司，在不持有物业的情况下拥有400多万客房资源。C2B2C模式下，个人将房源委托给平台企业，平台企业进行适当维护后，直接交付承租人，企业赚取租金差价，如国内链家旗下的自如。

——共享办公场所空间。主要面向企业端的空间分享，平台公司根据用户需求组织使用办公空间，让公司管理者充分利用那些闲置办公空间，例如Liquid Space公司，可以提供短时办公室或会议室出租。

——共享宠物空间。Airbnb公司是给旅游的人们寻找可分享的房间，而DogVacay公司是帮助宠物寻找一个寄养空间，专为需要外出的人提供宠物寄养的对接服务。此外，还可以依托平台提供更多的衍生服务。

3. “共享经济+金融”

除了闲置的商品和服务可以共享以提高利用率之外，资金作为一种重要资产，也有匹配借贷或者供需双方，加快资金周转速度的需求。

——P2P 网贷模式。通过互联网平台快速高效搜寻和撮合资金的供需方，最大程度地发挥资金的使用价值，如 lending club 公司。我国 P2P 行业发展迅速，2014 年网贷平台企业超过 1500 家，远超其他共享经济领域，过度竞争使部分平台成为非法吸储、放贷平台，市场诚信体系和政府政策对行业发展影响明显。P2P 网络借贷平台风险频发，严重侵害广大人民群众合法权益，扰乱市场经济秩序。公安部对此高度重视，依法开展侦查办案，全力以赴追赃追逃。仅 2018 年上半年，公安机关就依法对 380 余个涉嫌非法集资犯罪的网贷平台立案侦查，据不完全统计，查封、扣押、冻结涉案资产价值约百亿元。

——众筹模式。通过网络向投资人募集资金，以完成某个项目的模式，以股权众筹、回报众筹、公益众筹为主。

4. “共享经济 + 任务/服务”

该模式是指按照用户要求，帮助完成任务或者提供各种服务，从提供的服务来看，可能都是一件件“小事”，如帮忙送东西、买东西、修理电器、打扫卫生等，是对个人闲置时间或技能的再利用，如美国的 Task Rabbit 公司。国内也有人人快递等公司使用类似“众包快递，人人皆可提供快递服务”的模式开展同城配送，提供“定时取”“帮我买”等服务，将社会化物流与社会化销售相结合。此外，在跨城快递领域，利用客车底舱、私家车等空余资源，完成远距离、跨城市的快件直达也有新的突破。

5. 其他领域

——“共享经济 + 知识/教育”。全世界受教育公民的自由时间可以看成一个集合体，是一种大规模的“认知盈余”，是一种巨大的新资源，也是可以共享。目前，最具代表性的知识/教育共享，有文字版的维基百科、知乎，也有视频版的 TED。此外，还有一类知识和认知的分享更加侧重于教育体系，例如 MOOC（大规模开放式在线课程）平台。

——“共享经济 + 美食”。通过共享美食平台，用户既可以成为开放厨房的主人，设计菜单、布置餐桌，开一个饭局，接受食客们的订单，也可以选择做一名食客，自由选择世界各地的私人饭局，还可以预定大厨，在家中品尝美味。国内已有爱大厨、好厨师、烧饭饭等类似的平台。

——“共享经济 + 物品”。实际上以物易物是最早出现的共享经济形态，而随着互联网技术的发展，共享物品的商业模式日趋多元化，既包括手工艺品、书籍、服装等实物共享，也包括创意等思想类的共享。

——“共享经济＋医疗健康”。通过互联网平台的撮合，建立病人与患者之间的直接联系，一方面可以节省患者就医时间，另一方面可以充分利用医生，特别是退休医生以及经验不足医生的富裕时间，实现定制化的私人医疗服务。此外，通过健身器材、教练等资源的共享，提高健康资源的利用效率。

（六）对我国共享经济发展的基本认识

本书认为，对于共享经济定义的认识，需要围绕共享经济的核心构成要素展开，也即谁来共享、共享什么及如何共享三要素。谁来共享，也即所谓公众，目前主要为个人，未来将会衍生到政府、企业等。对共享内容，目前大多数定义为闲置资源，主要包括资金、房屋、汽车等物品以及个人知识、技能和经验，但按照国家发展改革委《关于促进分享经济发展的指导性意见》，共享的内容是分散资源，并不一定是闲置资源，扩大对共享内容的认识，有利于将更多的业态纳入共享经济的范畴。而对于如何共享，必须要借助社会化平台，主要指通过互联网技术实现的大规模分享平台。

这三部分共享经济构成要素中，共享内容是关键。本书认为，可依据共享内容是否属于闲置资源将共享经济分为狭义和广义两大类。狭义的共享经济是以闲置资源的共享为主要内容，该类资源首先以满足资源所有者的使用为前提，在此基础上将资源空闲的时间或空间共享与他人使用，以提高资源使用效率，同时也可为资源所有者带来一定的收益，如以车主行程为主捎带顺路乘客的顺风车，以个人使用或企事业单位内部使用为主但空余时间对外开放的共享汽车或共享停车等。本书认为，狭义的共享经济才是共享经济的应有之义。但在我国，为鼓励新业态发展，在共享经济的名义下，分散资源代替闲置资源，共享内容进一步扩大化和泛化，在互联网经济的支撑下，我国大部分共享经济的业态本质已成为平台经济，如网约车、共享单车等。因此，研究我国共享经济发展问题，需要区分其共享资源的特征，对广义的共享经济，要将其作为平台经济看待，如网约车和出租车、共享单车和公共自行车，其本质上没有区别，只是在互联网平台的支撑下，服务供给方式、供给模式的变化，同时作为交通运输服务行业的新模式，新旧业态的区别重点在是否符合政府管理部门的相关法律法规要求，在服务产品本质上没有区别。

二、我国共享交通发展现状和问题

（一）主要业态

共享交通致力盘活社会上闲置或分散的车辆、司机、停车位等资源，提升交通闲置资源的利用率，是共享经济目前在全球范围影响最广、争议最多的一个领域。总的来看，由于我国拥有庞大的用户群体，共享交通发展在规模上处于世界领先地位。从发展模式上，我国在共享交通领域主要有共享驾乘、共享自行车、共享租车、共享停车位、共享快递等类型，部分业态有一些约定俗成的叫法，但基本属于这五种发展模式范畴（见图 2－1）。

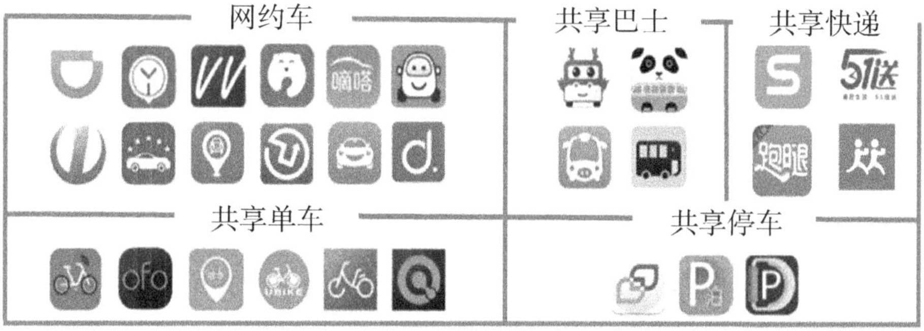

图 2－1　我国共享交通领域图谱

图片来源：作者整理。

1. 共享驾乘

共享驾乘是当前我国共享交通发展规模最大的领域，据罗兰贝格公司测算，目前我国共享驾乘领域的年订单量达到 17.7 亿单，吸引投资总额达 234 亿美元，约 2.5 亿用户每周至少使用 1 次共享驾乘。按照目前既有的市场形态，共享驾乘领域又包括网约车、顺风车、共享巴士等业态。

（1）网约车

网约车是指依托以互联网技术构建的服务平台，整合供需信息，使用符合条件的车辆和驾驶员，提供非巡游的预约出租汽车服务，是我国共享交通领域受到较早关注的业态，目前仍然受到各类资本青睐。2016年网约车领域仅滴滴、优步中国、神州专车、叮叮约车就融资近百亿美元，其中6月16日滴滴出行获得的45亿美元也是2016年度共享经济交通领域金额最大一笔融资。2017年4月，滴滴出行又完成55亿美元融资，是2017年度单笔投资最大的风险投资，估值超过500亿美元，对比沪深两市近3300家上市公司，滴滴出行估值超过除上汽集团以外的交通运输类企业（见表2－1）。

表2－1　我国网约车领域融资事件表

时间	公司	金额	轮次	投资方
2016－06－16	滴滴出行－滴滴快的	45亿美元	不明确	中国人寿、Apple苹果、阿里资本/阿里巴巴、腾讯产业共赢基金/腾讯、招商银行、软银中国
2016－01－14	优步Uber中国	20亿美元	B轮	海航资本、中国人寿、太平洋保险、广汽集团、中信证券、万科集团、民生银行（民银国际）、宽带资本、双湖投资
2016－10－13	叮叮约车	50亿元人民币	战略投资	光大金融租赁
2016－03－24	神州专车	30亿元人民币	C轮	未透露
2016－06－22	滴滴出行－滴滴快的	4亿美元	战略投资	保利资本
2016－09－09	滴滴出行－滴滴快的	2亿美元	战略投资	鸿海集团Foxconn/富士康

资料来源：《2016年度中国“共享经济”发展报告》。

网约车作为国内共享经济在交通出行领域的代表性行业，起源于大城市交通服务供需不平衡，以及限行限购、开车堵、打车难、养车贵、用车不及时等现实问题。目前，随着网约车新政细则落地，政府鼓励网约车业务规范发展，明晰对网约车业务的定位，并将逐渐加强、细化对行业的管理办法。各地城市政府网约车细则也陆续实施，政策放宽既稍向网约车从业者的利益倾斜，又使其与传统出租车规格有所区别，以期实现两者差异竞争、融合发展。受政策影响，网约车运营成本大大增加，网约车用户规模增速下降并不快，但依旧是未来共享交通领域重要业态。此外，滴滴出行在网约车市场中的份额已超过 90%，形成了事实垄断，且已出现价格上涨过快、服务质量下降、用户投诉增多等问题，需要重点关注。尤其在一系列社会问题发生后，交通运输部等部门联合调查也发现，滴滴出行等网约车、顺风车平台公司在运营安全管理、产品合规性、应急管理、非法营运管理、信息安全保护、公共安全管理等方面存在诸多问题和安全隐患，主要体现在八个方面：一是公共安全隐患问题巨大，特别是顺风车产品安全隐患问题巨大；二是应急管理基础薄弱、效能低下；三是非法营运问题突出；四是安全生产主体责任落实不到位；五是企业平台诚信严重缺失；六是个人信息安全问题突出；七是社会稳定风险突出；八是涉嫌行业垄断。

（2）顺风车

顺风车，也称为拼车、私人小客车合乘，是由合乘服务提供者事先发布出行信息，或者由乘客发布后出行线路一致的人进行响应，出行线路相同的人选择乘坐驾驶员的小客车、分摊合乘部分出行成本（燃料费和通行费）或免费互助的共享出行方式。实际上，网约车和传统出租车类似，提供时间和位移的服务，是占用道路资源的。但两者有区别，首先顺风车一般是由合乘服务的提供者事先发布出行计划，或者由乘客发布后出行线路一致的人进行响应，而不是根据乘客的出行需求来响应。其次，顺风车体现了人与人之间的善意互助，跟网约车运营有明显区别。最后，顺风车不以营利为目的，分担的一部分出行成本仅限于燃料成本、通行成本，而不是通过计里程、计时来收取费用。因此，顺风车充分利用了道路和车辆资源，不额外增加道路资源消耗，是最符合共享经济理念的共享交通模式。

目前顺风车平台企业有两大类，一类是单一的拼车平台，如嘀嗒拼车。根据极光大数据发布的《2018移动互联网行业数据研究报告》数据显示：嘀嗒拼车以135万的日均活跃人数，超越美团、Uber等一众网约车客户端，成为仅次于滴滴出行的第二大独立用车服务APP，并大幅领先于首汽约车、易到、神州专车等出行类APP。另一类是依靠流量与场景优势实行业务延伸的综合性出行平台，如滴滴出行。滴滴出行顺风车上线时间略晚，但凭借资金和用户规模优势，快速占领市场。高峰时期，滴滴顺风车覆盖城市为351个，使用过的乘客数超过3000万人次，日高峰订单达223万单。但是由于顺风车以平台撮合为主，缺乏对司机、乘客个人信誉等方面的审核，滴滴顺风车相继发生一系列恶性刑事案件，顺风车业务已处于无限期下线状态。

此外，从顺风车业务本身来看，主要有市内顺风车和跨城顺风车两类。市内顺风车占据顺风车业务主导，但跨城顺风车也在快速发展。2018年春运期间共计3067万人次乘坐跨城顺风车回家和返程，是2017年同期的3.62倍，相当于民航在春运40天运力（6541万）的46.9%，等同于增开了45913列8节动车组和170388架波音737飞机。

（3）共享巴士

共享巴士又称定制公交，是根据乘客特殊需求设定的线路，以多人共同乘用交通工具的形式，为相对处于相同区域、具有相同出行时间和相同出行需求的人群量身定做的公共交通服务。共享巴士最受关注的时间是在2015年，它致力于解决通勤领域的痛点，通过上下班班车这个高频需求的痛点作为入口吸引流量，在用户积累到一定程度后，再探索所有可能的盈利模式。

共享巴士既可被认为是共享交通领域的业态，也可以被认为是我国城市公共交通领域的细分市场，它重点针对乘坐公共交通工具出行（通勤）时等车时间长、车辆行驶缓慢、乘车拥挤、车内环境差等问题，为需要或爱以公共交通方式出行的人群提供的一种高端、定制化的公共交通服务。目前已有滴滴巴士、接我云班车、嗒嗒巴士、哈罗同行、PP大巴等共享巴士平台。受制于相对严格的准入条件和管理规定，共享巴士在我国发展相对比较缓慢，共享巴士企业运营并不理想。

2. 共享自行车

按照共享经济的定义，共享自行车是通过互联网平台，将个人闲置的或企业自购的自行车资源进行整合，通过租赁的方式，有偿或无偿提供给他人使用。世界范围内来看，共享自行车包括 P2P 和 B2C 两种模式。但目前我国发展较快的各类共享自行车平台，主要是 B2C 模式，也即由企业或政府部门在校园、地铁站点、公交站点、居民区、商业区、公共服务区等提供自行车共享服务，其本质是一种分时租赁模式。

中国共享单车市场已经历了三个发展阶段。2007～2010 年为第一阶段，由国外兴起的公共单车模式开始引进国内，由政府主导分城市管理，多为有桩单车。2010～2014 年为第二阶段，专门经营单车市场的企业开始出现，但公共单车仍以有桩单车为主。2014 年至今为第三阶段，随着移动互联网的快速发展，互联网共享单车应运而生，更加便捷的无桩单车开始取代有桩单车。而 2016 年为共享单车跨越式发展的一年，大量资本涌入共享单车领域，仅 OFO 就完成了五次融资（见表 2-2）。

表 2-2　我国共享单车领域融资事件表

平　　台	融资时间	融资轮次	融资金额
OFO	2016-02-01	A	1500 万元
	2016-08-02	A+	1000 万元
	2016-09-02	B	数千万美元
	2016-09-26	C1	数千万美元
	2016-10-10	C2	1.3 亿美元
摩拜单车	2016-08-19	B	数千万美元
	2016-09-30	C	1.3 亿美元
	2016-10-13	C+	5500 万美元
优拜单车	2016-09-27	天使轮	数千万元
	2016-11-07	A	1.5 亿元
	2016-12-13	A+	1 亿元
小鸣单车	2016-09-23	天使轮	数千万元
	2016-10-08	A	1 亿元

资料来源：《2016 年度中国“共享经济”发展报告》。

到 2016 年底，共享单车用户规模达 1886.4 万人，相比于 2015 年 245 万人，呈 7 倍的爆发式增长。受到资本持续青睐和驱动的共享单车运营商加速领域扩张、产品迭代、获取用户，以抢占更多市场份额，竞争逐渐趋于白热化。到 2017 年 7 月，共享单车的活跃用户达到 1.25 亿人，并开始逐步回落。进入 2018 年，共享单车行业迎来“严冬”，以融资为主要驱动手段的共享单车企业纷纷倒闭，OFO 几乎破产，高速扩张的共享单车行业进入震荡、整合、调整期，以订单增长博取融资的时代已过去，虽然共享单车企业破产潮带来押金难退、废旧单车无人清理等问题，但这也是共享单车行业走向良性发展所必须付出的代价。

3. 共享汽车

共享汽车与共享自行车的定义相似，也是通过互联网平台，将个人闲置的或企业自购的车辆资源进行整合，通过租赁的方式，有偿或无偿提供给他人使用。在我国，共享汽车 P2P 和 B2C 两种模式均存在，但仍以 B2C 模式为主。P2P 模式下，共享汽车经营者提出将私家车引入共享汽车平台，盘活私家车闲置时间资源，提高车辆资源的使用效率，但受制于消费理念、个人征信、消费行为等因素的影响，依靠整合个人车辆资源的 P2P 模式并不是当下共享汽车的主流。Car2Go、Car2Share 等汽车共享平台仍是以企业自购、维护为主的 B2C 重资产模式。此外也有盼达用车等车辆主机厂（重庆力帆）主导的共享汽车平台（见图 2－2）。

图 2－2　主要共享汽车品牌

资料来源：新浪汽车。

与共享单车动辄数亿美元融资的盛况相比，共享汽车行业的融资数额偏少。2017 年 4 月，TOGO 途歌宣布完成 4000 万元 A＋＋轮融资。2017 年

6月，大圣出行宣布完成1000万元人民币天使轮融资。“一步用车”宣布完成1.35亿元人民币A轮战略投资，PonyCar宣布完成1.5亿元人民币的B轮融资。2018年上半年，共享汽车共13家企业获得融资累计15笔，融资金额约有12亿元人民币以上（见表2-3）。

表2-3　2018年上半年共享汽车融资情况

时间	受资方	融资轮次	融资金额	投资机构
2018-01-01	大道用车	Pre-A轮	数百万美元	红杉资本中国
2018-01-02	TOGO途歌	B+轮	2600万美元	真格基金、SIG海纳亚洲、海益得凯欣基金
2018-01-04	中大联合汽车租赁	Pre-A轮	2.6亿元人民币	启烜企业管理（天津）有限公司、胡明
2018-01-07	摩拜出行	战略投资	数千万元人民币	一汽轿车
2018-01-17	巴歌出行	B轮	未透露	XVC创投
2018-02-22	芒果出行	Pre-A轮	数千万元人民币	文信集团
2018-03-12	大道用车	A轮	数千万美元	贝塔斯曼亚洲投资基金（领投）、火山石资本、红杉资本中国、百度风投
2018-03-16	小二租车	战略投资	2亿元人民币	知合出行
2018-03-19	赢时通汽车	战略投资	未透露	滴滴
2018-03-27	地上铁	A轮	3亿元人民币	经纬中国（领投）、启明创投（领投）、钟鼎创投、国电投
2018-03-29	有车出行	A轮	1亿元人民币	蔚来资本（领投）
2018-04-23	立刻出行	A轮	未透露	君联资本（领投）、险峰长青
2018-05-07	立刻出行	B轮	亿元人民币及以上	蚂蚁金服（阿里巴巴）（领投）、君联资本、蓝驰创投、险峰长青、光源资本（财务顾问）
2018-06-01	摩卡汽车	Pre-A轮	数百万元人民币	招商启航资本
2018-06-12	IGO我行共享汽车	战略投资	数千万元人民币	比亚迪

资料来源：前瞻产业研究院。

总体来看，受到单位资产过重、限号限行、停车资源紧张等一系列问题的影响，共享汽车受到资本市场的关注相对较少。相应的，以自持为主的共享汽车平台企业，在车辆投放量上也处于初期试探阶段，例如，以奔驰 smart 为主要车型的 Car2Go、Car2Share 在全国的投放仅有数百辆车，而北京全市共享汽车的数量不过 2000 辆，且属于不同的平台企业。数量少导致便捷性不足，用户体验度差，发展规模不高。此外，受到小汽车限行限购政策以及停车资源的影响，共享汽车平台企业表现出一定的属地化特征，这进一步限制了共享汽车的使用便利性。

4. 共享停车

共享停车是将个人或企业所有的闲置停车资源，通过互联网平台有偿或无偿提供给他人使用。共享停车的核心是匹配停车资源和停车需求，解决停车资源与停车需求的时空错配问题。目前，共享停车的商业模式大概可分为三类，一类是综合性平台，如人民停车、ETCP 等，提供包括停车搜索、预约用车、错峰停车之类的业务；另外一类是专门针对某种特殊场景的平台，比如高铁、机场、路边停车需求，如飞泊通、小强停车等；第三类是“平台的平台”，主要目标是整合不同类型的停车平台，方便用户使用，“淘个车位”即属于这类产品（见图 2－3）。

图 2－3　主要共享停车品牌

资料来源：作者整理。

共享车位的核心价值在于释放存量停车位资源，由于停车位属于固定空间资源，具有明显的属地性特征，另外，停车位产权归属复杂，涉及主体多，更有类似部分住宅小区停车位等权属尚不清晰的停车资源。因此，相对于其他几种共享交通业态，共享停车的推进难度更高。

5. 共享快递

共享快递与顺风车相似，主要是共享的个人行程资源，是指共享人根据自己的行程，随程捎带物品，实现直送直达。目前共享快递有两类平台，第一类是仅专注行程共享，利用共享人完成指定物品的快速送达，如人人快递等。第二类是泛化的时间共享平台，共享人共享的主要是自己的时间，提供同城代送件、代取件、代送花、代买商品、代排队、代挂号等多元化服务，如 UU 跑腿服务，类似于国外的跑腿兔（见图 2－4）。

图 2－4　主要共享快递品牌

资料来源：作者整理。

（二）存在的主要问题

2010 年以来，我国逐步进入共享交通时代，由于直面人民群众出行痛点，加之庞大的移动用户规模，共享交通受到资本的广泛青睐，大量资本的进入加快了共享交通的发展速度，缩短了共享交通的发展过程，至少从规模上看，部分共享交通行业快速接近顶部。与此同时，由于政府监管的缺位，共享交通快速发展引起一系列问题，尤其进入 2018 年，一些恶性刑事案件的发生，使共享交通再次成为全社会关注的热点，使舆论方向从共享交通方便群众出行转向共享交通发展带来的种种社会问题。对于当前共享交通发展面临的问题，应从三个方面加以分类：

第一类是行业服务类问题，这一类问题主要涉及共享交通各企业运输服务产品供给的质量。例如，网约车领域存在的定价机制不透明问题、拒载等服务问题，共享单车领域存在的车辆故障、乱停乱放等问题，共享汽车等领域存在的车辆不整洁、不安全等问题。这些问题具有行业的普遍性，甚至一些传统的运输服务行业也存在类似的问题。当然，这些问题也是共享交通企业自身亟须解决的问题，尤其是新的阶段，在快速扩张之后，用户市场规模日益增大，补贴效应逐步减退，服务质量高低对共享交通企业发展起到决定性作用。

第二类是企业经营类问题，这一类问题并不是共享交通企业独有，任何一个市场主体都有可能面对。例如，引起舆论关注的押金问题，大部分城市使用的公共交通一卡通也需要支付押金，押金制度不是共享交通企业独有，押金甚至储值难以退回的事情在其他行业也时有发生。再如，共享单车企业破产引起的废弃车辆处置问题，各行各业的企业破产都需要面对，在去产能阶段，大部分高耗能、高污染企业清退后，企业生产厂房设备等也只能采取炸掉的方式处理。当然，共享交通企业涉及广大人民群众，需要对其生产经营活动进行更加严格的监管，对押金需要公共账户监管，对运能等的投放需要政府审批或备案。

第三类是违法犯罪问题，这一类问题最为严重，影响也最为深远。对于目前我国的共享交通企业而言，大部分是撮合性质的平台，加之资本驱动下的快速发展期，对运输服务供给者和使用者并未做到必要、完善的信誉等方面的审核，给犯罪分子带来可乘之机，发生了一些社会影响极其恶劣的刑事案件。在这方面，部分共享交通企业存在明显的安全漏洞，对服务供给者和用户都需要执行更加严格的审核机制，并通过一些技术手段提高服务过程中的安全性，当然，这需要部分政府部门公开数据的支持，尤其涉及个人信誉和犯罪记录等方面的信息。

共享交通整体上仍属于新生事物，发展过程中不可避免出现各类问题，因具体问题具体分析，不应因噎废食，削足适履。因此，对于当前共享交通发展面临的鳞次栉比的问题，本书认为应从促进交通与共享经济融合发展的角度，深入挖掘存在的主要症结，总体上有以下几个方面。

1. 共享交通发展的整体性思路仍不明确

共享交通虽然包含多种业态，但在目前尚未出现革命性交通方式的前提下，各类共享交通本质上仍是提供与传统运输方式相同或相似的运输服务，只是供给主体或供给形式发生了改变。例如，网约车本质上仍是小汽车出行，使用个人所有的自行车与使用共享单车，从出行方式上看也都是自行车出行。而从交通系统的角度看，不同运输方式的技术经济特点不同，在不同地域、不同阶段，每种运输方式的发展定位是不同的，需要从宏观、系统的视角拟定交通运输发展的整体战略，对运输结构有一定的把握，也即运输结构的调整，从而明确符合不同共享交通业态特点的发展定位，为其发展做好顶层设计。但是，由于忽视了对不同共享交通业态的本质认识，脱离了交通系统整体发展的视角，导致共享交通发展的定位不够清晰，相关政策制定缺乏顶层设计与合理依据。

2. 监管理念和监管方法仍不适应

目前，我国现有的行业部门监管思路为准入事前审批的牌照式管理，主要强调在细分市场基础上的市场准入监管，通过牌照的方式进行事前管理。而在共享经济时代，强调全民的共同参与，每个人既是交通服务的使用者，也有可能成为交通服务的供给者，交通服务的供给内容和方式不断变化，融合性新业态大量出现，突破了传统的细分式管理模式，而监管部门传统的理念和手段根深蒂固，对其而言不做改变的成本也最小，因此往往直接套用已有的监管模式，对新业态的发展形成明显的制约，甚至是根本的影响，可能直接扼杀新型的经济业态。

3. 征信等配套制度亟待加强

互联网时代的共享交通，每个人都是参与者，由于参与主体的多样性，可能难以对每一项交通服务或产品提出标准化的要求，信用成为共享经济的“硬通货”，供需双方必须要有良好的互信关系，一些共享交通的行为或交易才能发生。比如搭载顺风车时，车主和乘客之间难以提前了解彼此的行为，需要依赖平台的筛选。而平台企业往往需要身份证、社交账号、好友关系、双方互评体系、个人展示以及保险赔付等信息，来快速增加参与主体之间的信息关系。但目前，我国征信体系仍不完善，一方面，缺乏对公民及企业部分关键的征信内容，另一方面，金融及公安、工商、税务等政府征信体系不对外开放，平台企业难以充分利用有效信息对交通服务供给者及使用者进行必要的资质审查，存在一定的风险和漏洞。

4. 交通等基础设施仍不完善

例如共享单车快速发展后的乱停乱放问题，部分可能因过度投放和使用者未按规定停放引起，但更多是在一些重要的交通集散点，缺乏足够的停放区域；再如共享汽车的发展需要合理规模的停车位资源予以保障，共享巴士也应与传统公共交通一样享有优先通行的权利。交通基础设施能力不足或不够完善，已影响到共享交通的进一步发展。

三、促进共享交通发展的总体思路

（一）充分认识加快共享交通发展的重要意义

1. 推进交通运输领域供给侧结构性改革的主要途径

推进供给侧结构性改革是我国经济发展进入新常态的必然选择，必须把改善供给侧结构作为主攻方向。交通运输领域供给侧结构性改革的核心要义是通过运输服务供给质量和效率的提升，满足人民日益增长且多样化的出行需求，主要途径是要扩大运输服务的有效和中高端供给，增强运输服务供给侧结构对需求变化的适应性。加快推进交通与共享经济融合发展，能够弥补我国以政府主导的运输服务供给模式灵活度低、结构调整慢的不足，一方面充分调动社会闲置、分散的交通资源，增加新供给；另一方面可以大规模实现供需匹配，提高运输服务供给的针对性和有效性；最后，可以减少供需双方中间环节，降低运输服务交易成本。

2. 有效扩大就业，促进大众创业、万众创新的重要抓手

共享经济强调全民参与，而交通与群众生活紧密相关，是必不可少的一部分，而运输服务需求的多样性与低门槛特征，又使每个人都有可能成为运输服务供给者。据《2015～2016 年移动出行就业促进报告》显示，滴滴出行已为 1330 万名司机提供了更加平等、自由、灵活的就业机会（截至 2016 年 4 月），其中不乏女性群体、下岗工人、退役军人及艰苦创业者等。罗兰贝格《2018 年中国汽车共享出行市场分析预测报告》提出，中国仅在共享驾乘领域就已创造 550 万个就业岗位。

3. 提升交通治理能力与水平的重要契机

交通运输服务由于具有一定的公共服务属性，一方面，市场主体多处于牌照式的严监管模式下，另一方面，类似公共交通等服务均为有政府部门或政府背景的企业提供，重事前审核轻事中事后监管、发展重基础设施建设轻服务质量提升等问题长期存在。而共享交通快速发展，新业态不断涌现，运输细分市场的不断扩张，既打破了行业部门惯有的、基于市场业态的监管模式，也改变了传统对原有运输服务定位的认识。这些都要求监管部门改变思路、调整策略，更重要的是提升监管能力和水平。

（二）准确把握共享交通发展的新趋势

1. 从单一共享交通平台向生态圈覆盖演进

随着流量与场景的不断扩展，越来越多的共享交通平台企业向功能性生态区扩展，更强调依托交通出行的高强度黏性带来的固定流量，向交通周边服务扩展，进一步扩展维度并延伸服务链，开展停车、加油、洗车、保养、保险等方面衍生服务，进行更多跨界合作与创新。例如，作为“滴滴打车”改名“滴滴出行”之后的新举措，滴滴方面表示未来希望在智慧公交领域提供包含基础的出行信息服务、实时公交查询、智能化解决用车的服务，并通过大数据技术帮助公交线路和运营进行调度，在滴滴公交涵盖的城市之内满足用户的出行需求。

2. 从单一整合社会资源向整合与自持并重过渡

共享经济 2.0 时代，P2P 模式比 B2C 模式具有资产轻、成本低、部署快、灵活度高、实现个性化的供应等多种优势。但 P2P 模式下，供应端不是共享企业自有资源，难以实现标准化的供给，随着供需两侧规模的不断增加，服务质量的把控成为成本快速增长的重要因素。而在我国交通领域，个人车辆等资源的共享仍面临理念认识不足、资源标准化差异过大等问题，因此，“购置后分享”的 B2C 模式，成为新趋势。例如 Uber 正在投入大量资本自购车辆，共享单车、汽车共享等企业仍在以自购资源的模式扩张。

3. 从传统出行的“红海”向垂直细分市场的“蓝海”扩张

与传统经济的边际效应不同，互联网经济零边际成本效应下，网络用户的增加对应的成本增长可以忽略不计，所以互联网经济容易形成“赢者通吃”的局面，一旦形成相当程度的垄断，后来者很难竞争。目前，在我国共享交通领域，已出现一批垄断巨头，如共享驾乘领域的滴滴，其他共享交通领域即便仍存在一定程度的竞争，或者竞争格局仍不清晰，但在资本与市场的双重推动下，竞争主体合并或破产后整合都难以避免。因此，更多的竞争者或创业者会选择进入更加细分的垂直市场，在相对较小的领域深耕细作。

4. 从简单需求与供给匹配向更加智能化的运营转型

随着用户规模不断扩展、使用频率快速增加，共享交通平台企业积累的交通大数据正在不断显现其自身价值，越来越多的企业从简单的需求匹配撮合转向更加智能化的运营调度平台，以提高交通资源的利用效率、提升用户使用体验。此外，由于积累大量交通出行数据，政府部门对共享交通出行平台的依赖程度越来越高，而共享交通平台企业参与交通运输治理的能力和意愿也不断增强。

5. 从与传统运输企业的竞争向融合共赢的模式发展

共享交通平台往往以传统运输企业的业务领域为起点，如滴滴出行起步阶段对出租车的高度依赖。随着业务领域的扩展，新供给的加入势必对原有的、处于保护状态的运输企业形成冲击。但是，从长期来看，传统运输企业拥有的车辆、服务等交通资源的质量仍要远高于个体资源，而且随着共享交通平台企业对自持资源意愿的增强，与传统运输企业的合作空间将进一步增强。例如共享巴士等业态，通过对传统运输企业的车辆与驾驶员资源的盘活，实现了合作共赢发展。

(三) 促进共享交通发展的主要导向

1. 有利于推动综合交通运输体系整体发展战略的实施

交通运输体系构成复杂，结构问题长期存在。共享交通核心要义仍是交通，供给主体、供给形式的变化难以改变共享交通的根本属性。因此，促进交通与共享经济融合发展，必须遵循综合交通运输体系的整体发展战略，需要按照整体部署，明确不同业态的发展定位。

2. 有利于提升交通运输服务能力和服务水平

运输服务是共享交通最本质的产品，满足人员和物资移动需求是交通共享的主要目的。因此，促进交通与共享经济融合发展，必须在围绕运输服务需求基础上，有利于运输服务的供给能力和供给水平提升。

3. 有利于满足多样化的交通运输需求

党的十九大报告提出，中国特色社会主义进入新时代，我国社会主要矛盾已经转化为人民日益增长的美好生活需要和不平衡不充分的发展之间的矛盾。在交通运输领域，人民群众出行需求正由原来“走得了”向“走得好”转变，对交通供给舒适性、便捷性、个性化程度要求越来越高。共享交通领域多由市场主体主导，对人民群众出行需求反应更加灵敏、直接。促进交通与共享经济融合发展，要认清人民群众本质要求，对人民群众需要的新模式、新业态，要给予合理的满足。

4. 有利于促进产业转型升级发展

一方面，交通与共享经济融合发展产生新业态，不可避免地会冲击既有的运输模式、运输企业和运输市场秩序，但不可盲目限制、阻碍新业态的发展，既要稳妥地维持既有市场的稳定性，又要认识到新业态对传统行业转型升级发展的巨大促进作用，要充分利用新业态发展带来的积极影响，加快推动传统运输行业转型升级发展。另一方面，新业态新模式会催生新的需求，能够显著带动周边行业发展和转型，因此，要前瞻性地评估共享交通发展对上下游产业的带动作用，在避免盲目扩张形成产能过剩风险的同时，积极推进共享交通企业与上游企业融合发展，推动传统行业转型升级。

四、政府的主要职责

（一）充分认清本质，从交通视角牢牢抓住共享交通的基本特征

目前来看，现有的各类共享交通业态中，并未出现运输方式的革命性变革，新旧业态的主要区别集中在供需信息对接方式、运输组织模式、支付模式等方面，从占用交通时空资源的视角来看，共享交通下的各类新业态与传统的交通运输方式并未有本质区别，如网约车、顺风车、共享汽车本质上仍是小汽车出行，骑共享单车上路也与骑自有自行车无差别。因此，充分认识共享交通各业态的交通本质特征，是制定引导和规范政策举措的前提和基础。

（二）做好顶层设计，利用更加丰富的供给条件优化运输结构

我国幅员辽阔，不同地区经济社会发展差异性较大，而不同运输方式技术经济特点不同，对经济社会发展的适应性也不相同。因此，要从交通系统的角度，因地制宜拟定交通运输体系整体发展战略，抓住不同共享交通业态本质，根据实际情况，明确不同共享交通业态的发展定位，并充分利用共享交通快速发展带来的交通供给条件，有选择性地发展不同共享交通业态，为整体运输结构的优化打好基础，也为制定共享交通发展政策措

施提供顶层设计和导向依据。

(三) 更新监管理念，从注重牌照向注重服务、市场秩序转变

适应共享交通的新型商业模式、新型经营方式，以提升交通运输服务供给能力、供给水平为导向，落实“放管服”改革的总体部署，按照审慎包容的原则，适度优化调整监管策略，彻底改变传统牌照式的前置管理思维，清理阻碍共享交通发展的不合理规章制度，制定规范引导各类共享交通发展政策措施，强化对运输服务质量、服务水平的监督，对企业违法失信行为进行及时严格的处罚，公平对待共享交通业态与传统交通业态，将共享交通企业纳入政府采购范畴，努力营造既开放包容又公平有序的共享交通发展环境。

(四) 创新监管手段，充分利用互联网、大数据等先进技术

从推进简政放权和政府职能转变、提高政府治理能力出发，适应监管理念变化带来的新形势、新要求，不断创新监管方式和手段。一是充分运用互联网、大数据的先进理念、技术和资源，加强对市场主体的服务和监管；二是注重多元化参与，充分发挥企业、行业自律、消费意识提高、公众参与、社会监督等诸多有利因素，逐渐从单一监管向共同治理转变。

(五) 优化发展环境，推进数据共享和信用体系建设

加快交通领域征信体系建设，推进各信用信息平台无缝对接，加强信用记录、风险预警、违法失信行为等信息的在线披露和共享，为共享交通企业提供信息信用查询等服务。规范共享交通企业保险购买和福利保障机制，为共享交通的参与者提供必要的保险和福利。严格要求运营企业履行主体责任，遵守国家网络和信息安全有关规定，落实网络安全等级保护制度，杜绝运营企业采集的信息侵害用户合法权益和社会公共利益，不得超越提供租赁服务所必须的范围。

(六) 加快设施建设，弥补设施短板、前瞻布局新技术应用环境

在符合交通运输体系整体发展战略的前提下，加快补充道路网、停车、场站等交通基础设施短板，并使共享交通与传统交通享有同等的使用

权利。强化交通运输数据信息开放共享，大力推动政府部门数据共享、公共数据资源开放、公共服务资源分享。充分考虑共享交通未来发展新趋势，加快建设智能感知、智能通信等智能交通基础设施，为共享交通的智能化发展提供支持。

（七）应对垄断经营，加强无壁垒保护下的垄断治理

应加快研究出台新经济时代反垄断的相关法律法规，并进一步完善行业管理办法，加强监管，切实保障企业的公平竞争权、乘客的自由选择权和消费权益，形成多种服务模式间的公平竞争及多赢局面。必要的情况下，可动用行政力量通过一些扶持政策打破垄断。

执笔人：张广厚

参考资料

[1]雷切尔·博茨曼,等. 共享经济时代－互联网思维下的协同消费商业模式[M]. 上海:上海交通大学出版社,2015.

[2]马化腾,等. 分享经济－供给侧改革的新经济方案[M]. 北京:中信出版社,2016.

[3] 倪云华,等. 共享经济大趋势[M]. 北京:机械工业出版社,2016.

[4] 罗兰贝格.2018年中国汽车共享出行市场分析预测报告[EB/OL]. (2017－02－13)[2019－01－02]. https://www. weiyangx. com/230725. html.

[5] 中国电子商务研究中心.2016年度中国"共享经济"发展报告[EB/OL]. (2017－05－27)[2019－01－02]. http://www. 100ec. cn/zt/upload_data/gxjjbg/gxjjfzbg. pdf.

[6] 艾瑞咨询.2017年中国共享单车行业研究报告[EB/OL]. (2017－06－07)[2019－01－02]. http://report. iresearch. cn/wx/report. aspx? id＝2961.

[7] 滴滴出行.2015～2016年移动出行就业促进报告[EB/OL]. (2016－04－27)[2019－01－02]. http://www. sohu. com/a/71942721_119661.

[8] 艾媒咨询.2017～2018中国共享出行年度发展报告[EB/OL]. (2018－07－09)[2019－01－02]. http://www. iimedia. cn/61794. html.

第三章　推动交通运输与旅游融合发展的思路和任务

内容提要　党的十九大报告明确指出要在中高端消费等领域培育新增长点、形成新动能，增强消费对经济发展的基础性作用。交通运输与旅游融合发展是顺应消费升级趋势，实现交通运输与经济社会深度融合发展的最直观体现和最重要领域之一。本章在梳理交通运输与旅游融合发展现状及存在问题的基础上，分析了推动交通运输与旅游融合发展的重大意义，提出应着力促进"四个转变"，实施"四能"提升，实现"四化"发展，并重点从完善基础设施，打造新品牌、培育新业态、践行新模式、推广新技术等方面，围绕实施一批具有较大发展潜力和发展前景的示范项目或工程，推动形成一批可复制、可推广的成功经验，明确重点发展任务。

旅游业是人民日益增长的美好生活需要的重要体现，其发展是消费升级的必然趋势。近年来，我国旅游业发展势头强劲，已经成为我国重要的战略性支柱产业之一。2018 年，全国旅游总收入达 5.97 万亿元，同比增长 10.5%。国内旅游人数继 2015 年首次突破 40 亿人次后，2017 年又突破 50 亿人次，全年达 50.01 亿人次，2018 年进一步增长至 55.39 亿人次。与此同时，交通运输作为旅游的载体和先决条件，近年来同样实现了跨越式发展，截至 2018 年，我国铁路里程已达 13.1 万公里，其中高速铁路达到 2.9 万公里，高速公路突破 14.2 万公里，民航机场达到 235 个，形成了庞大的设施网络，具有较高的通达性和空间服务水平，对旅游业的支撑和带动作用明显，自驾游游客已占到国内旅游人数的 60% 左右，大众旅游时代已经到来。随着我国交通运输和旅游业的快速发展，迫切需要推进二者统筹协调、深度融合、共赢发展，对于深化交通运输供给侧结构性改革，实现大众旅游和全域旅游快速发展，协同促进交通运输业与旅游业发展转型升级、提质增效，提升旅游交通服务品质具有重要意义。

一、发展认识

（一）交通运输与旅游存在明显互动关系，二者融合发展能产生“1 +1 >2” 的显著效果

交通运输与旅游业发展密切相关，彼此支撑，二者之间不是简单的产业链上下游关系，也不是主业与辅业的关系，而是相互促进与相互回馈的关系。交通运输是旅游发展的前提和基础，是连接旅游目的地和旅游客源地的重要纽带，其便利与否直接影响旅游者对旅游目的地的选择和旅游日程的安排，道路质量的优劣更关系到游客的旅游经历和心情，极大地影响旅游者整个旅行的质量和满意度。同时，交通自身也是旅游业的重要组成部分，很多情况下交通不仅是旅游要素之一，其本身也可以转化成景区、景点。而且，随着交通建设日益完备，局部地区需要通过旅游来提高道路条件，增强体验感。此外，交通运输也需要通过旅游来拓展新的业务领域，实现业务转型，同时旅游发展也为交通带来运输需求，推动交通运输设施完善和提质增效。

推进交通运输与旅游融合发展，不但对交通运输业和旅游业的发展具有显著带动作用，而且能带来“1 +1 >2”的溢出效应。首先，两者融合发展更能体现交通的先导性、基础性作用，不但有助于进一步完善既有交通网络结构，围绕景区、景点等构建更加完善的交通网络；而且通过交通景观打造，有助于促进交通与自然环境协调发展，通过交通旅游服务功能拓展，有助于提升交通品质，促进旅客联程联运发展。其次，两者融合发展更能凸显旅游的带动作用和衍生价值，通过“交通 + 旅游”把散落的旅游景区、景点等“珍珠”般串起来，延长旅客停留时间，增加旅游吸引力，提升旅游附加值。再次，两者融合发展有利于脱贫攻坚，通过“交通 + 旅游”提高贫困地区旅游资源的可达性，推进贫困地区旅游产品内涵提升和外延扩展，助力贫困地区实现同步建成小康社会。此外，两者融合发展还有利于促进交通运输供给侧结构性改革，拓展旅游发展新空间，培育发展新动能，加快新旧动能接续转换步伐。

（二）交通运输与旅游融合发展是大众旅游时代的必然趋势，目前时机已然成熟

大众化是新常态下我国交通运输与旅游业的共同特征。世界经验表明，一个国家或地区人均 GDP 超过 5000 美元后，旅游就会进入大众化普遍消费阶段。目前我国人均 GDP 超过 8000 美元，按照以往的国际经验，我国已经进入全民休闲时代，旅游需求开始呈现多极化的特征，从传统的低端观光游需求，向休闲度假、生态体验、运动体育、文化会展等高端旅游需求升级。多元化的需求，必然会带来旅行形式的散客化，与传统的组团形式旅行不同，国内旅游呈现明显的自助服务、自由组合的散客化特征。从相关数据来看，2018 年，我国国内旅游突破 55 亿人次，国民人均出游 3.9 次，自助游已超过了旅游总量的 85%，自驾游超过 50%，房车游人数更是以每年 85% 的速度增长。由此表明，我国大众旅游时代已经悄然而至，旅游日益成为老百姓一种常态化的生活方式。

随着大众旅游时代的到来，自驾游、家庭游、周末短途游等各种旅游新时尚迅速发展，由此对发达的交通基础设施的支撑引领功能需求空前迫切。国务院总理李克强在 2016 年政府工作报告中指出，要“落实带薪休假制度，加强旅游交通、景区景点、自驾车营地等设施建设，规范旅游市场秩序，迎接正在兴起的大众旅游时代”。随着大众旅游时代的到来，交通运输与旅游融合发展的趋势越来越明显，而且力度越来越大。例如自驾车上专列，高速公路服务区增添旅游咨询、订购景区门票等服务，房车营地的快速涌现，“最美高铁”对旅游的拉动效应凸显，民航发展对新疆、海南等旅游资源丰富地区旅游业的带动，贵州省“交通 + 旅游 + 大数据”融合发展模式的逐渐铺开等，均表明当前我国交通运输与旅游融合发展已是必然趋势，且其效应也在不断显现。

（三）国家高度重视交通运输与旅游融合发展，各方对推动二者融合发展的热情高涨

为促进交通运输与旅游融合发展，国家层面先后做出一系列重要部署，相关部门出台了多项政策，积极践行新理念，推动二者融合发展。近三年来先后出台了《国务院关于促进旅游业改革发展的若干意见》《国务

院办公厅关于进一步促进旅游投资和消费的若干意见》《关于实施绿色公路建设的指导意见》《关于促进自驾车旅居车旅游发展的若干意见》《关于实施旅游休闲重大工程的通知》等系列指导文件，提出在优化旅游发展环境中完善旅游交通服务。尤其是交通运输部等六部门于2017年3月联合印发了《关于促进交通运输与旅游融合发展的若干意见》，提出了进一步扩大交通运输有效供给，优化旅游业发展的基础条件，加快形成交通运输与旅游融合发展新格局的相关指导意见，首次全面系统梳理了促进交通运输与旅游融合发展的总体要求和主要任务。

专栏3-1　交通运输与旅游融合发展的相关政策文件

1.《国务院关于促进旅游业改革发展的若干意见》（国发〔2014〕31号）

高速公路、高速铁路和机场建设要统筹考虑旅游发展需要。完善加油站点和高速公路服务区的旅游服务功能，加快推进高速公路电子不停车收费系统（ETC）建设。将通往旅游区的标志纳入道路交通标志范围，完善指引、旅游符号等标志设置。推进旅游交通设施无障碍建设与改造。重点旅游景区要健全交通集散体系。增开旅游目的地与主要客源地之间的列车和旅游专列，完善火车站、高速列车、旅游专列的旅游服务功能，鼓励对旅游团队火车票价实行优惠政策。加强高铁车站与城市、景区的交通衔接。支持重点旅游城市开通和增加与主要客源地之间的航线，支持低成本航空和旅游支线航空发展，鼓励按规定开展国内旅游包机业务。规划引导沿江沿海公共旅游码头建设，增开国际、国内邮轮航线。制定旅游信息化标准，加快智慧景区、智慧旅游企业建设，完善旅游信息服务体系。

2.《国务院办公厅关于进一步促进旅游投资和消费的若干意见》（国务院办公厅，2015年8月）

加大投入，加快推进城市及国道、省道至A级景区连接道路建设；加强城市与景区之间交通设施建设和运输组织，加快实现从机场、车站、码头到主要景区公路交通无缝对接；加大景区和乡村旅游点停车位建设力度等。

3.《关于实施绿色公路建设的指导意见》（交通运输部，2016年7月）

普通公路要增设观景台、汽车露营地、旅游服务站等特色设施，为公众个性化出行提供便利。鼓励在公路服务区内设置加气站和新能源汽车充电桩，做好相关设备安装的配合工作，为节能减排创造条件。

4.《关于促进自驾车旅居车旅游发展的若干意见》（交通运输部等11部委，2016年11月）

到2020年，重点建成一批公共服务设施完善的自驾车旅居车旅游目的地，推出一批

续专栏 3－1

精品自驾车旅居车旅游线路，培育一批自驾游和营地连锁品牌企业等。

5.《关于实施旅游休闲重大工程的通知》（国家发展改革委、原国家旅游局，2016 年 12 月）

明确加强旅游基础设施和公共服务设施建设，实现交通畅通，适应人民群众消费升级和产业结构调整要求，促进经济平稳增长和生态环境改善。

6.《关于促进交通运输与旅游融合发展的若干意见》（交通运输部等六部门，2017 年 3 月）

到 2020 年，基本建成结构合理、功能完善、特色突出、服务优良的旅游交通运输体系。建立健全交通运输与旅游融合发展的运行机制，基本形成“快进”“慢游”旅游交通基础设施网络，旅游交通产品供给能力明显增强，旅游交通服务功能明显改善，服务质量有效提升。

7.《促进乡村旅游发展提质升级行动方案（2018 年—2020 年）》（国家发展改革委等十三个部门，2018 年 10 月）

结合“四好农村路”建设，统筹考虑全国乡村旅游道路发展，完善农村公路网络布局，加快乡镇、建制村硬化路“畅返不畅”整治，优化通建制村硬化路路线走向，尽可能串联带通更多自然村，推进较大自然村通硬化路建设，加快提升改造低等级农村公路。以县域为单元统筹布局县城、乡镇、景区及特色保护类村庄内停车设施。鼓励在有条件的农村公路周边设置交通驿站等服务设施，综合考虑停车等方面需求。以集约复合利用为主要导向，充分利用地下空间建设停车设施，加强乡村旅游高峰期停车管理，加大车位智慧停车引导服务。

与此同时，各地政府也高度重视交通、旅游基础设施建设，大力推进交通与旅游融合发展，公路、铁路、民航等交通部门都以前所未有的热情投入旅游业发展，积极推进全域旅游，打造了很多旅游公路、风景道、休闲道等，如坝上草原天路、泗水到茅台镇旅游公路、广东增城绿道系统、环北疆旅游专列等。而且，一些敏感企业也已注意到交通运输和旅游融合发展的前景，开始抢抓其中“痛点”延展商机。如携程推出了游客出行新方式——超级巴士，以巴士价格提供专车服务，用于商旅客人的接送机、接送站，解决公共交通出行“最后一公里”的问题，打造了“机/站—酒店—机/站”的小交通闭环一体化服务，拓展了获客渠道，提高了服务竞争力。途牛和同程等传统专注于休闲游市场的企业也开始加码布局大交通业务，实现了对机票、火车票、汽车票和租车的全覆盖，不断创新旅游交通产品，满足游客个性化的交通服务。

专栏3－2 四川省“交通＋旅游”融合发展示范试点建设方案
到2020年，基本建立起“结构合理、功能完善、无缝对接、安全高效”的旅游交通运输体系，有力支撑旅游经济强省和世界重要旅游目的地建设。 通道支撑作用更显著。高速公路、高铁、航空等运输方式实现对重点旅游城市和5A级景区的直接覆盖。 集散枢纽衔接更顺畅。每个市州至少建有1个旅游集散中心，所有铁路客运站、民航机场均建有与之衔接的旅游集散中心。 基础网络覆盖更广泛。实现具备条件的5A景区、国家级旅游度假区二级以上公路全覆盖，4A级景区、省级旅游度假区、特色小镇三级及以上公路全覆盖，3A级景区、乡村旅游精品村四级及以上公路全覆盖。 配套设施服务更优质。全省高速公路服务区旅游厕所标准化和重点旅游线路的旅游厕所全覆盖；建成交通、旅游跨部门数据共享机制和旅游交通综合服务平台；4A级及以上旅游景区在高速公路及普通国省干线公路的标志标牌规范设置。

（四）交通运输与旅游融合发展模式不断创新，融合发展新业态不断涌现并快速发展

随着我国交通运输体系的日趋完善和旅游业发展的日渐成熟，交通运输与旅游融合发展深入推进，融合发展模式不断创新，各地相继探索出铁路旅游、精品公路旅游、水上旅游、航空旅游、交通文化旅游等融合联动发展新模式。在铁路旅游方面，旅游专列、最美高铁等不断涌现，尤其是通过加强高铁旅游宣传，培养市场消费习惯，形成了高铁旅游品牌。在公路旅游方面，聚焦热门旅游线路，实现从纯交通向运游一体化方向转变。在航空旅游方面，相继开展了空港基地巡游，完善落地自驾服务，培育专门面向游客的车辆租赁企业等试点。此外，在发展与旅游相关的交通装备制造业（比如邮轮、游艇、通航飞机等），交通遗址保护和文化内涵挖掘等方面也进行了探索、创新和实践。

伴随交通运输与旅游融合发展模式的不断创新，一些新的融合发展业态也相继产生，以满足新的需求。一是休闲步道、汽车营地等休闲类交通

旅游融合业态，主要是基于休闲交通基础设施，进行身体保健、身心调节与放松等休闲活动；二是旅游公路、景观铁路等观景类交通旅游融合业态，主要是基于观景交通基础设施，欣赏沿途名胜古迹、自然风光等观景活动；三是低空飞行、邮轮游艇等体验类交通旅游融合业态，主要是基于先进交通工具与交通服务本身，以体验享受为主要目的的交通旅游活动；四是联运服务、枢纽服务等服务类交通旅游融合业态，主要是以优质的运输服务提升旅游过程的幸福感和获得感，确保在出行全过程中享受优质出行服务。

专栏3－3 交通运输与旅游融合发展创新模式实践

1. 新疆的“铁路＋旅游”融合联动发展新模式

新疆铁路部门发挥铁路交通网优势，构建“铁路＋旅游”融合联动发展新模式，先后开行了环北疆旅游专列、相约敦煌旅游列车以及奇幻火洲动车，提升了“坐着火车游新疆”的品牌影响力，助推新疆旅游向全域化旅游转型发展。

2016年6月15日起开行的环北疆旅游专列，以每天循环开行的模式、完善的娱乐休闲设施和优质的服务，受到疆内外游客的欢迎。截至目前，环北疆旅游专列已开行200列，运送旅客达27.4万人次。在“铁路＋旅游”的带动下，喀纳斯景区游客数量出现大幅增长，较上年同期涨幅达40%，单日游客数量连续突破3万人次。

2. 重庆的“高速＋旅游”融合联动发展新模式

把高速公路服务区变成旅游目的地，是重庆高速集团推进高速公路供给侧结构性改革，深化高速旅游融合发展合作、构建“快进慢游”综合交通旅游网络的重要举措。重庆高速集团积极转变思路，大力实施“高速＋旅游”战略，整合高速公路和沿线旅游行业资源，构建“快进慢游”综合交通旅游网络，推动形成市民、旅游部门、沿线区县、景区、重庆高速集团多赢的局面。“快进”方面，针对高速公路服务区大多与周边环境相互隔离、业态及功能较为单一的现状，重庆高速集团将对有条件的服务区进行改造，打造高速公路开放服务区，让游客通过开放式服务区进出景区景点更为便捷。“慢游”方面，针对服务区还仅限于加油、上厕所等基本功能，游客停留时间往往只有约10分钟的局面，重庆高速集团将把有条件的高速公路服务区建设成特色服务区，打造集“吃住行游购娱”于一体的“慢游”交通网络。

为把高速公路服务区建成旅游目的地，重庆高速集团将依托已运营的53对服务区和未来逐步开通的服务区，围绕“2小时旅途经济”和“30分钟消费经济”的服务区发展理念，打造一条条既能展现重庆优美山水地貌，又能为过往驾乘人员带来高质量出行体验的高速公路经济走廊。根据规划，绕城高速北碚静观服务区，将打造成西部花木交易中心；渝蓉高速围龙服务区将打造成集休闲、购物于一体的高速公路“奥特莱斯”新型综合商业体。

续专栏 3－3

重庆高速集团还持续推进高速旅游信息化平台建设，利用“互联网＋”技术，及时发布景区周边的路况、天气、拥堵情况，为市民出行提供精准的信息化服务。打造ETC电商平台，建立高速公路电子商务平台，为自驾游客提供线上特色产品、旅游线路、电子票务等服务。同时，把ETC卡打造成一张可以在高速公路服务区消费，还可购买景点门票和住宿服务等多功能的高速公路通行卡。

下图为G50重庆高速冷水服务区生态旅游自驾营地。这是西部地区首个集自驾车营地、帐篷营地以及运动休闲等功能于一体的高速公路五星级休闲露营地。

（五）交通运输与旅游融合发展仍存较大制约，阻隔融合发展的障碍亟待破除

与旺盛的旅游出行需求相比，交通运输还无法完全满足旅游业快速发展所提出的新要求，仍存在着制约交通运输与旅游融合发展的各种问题。

一是旅游交通网络体系待完善。尽管我国交通基础设施建设已取得巨大成就，但现有基础设施网络与旅游资源结合的紧密度不够，适宜“快进慢游”的旅游交通基础设施网络尚未形成，不能有效支撑旅游资源的开发。而且旅游交通格局与旅游资源分布不匹配，旅游交通发展状况不均衡，无论是旅游交通的硬件条件还是软件投入，都是发达地区的旅游交通发展较快、状况较好，而旅游资源相对丰富的落后地区，旅游交通发展缓慢、落后，制约了当地旅游业的进一步发展。

二是旅游交通基础设施建设待加强。旅游集散中心或游客服务中心、简易驿站、港湾式停车带、观景台、厕所等设施，以及旅游标识系统以及旅游公共服务体系等配套设施建设滞后，尤其是自驾车、房车营地、邮轮游艇等相关配套设施还不能适应快速发展的需求。而且旅游区缺乏全盘统一的交通规划，导致可进入性差，影响了旅游目的地的旅游开发和发展。要么没有进行科学规划，不重视景区内的交通，景区内交通建设处于停滞状态；要么没有经过科学论证，在景区内修建宽广的公路等交通设施，破坏景区生态环境和原始风貌，影响景区旅游业的可持续发展。

三是旅游交通出行服务品质待提升。旅游交通信息服务能力有限，安全保障水平不够，游客联程联运系统建设有待加强等问题还比较突出，旅游交通服务功能亟待改善，服务质量亟须提升。此外，由于受景区性质、管理体制和发展基础等因素的影响，我国不少旅游景区的交通服务并未形成体系，旅游景区普遍面临着交通服务体系构建或优化升级任务。

四是交通运输与旅游融合发展的体制机制有待理顺。尤其是交通运输部门和旅游部门在战略协同、规划衔接、政策供给、信息共享等统筹协调方面，尚未形成分工明确、协同联动的工作机制。

二、基本思路

（一）着力推动“四个转变”

1. 旅游交通向交通旅游转变

长期以来，由于我国交通基础设施相对短缺和旅游需求相对较小，交通与旅游相对独立发展，交通作为支撑旅游发展的载体，未被赋予除交通之外的其他衍生功能。随着大众旅游时代的到来，应转变以往为满足和促进旅游发展而被动加强交通基础设施建设的传统模式，将交通与旅游紧密联系起来，促进二者融合联动发展，通过在沿线打造旅游风景带、健全交通服务设施旅游服务功能等，把旅途变成欣赏风景、休闲体验、充满乐趣的旅游过程，推进旅游交通向交通旅游的转变，进而提升交通运输与旅游融合发展的水平与质量。

2. 单一旅客运输功能向丰富游客出行体验转变

随着交通基础设施优化布局、载运工具的人性化设计、运输服务的多元化供给，体验交通已深入综合交通运输体系的各个环节，体验交通模式不断创新和发展，汽车营地、观光列车、邮轮游艇、低空飞行等各种体验交通新业态持续涌现，交通体验出行逐渐成为交通出行的主要目的，出行者越来越注重出行全过程畅享舒适、愉快便捷的体验感受。顺应这一趋势，推动交通运输从单一旅客运输功能向丰富游客出行体验的方向转变，有助于推动交通运输与旅游深度融合发展。

3. 服务“景点旅游”向服务“全域旅游”转变

交通在点到点式的传统旅游模式中扮演的只是连接旅游目的地之间的通过性工具，旅游对交通的通达性要求高，而对交通的舒适性、体验性要求相对较低。随着全域旅游的深入推进，旅游要素和服务全域覆盖要求构建随处可及的温馨便捷服务，由此对旅游期间耗时较长的交通运输服务提出了更高的要求。这就需要加快推进交通运输由服务“景点旅游”向服务“全域旅游”转变，加强交通基础设施建设与旅游发展统筹谋划，整体优化交通全过程服务，完善旅游集散体系，创新完善快旅慢游的交通服务体系。

4. 满足目的性出行向满足过程性出行转变

随着科技进步，电子商务和移动办公等技术全面推广，人们生活水平不断提高，未来人们的休闲时间和休闲出行将大幅增加，而这些休闲的时间和出行，必然是以追求体验、追求感受为主体的，这就意味着随着经济的发展，未来的交通需求模式将从以传统通勤为主的目的性出行向以休闲、体验为主的过程性出行转变，将不可避免地导致以出行时空分布为主要特征的人们出行特性的改变。这就需要交通基础设施建设和运输服务在满足通勤交通通畅性、远距离出行可达性的同时，更加注重服务品质的提升，引导交通出行由目的性向过程性转变。

（二）重点实施“四能”提升

1. 提功能

重点提升交通的旅游功能和旅游的交通功能，建成结构合理、功能完善、特色突出、服务优良的旅游交通运输体系。一是拓展交通的旅游功能，结合沿线自然风光及旅游资源，促进交通设施与沿线自然景观协调统一，将交通本身打造成为一道风景线，同时结合公众出行需求，围绕交通基础设施设置类型丰富的旅游服务设施，提升完善交通旅游功能服务。二是拓展旅游的交通功能，围绕旅游资源开发和旅游景区建设，着力改善交通基础设施的通达和服务水平，尤其是在旅游资源丰富的贫困和待开发地区，依托旅游资源开发带动交通基础设施建设，发挥并提升旅游对交通的带动和促进功能。

2. 转动能

交通与旅游融合能形成新的动能，促进新的发展。围绕满足游客不断增长的旅游需求，增强旅游交通有效供给，提升交通旅游服务品质，带动相关产业发展，激发转型发展新动能。着力打造自然风景好、服务配套优的铁路旅游专列、自驾车旅游风景道，积极探索发展直升机观光旅游、低空跳伞、低空摄影、滑翔伞观光旅游、热气球观光旅游等低空旅游新业态，大力发展“水上黄金旅游线”等航运游轮经济。同时，积极发展交通旅游装备，开发旅游房车、旅游越野车、旅游自行车等特种旅游车辆，鼓励引进或合作开发低空旅游飞行器、观光缆车、观光小火车、索道等先进交通旅游装备。

3. 增效能

着力增强交通运输服务于旅游的效率和能力，重点完善交通基础设施建设，改善交通服务设施，优化交通服务环境，完善优质服务行为规范，增强交通旅游的服务效率、能力和水平。强化部门联动，优化整合交通运输与旅游资源，充分发挥开发性金融机构的优势和作用，探索建立旅游交通规划、建设、运营新机制，形成融合联动发展新模式，增强交通旅游的可持续发展能力。大力推进理念创新、体制机制创新，发挥政府规划引导和政策支持作用，增强政府服务效能，不断提升行业管理和公共服务水平，进一步激发企业创新的内生动力，不断创新旅游交通产品和服务，构筑创新发展新环境，增强交通旅游发展活力。

4. 强智能

综合运用物联网、大数据、云计算等先进技术，加强交通旅游的智能化、信息化建设，构建资源统筹、信息贯通、应用丰富的交通旅游信息服务系统，打造智慧景区，推动智慧出行。促进交通旅游服务大数据应用，引导各类互联网平台和市场主体参与交通、旅游服务大数据产品及增值服务开发，运用网站、微博、微信、应用程序（APP）等媒介，为社会公众提供多样化交通出行、旅游等综合信息服务，完善汽车租赁全国联网，推动实现异地租车、异地还车。政企合作推动智慧旅游公共服务平台建设，推广景区门票网上预约，完善重点景区客流监测预警等功能，采用信息化等手段引导节假日旅游高峰客流。

（三）全力实现“四化”发展

1. 网络化

顺应全域旅游发展理念，强化规划引领作用，加强旅游交通基础设施发展规划编制，统筹考虑交通、游憩、娱乐、购物等旅游要素和旅游资源开发，打破地域分割、行政分割、部门利益等各种制约，拓展发展空间，推进区域协作，形成开放发展大格局，构建各种交通运输方式共同组成的现代综合交通旅游网络。重点依托高速铁路、城际铁路、民航、高等级公路等建设“快进”交通网络，建设集“吃住行游购娱”于一体的“慢游”交通网络。坚持统筹规划、有效衔接、一体化发展的原则，以港口机场、铁路公路、城市中心站场等重要节点为重点，加强各种运输方式及其内部各环节的紧密融合，建立与主体交通设施能力相适应的旅客集散和中转系统，实现“快进”和“慢游”交通网络多种交通方式的合理接驳、换乘或转运。

2. 品牌化

依托交通优化旅游产品业态布局，将交通发展成为旅游吸引物，创新观光列车、汽车营地、邮轮游艇、低空飞行等公、铁、水、航领域的品牌建设，以品牌化思维推动交通运输和旅游融合发展。针对市场需求增开特色旅游列车、旅馆列车等特色旅游专列，积极发展遗产铁路旅游线路、精品铁路旅游线路等铁路旅游品牌；结合旅游景区景点、旅游风景道等建设，加强沿线生态资源环境保护和风情小镇、特色村寨、汽车露营地、绿道系统等规划建设，打造精品公路旅游品牌；依托分布合理的邮轮港口体系，积极开发邮轮、游艇等水上旅游品牌；积极开发低空旅游线路，大力发展空中游览、航空体验、航空运动等航空旅游品牌；

结合具有地域特色和历史文化价值的旅游线路和交通工具，打造交通文化旅游品牌。

3. 品质化

以改善交通旅游服务功能，更好适应经济社会发展和人民群众旅游需求新变化为根本，有效提升交通运输与旅游融合发展质量和效益。重点健全交通服务设施的旅游服务功能，围绕重点旅游区和交通枢纽等布局建设符合市场需求的旅游集散中心、交通节点服务区、旅游汽车租赁网点、停车场、汽车及自驾车露营地等交通服务配套设施，以及游客咨询服务中心、旅游电子商务、医疗救助等旅游配套服务设施，不断提升旅游接待的服务层次和水平。完善高速公路、旅游公路及交通枢纽、旅游集散中心等设施的旅游标识标牌设置，完善以旅游交通引导标识、旅游交通导览图为重点的旅游交通引导标识系统。着力提升旅游运输服务质量，根据旅游发展需要和游客需求，开通个性化、定制化、多元化的交通服务，推动形成互联互通、无缝衔接和“零距离换乘”的联运方式，构建适应全域旅游发展的安全便捷、服务完善的一体化运输服务网络。

4. 产业化

秉承“交、景、产”三位一体的发展理念，将交通旅游和沿线产业作为一个整体来打造提升，将交通基础设施建设成为集联通功能、运输功能、景观功能于一体，充分服务和融入沿线产业开发、城镇化建设、扶贫开发、生态文明建设和旅游产业开发等，积极推动汽车营地、观光列车、低空旅游、水上游艇等一批交通新业态发展，并与上、下游产业充分融合，成为旅游经济新亮点。积极发展旅游交通装备制造业，以特色轨道交通产业、航空航天产业和高端船舶制造业等为基础，优化旅游交通装备制造产业布局，推进各地优势企业开展国内外并购与合资合作，重点发展邮轮游艇、游船、房车、新能源旅游汽车、旅游电瓶车、充电桩、轨道交通、低空飞行等旅游交通装备制造业。加强自主研发设计能力，提升技术水平和建造品质，培育形成一批自主品牌的骨干企业，打造旅游交通装备及配套专业化生产和产业化应用基地。

三、重点任务

（一）完善交通运输与旅游融合发展的基础设施

1. 构建多层次立体综合交通旅游网络

构建以旅游交通枢纽城市为核心，高速铁路、城际铁路、航空、高速公路等为主骨架，干线公路、景区专用道路、内河航运等为补充，互联互通、对外畅通、对内便捷的综合立体交通网络体系，统筹各种旅游交通运输方式的协调发展，实现“进得来、游得畅、出得去”，便于实施多样化的旅游线路组织。

——完善全国交通旅游骨干网。依托国家“十纵十横”综合运输大通道，以及快速交通网和普通干线网，构筑对外旅游大通道交通体系，充分发挥大交通对旅游业的骨干支撑作用，改善旅游目的地与国家干线网络通达条件，形成多通道互联互通，增强区域旅游的可进入性。

——优化区域交通旅游畅联网。依托国家交通基础服务网络，推进高等级旅游景区、旅游度假区、特色小镇、旅游风情小镇等重要旅游节点与高速公路以及铁路、民航枢纽的快速联络线建设，形成通畅、便捷、安全的区域内旅游交通干线网络，全面改善A级景区对外交通条件，提高旅游目的地与外界的通畅程度。

——织密景区交通旅游循环网。强化旅游区旅游公路以及景区间连接公路建设，重点改善城市、干线出入口与旅游景区，以及重要相邻旅游景区之间的连接道路，提高道路等级。建设旅游交通环线、旅游专线公路，改造提升以步道、行车道、索道、轻轨、小火车、观光电梯等为主的旅游区内部交通体系。

2. 完善各类交通旅游服务设施

——加快交通旅游配套设施建设。优化旅游交通标识标牌设置，推行旅游交通标志与新建、改建公路主体工程同步设计、同步施工、同步验收。改造完善高速公路服务区旅游咨询、旅游购物等功能，推动高速公路服务区向交通、生态、旅游、消费等复合型服务区转型升级，打造一批特色主题服务区。推进普通公路兼具观景、游憩功能的公路服务站（点）建设。改造提升水上旅游码头、游艇基地及相配套的停车场、候船大厅等基础设施。规划建设自驾车（房车）停靠点和综合营地，形成布局合理、服务规范的自驾车（房车）营地体系。打造滨水型、山地型、田园型等多样化绿道，建设徒步骑行服务驿站，完善全域步道系统和自行车路网等慢行交通系统。

——加快交通旅游集散设施建设。推进交通枢纽“运游一体化”建设，完善机场、火车站、道路客运站、码头与旅游交通的接驳功能，建成一批区域旅游集散中心，实现交通换乘的无缝对接。推动旅游交通专线和城市公交专线延伸到主要景区和乡村旅游点，加快建设配套的道路客运站、停靠站和停车场。加快汽车租赁点在交通枢纽地的布局，鼓励健全汽车租赁联网运营，推动实现异地租车、异地还车。

专栏3-4 《关于促进交通运输与旅游融合发展的若干意见》关于旅游交通基础设施的表述

加快构建便捷高效的“快进”交通网络。依托高速铁路、城际铁路、民航、高等级公路等构建“快进”交通网络，提高旅游目的地的通达性和便捷性，实现游客远距离快速进出目的地。推进一种及以上“快进”交通方式通达4A级景区，两种及以上通达5A级景区。优化配置重点旅游城市列车班次，有条件的城市增开旅游专列。鼓励旅游城市增加至主要客源地直航航线航班，优化旅游旺季航班配置。鼓励按规定开展旅游包机业务。健全重点旅游景区交通集散体系。加快干线公路与景区公路连接线以及相邻区域景区之间公路建设，在有条件的地区形成旅游环线，并根据景区旅游规模科学确定公路建设标准。做好自驾车房车营地与交通干线之间联通公路建设。

支持建设满足旅游体验的“慢游”交通网络。建设集“吃住行游购娱”于一体的“慢游”交通网络。因地制宜建设旅游风景道，结合沿线景观风貌和旅游资源，打造具有通达、游憩、体验、运动、健身、文化、教育等复合功能的主题线路，并根据需求增设自行车道、步道等慢行设施。支持为红色旅游景区直接配套的红色旅游公路建设，支持通往少数民族特色村寨、风情小镇等旅游景点的乡村旅游公路建设。

完善普通公路旅游服务设施。以国省干线公路服务区试点建设为契机，鼓励在路侧空间富裕路段设置驿站、简易自驾车房车营地、观景台、厕所等设施。根据需要在农村公路沿线增设简易驿站、港湾式停车带和观景台。具备条件的道班可探索配套建设旅游停车场、驿站、简易自驾车房车营地等设施。加大景区和乡村旅游点停车场建设力度，鼓励在干线到旅游景区之间增设停车场并实现景区接驳服务。

（二）打造一批交通运输与旅游融合发展新品牌

1. 丝路品牌

丝绸之路既是一条商旅贸易通道，也是一条文化交流通道，见证了古代东西方商贸文化交流和文明进步的辉煌历史。旅游业作为朝阳产业，能够有力促进中国与欧亚各国和地区之间贸易、交通、货币流通和民间交往，将成为助推丝绸之路经济带建设的重要载体。当前，随着国家“一带一路”建设深入实施，以铁路为主体，包括公路、航空、管道、通讯和口岸设施在内，连接中国同中亚的交通走廊硬件设施已经初步建成，为丝绸之路经济带旅游的发展创造了基础条件。从未来发展看，我国将积极同丝绸之路沿途国家加强交通规划建设合作，短期内倡导建设空中丝绸之路，把航空发展作为发展旅游的重要支撑点。长期来看，还需规划建设铁路、公路联通的陆上丝绸之路通道，为多方位、立体式旅游发展奠定扎实基础，畅通我国旅游向西开放通道。

因此，在国家“一带一路”建设中，丝绸之路将成为推动交通运输与旅游深度融合发展的重要品牌。未来，应重点从以下几个方面着力打造“丝路品牌”：一是积极通过多种途径促进航空旅游，争取开放第三、四、五航权，开通至主要客源城市的直航航班，在旅游旺季推出丝绸之路旅游包机，适当建设旅游机场，以旅游直升机作为促进旅游交通的便捷性通道。二是积极发展丝绸之路国际旅游专列，根据旅游需求，合理选点成线，加强各项服务设施配套，增强游客旅游体验感。三是建设丝绸之路标志性旅游公路，开辟丝路石窟段、丝路河西走廊段、丝路沙漠段等专门旅游公路，开辟马可波罗、玄奘、徐霞客等名人体验之旅。四是构建丝绸之路自驾车旅游服务体系，开辟丝绸之路经典自驾车线路和探险线路，沿途布置标志性景观，依托节点城市和旅游景区、休闲度假基地建设自驾车营地、“丝路客栈”，配套建设房车营区、帐篷营地、厕所、洗浴等设施。五是发挥口岸优势，积极发展丝绸之路边境旅游，加快建设霍尔果斯口岸、吐尔尕特、阿拉山口和红其拉甫等口岸，积极磋商规划建设边境贸易旅游区，发展边境贸易旅游，简化通关手续，方便游客快捷通过。六是研究推行丝绸之路交通旅游一卡通（见图3－1）。

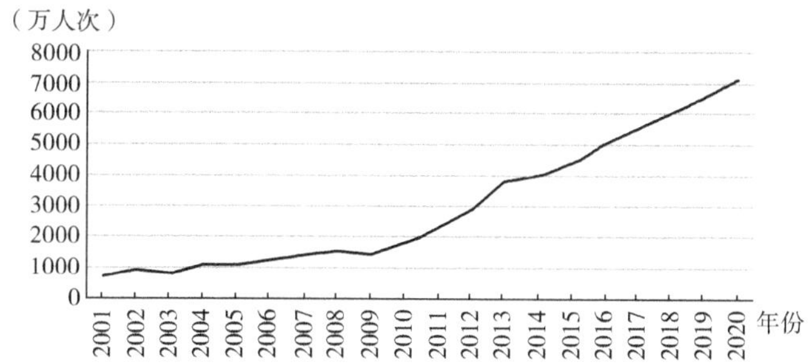

图 3－1　中国赴"一带一路"沿线国家出境游客量变化

资料来源：《中国出境旅游发展年度报告 2017》。

2. 高铁品牌

高铁的快速发展激活了沿线城市的旅游业，带动区域性旅游人次的快速增长。高速铁路以其独特魅力有效吸引了旅游市场中的中高端商务人群，为当地旅游业发展开辟了新的市场。高速铁路加快了区域旅游合作进程，有助于将沿线各旅游目的地串联起来，合力打造旅游交通带；同时，有利于形成"高铁休闲圈"，加快沿线旅游目的地旅游产业转型升级的步伐。随着"高铁时代"的到来，许多城市旅游产业已从"门票经济"向"综合经济"拓展转型，变"人流"为"人留"，变过去"跟团游"为"自助游"和"深度游"，传统观光型旅游向多元融合型旅游经济转变。因此，可以说"高铁时代"带来了旅游的"黄金时代"，高铁旅游已成为交通运输与旅游深度融合发展的重要品牌。

为打造好高铁品牌，未来应重点做好以下工作。一是加强高铁站与旅游交通的对接。在旅游目的地高铁站设专门的旅游汽车停车场或停靠点、汽车租赁服务网点、游客咨询服务中心，在高铁车站售票厅、候车室设立旅游咨询服务点，开通高铁站至旅游集散中心的专线车。二是利用"互联网＋""高铁＋"等新思维促进高铁旅游发展。通过"互联网＋"方式将旅游目的地与旅游客源地相连接，将高铁游沿线城市旅游景区、旅行社、酒店等与旅游者相连接，打破时空限制，并通过"高铁＋"所衍生出来的一系列"高铁＋景区""高铁＋酒店""高铁＋客车"等旅游形式，将高铁与旅游各要素紧密结合。三是加强高铁旅游市场宣传推广。加强策划高铁旅游主题活动，加大高铁旅游的对外宣传和市场推介力度，围绕旅游精品线路，高铁沿线市县根据自身旅游主题特色做好宣传推广活动，加大在高铁车厢和车站的旅游宣传推广力度，设置旅游宣传广告牌或数码相框等。

专栏 3-5 “数说”高铁对旅游业的影响
京津城际高铁通车运营一周年，共计运送旅客 1870 万人次，京津间的总体客流比开通前增长 86%，旅客满意率也高达 99%。天津古文化街日客流量比京津城际开通前增长了 15%，2008 年京津铁路对旅游增长的贡献率达到了 35%。 2010 年武广高铁开通后的第一个春节黄金周期间，咸宁接待游客比去年同期增长 155.14%，旅游总收入同期增长 390.2%。武汉市旅游局的统计数据显示，武广高铁开通后的第一个“五一”假期，武汉市各景区景点接待游客人数 202.1 万人次，同比增长 37.25%；创造旅游综合收入 4.9 亿元，同比增长 46.5%，其中高铁游客成为主力军。 郑西高铁 2010 年开通当年，西安游客人次同比增长达 33%，通车至今游客人次年平均增速达 23.25%，远高于通车前的 10.28%。福厦动车 2010 年开通后，厦门游客年均增速维持在 14.81%，高于开通前 10.19% 的平均水平。

（三）培育一批交通运输与旅游融合发展新业态

1. 邮轮游艇

邮轮游艇是顺应交通工具发展和旅游消费升级的高端交通旅游体验活动，是交通运输与旅游融合发展的典型新业态，能够促进国家海洋经济和旅游业发展战略的实施，推动 21 世纪海上丝绸之路建设，有利于培育新的经济增长点，推动区域经济发展，有利于适应人民群众日益增长的物质文化需求，并对提升现代服务业发展水平、推动传统水运转型升级具有重要意义。按照国际邮轮发展经验，人均 GDP 达 5000 美元，邮轮运输开始起步，人均 GDP 达 1 万 ~4 万美元，邮轮业进入快速发展期。我国现状人均 GDP 突破 8000 美元，部分沿海省市已超过 1 万美元，具备了邮轮运输快速发展的条件，中国邮轮产业发展前景广阔。2018 年，我国港口接待邮轮 976 艘次，邮轮游客出入境总数 488.67 万人次。同时，适应高端旅游发展需求，依托优良的滨海和内河旅游条件，国内也开始积极发展游艇旅游，目前我国游艇保有量约 2500 艘，拥有现艇停泊的游艇会 62 家，停泊游艇数近 2000 艘，其中大部分集中在 20 家较大规模的游艇会，游艇停泊数量超过1000艘。

鉴于邮轮游艇对推动交通运输与旅游融合发展的重要意义，重点从以下几方面着手，加快推进邮轮游艇业发展。

一是高标准推进邮轮基础设施建设。根据空间要素资源条件和腹地经济发展实际情况，科学规划邮轮母港布局，推进邮轮母港建设，避免盲目建设和同质化竞争。坚持“以人为本”理念，高标准建设邮轮配套设施和口岸联检设施，配备安全、规范、高效、便捷的登轮设施、邮轮码头开放空间、作业空间以及亲水环境空间，创造宜人的邮轮港口体验休闲环境。完善邮轮母港周边商业配套服务，构建邮轮要素市场，拓展邮轮产业链。

二是推进邮轮游艇关联产业联动发展。引进欧美等国在邮轮游艇产业发展方面的先进技术和经验，支持邮轮游艇的设计、制造和维修等上游产业发展，提升自主品牌竞争力，支撑邮轮游艇新业态体验感的提升。鼓励邮轮游艇与旅游、住宿、餐饮等上下游产业联合营销，使邮轮游艇的线路设计、沿途风光、旅途服务等与体验者的综合体验需求相匹配，提升邮轮游艇体验服务的竞争力。

三是营造邮轮、游艇业良好发展环境。探索建立有利于我国邮轮、游艇业健康发展的政策与法制环境，深入论证研究邮轮准入门槛和强制报废船龄是否仍按客渡轮标准执行，游艇是否仍沿用之前的定义，无目的地航线（公海游）经营项目是否可开展试点，邮轮、游艇的购置税是否可减免以及游艇入境边检程序和担保费用是否可调整等问题。研究推进自贸区政策适用于邮轮母港，创新海关监管模式和检验检疫制度，按照国际标准筹建邮轮物资供应平台，提升邮轮物资供应的质量和效率。同时，进一步规范票务市场，提升从业人员素质等。

2. 汽车营地

汽车营地是以自驾车为目标客源主体，集自驾车补给保养、旅游餐饮住宿、露营休闲娱乐于一体的综合服务体，主要提供房屋住宿、露营、餐饮、娱乐和汽车补给、维修服务等功能。目前，我国汽车营地建设尚处在初始阶段，汽车营地的数量及规模都偏少和偏小，还没有形成全国性服务网络，大多数城市和旅游景点都没有建设符合国际露营标准的宿营地。但近几年，随着我国居民拥有私家车比例逐年攀升，自驾车旅游市场火爆，汽车营地成为自驾车旅游发展的必然产物。目前，已形成中国汽车运动联合会汽车露营分会和中天行房车俱乐部等组织，许多大型企业集团开始投资汽车营地，各级政府在编制旅游规划时，也充分考虑汽车营地的发展，北京、山东、海南、青海、浙江、江苏、广东、安徽等省市都积极推进自驾车旅游发展以及汽车营地建设。

为推动汽车营地健康有序发展，一是要借鉴国内外建设和运作的成功经验，科学编制全国性的汽车营地发展规划，合理布局汽车营地网络。避免无序开发、跟风建设或将其作为特色酒店变相进行地产开发。同时制定汽车营地建设标准和管理、服务规范，明确给水设施、供电设施、排污设施、汽车营地信息查询网络和道路交通指示牌等汽车营地配套服务标准。

二是要结合当地资源分布和发展实际，因地制宜推进各类汽车营地发展。重点依托景区景点或大型文体设施等，选择道路交通状况好的地点建设景区型汽车营地，着重考虑与自然环境相融合，与大型节事活动相配套，主打景观体验。依托交通枢纽城镇、特色小镇等建设城镇型汽车营地，充分利用周边城镇现有的接待资源，相互补充和配套，并与当地文化特色相融合，主打文化体验。依托城市环城绿化隔离带，建设能够满足当地居民郊野休闲和外地自驾游客到访所需的郊野型汽车营地，主打生态体验。

三是要推动汽车营地实现综合发展。综合开发汽车营地，实现汽车营地与其他特色体验交通项目的互动发展，如在郊野型汽车营地周边建设国家步道，打造“自驾＋徒步”交通体验；在城镇型汽车营地设置观光巴士换乘点，打造“郊区自驾＋城镇观光”交通体验等。围绕各汽车营地的资源特性，鼓励联合餐饮、娱乐、休闲、拓展等上下游产业开发供出行者体验的各类活动项目，实现汽车营地的综合发展。

3. 通用航空

通用航空业是以通用航空飞行活动为核心，涵盖通用航空器研发制造、市场运营、综合保障以及延伸服务等全产业链的战略性新兴产业体系，具有产业链条长、服务领域广、带动作用强等特点，是交通运输与旅游融合发展的典型业态。目前，我国的通用航空发展才刚刚起步，与发达国家相比，无论在飞机数量、产业规模还是在应用实践等方面，都存在巨大差距。截至2015年底，我国通用机场仅300余个，通用航空企业281

家，在册通用航空器1874架，2015年飞行量达73.2万个小时，登记在册的通用航空飞机仅为美国的0.8%左右。当前，通用航空行业环境面临新变革，我国通用航空发展面临新机遇。国际方面，“十三五”期间全球通用航空将呈现缓慢复苏态势，有利于我国在活塞和涡桨类通用航空器、无人机等领域的国际产能收购，提高我国通用航空在全球市场的份额。国内方面，通用航空作为战略性新兴产业的地位进一步明确，行业政策对通用航空的支持力度不断加强，发展环境持续改善，通用航空要素市场不断完善。2016年，国务院办公厅印发《关于促进通用航空业发展的指导意见》，释放了我国大力发展通用航空业的政策信号。从推进交通运输与旅游融合发展的角度，我国通用航空业的发展应重点关注以下几方面的工作。

一是加快推进低空飞行网络建设。政府投资与社会投资相结合，鼓励在条件成熟的地区建设通用航空机场，形成低空飞行体验的地面服务网络。科学规划低空飞行航线，结合周边景色特点、商业因素、地面交通便利程度、游客聚集度、空域繁忙程度、噪声污染情况等，设计选取最佳游览航线。

二是细分市场培育低空飞行业态。结合低空飞行体验潜在消费群体特点及其消费习惯，细分低空飞行体验产品种类和形式，增加体验的多样性，提升体验感和趣味性。丰富入门级细分市场产品，扩展热气球、飞艇、滑翔伞等价格低、布点多的飞行体验形式，选取交通便利、游客流量大的区域进行空中游览，逐步引导低空飞行体验新业态的发展。

三是构建通用航空产业体系。着力发展低空旅游、航空运动、通用航空器配套装备制造、通用航空地面服务保障等主导产业，积极推进航空应急救援与医疗救护、公务航空、飞行培训等支撑产业，构建链条深化、辐射广泛、效益明显的通用航空产业体系。

四是完善低空飞行体验保障机制。加强低空飞行体验运营企业的安全管理，通过风险管理提升企业安全管理水平。规范对低空飞行体验者的安全宣传与培训，让“有钱任性”的游客充分了解可能存在的危险源，时刻以安全至上为准则来约束自己。加快通用航空器的研发与生产，加强对飞行器的风险管控。完善低空飞行体验的保险机制。

（四）践行一批交通运输与旅游融合发展新模式

1. 联运模式

旅客联程联运是推进交通运输与旅游融合发展的内在需求。《关于促进交通运输与旅游融合发展的若干意见》明确指出："积极推进游客联程联运，完善省域客运联网售票系统，鼓励有条件地区设立跨省区联网售票平台并完善运行机制。积极推进跨运输方式客运联程系统建设，鼓励企业完善票务服务系统，提高联网、联程、异地和往返票务服务水平。引导互联网企业提供联程联运'一站式'票务服务。加强公空联运，推广设立异地城市候机楼，增设或加密机场到重点旅游景区的客运班线。加快推进空铁联运产品开发，在空铁联运枢纽内设立相应的旅游服务窗口。"

其中，高铁与航空作为当前旅游交通的主导方式，空铁联运是有效融合高铁和航空"双高"速度优势的新兴联运模式。"十三五"时期，我国高速铁路快速完善、机场布局不断优化，加强空铁联运是适应全域旅游发展的内在要求。因此，在高速铁路网络不断完善的同时，积极加强高铁与航空的高效衔接，充分发挥两种高速运输方式的优势，依托"高铁时代"全力打造"空铁时代"。着力强化空铁联运基础设施的"硬联接"和运输组织的"软联接"，全面提升空铁联运的物理连接能力和综合服务水平，有序构建重点区域的高效率空铁联运体系，积极培育具有较强市场需求的典型空铁联运模式，在较高层次上实现交通运输的"天地联通"，为构建综合运输体系、优化运输结构、培育"高速"经济、提升区域竞争能力提供支撑。

重点积极推广"民航＋高铁旅游"这一新联运模式，以时兴并蓬勃发展的高铁旅游为契机，充分发挥高铁在中短途距离站点多、通达深的优势，加强高铁对远程民航旅游客流的接驳，通过空铁联运为旅游客流提供全程服务，推行旅游空铁联票，并试点与酒店住宿、景区门票的套票优惠，吸引旅游客流空铁联运出行，助推旅游经济发展。以此形成示范带动效应，积极推动交通旅游的联运模式发展。

2. 合作模式

良好的协调机制是实现交通运输与旅游融合发展的基础保障。《关于促进交通运输与旅游融合发展的若干意见》明确指出："完善促进融合发展的工作机制，交通运输部门、旅游部门等加强协作，建立健全促进交通运输与旅游融合发展重大问题协调推进机制，形成分工明确、协同联动的工作机制。强化对旅游交通规划技术指导。探索建立低空飞行、邮轮等旅游交通新业态的协同管理模式。”

根据交通运输与旅游融合发展的内容和任务，既要建立由发展改革、交通运输、旅游发展等部门牵头，综合财政、住建、规划、国土等职能部门组成的交通支撑旅游扶贫的协调机构或机制，统筹协调涉及交通运输与旅游融合发展相关项目建设的资金安排和各项工作推进落实，同时协调解决跨行政区域的交通运输与旅游融合发展问题；又要加强央地合作、政企合作、部门合作等多种合作方式，形成交通运输与旅游融合发展的全方位合作模式，坚持协调联动，推动交通基础设施、载运装备、运输服务和旅游同步发展，推动交通旅游与整体交通系统协调发展，推动交通旅游与上下游相关产业联动发展。

交通运输与旅游的融合发展，需要国家政府部门的高度重视、地方政府的积极作为，要将交通运输与旅游融合发展放到整个旅游经济的大背景中统筹谋划，促进交通产业与旅游、住宿、餐饮等上下游产业的联动发展。重点处理好政府引导与市场主导的关系，处理好各级政府部门的协调关系，处理好交通旅游项目与既有交通运输体系的再发展之间的关系，处理好传统交通旅游产品和新型交通旅游产品之间的竞合关系，处理好各种交通基础设施、载运装备、交通服务与旅游发展之间的协调和衔接关系等。

专栏3－6　甘肃省交通运输与旅游融合发展合作模式创新

甘肃省与中国铁路总公司、兰州铁路局牵手，将“铁路旅游”与“绚丽甘肃”紧密结合起来，从“路地合作”到市场营销，交通、旅游共推甘肃旅游品牌，形成相互协作、互利共赢的发展格局。目前，兰州铁路局启动“丝路快车”创新发展战略，全力打造“丝路快车”服务品牌。开行“丝路快车·沙湖号”“丝路快车·伏羲文化号”“丝路快车·崆峒山号”3对环形旅游列车，将甘肃省敦煌、嘉峪关、张掖、武威、天水、平凉等旅游节点城市与宁夏中卫、银川、石嘴山等城市连接起来，形成区域环形旅游圈。同时抢抓甘肃举办首届丝绸之路（敦煌）国际文化博览会的机遇，定期组织开行敦煌—兰州—上海、敦煌—兰州—成都—昆明等20趟“丝路快车·长线品牌列车”，大力吸引和培育旅游观光客流；开行兰州中川机场至西宁、银川至宁东2对“丝路快车·城际直通列车”，实现高密度、小编组、快速度的城际列车运营，满足群众出行需求。目前天

续专栏3－6
水—平凉、天水—敦煌、嘉峪关—敦煌、兰州—嘉峪关、敦煌—北京等景区对景区的旅游列车已开行。 此外，公路、民航部门也纷纷加大与旅游融合发展。近年来甘肃省高速公路管理部门加大服务区基础建设，为自驾游、周末短途游等提供更好的服务；省运管部门实行全省公路联网售票，方便旅客购票；省公航旅集团设立甘肃省自驾车（房车）露营地投资基金，为甘肃省自驾车（房车）露营地项目顺利实施提供资金保障；省民航机场集团加大市场营销，开通国内国际旅游包机，在淡季走访全国各航空公司、全省各市州旅游景区，通过机票和景区门票联合打折、强化服务等措施，吸引旅客乘飞机出游。

3. 投资模式

投资模式创新是交通运输与旅游融合发展可持续推进的重要支撑和保障。在《关于促进交通运输与旅游融合发展的若干意见》中明确指出，“拓展促进融合发展的投融资渠道，进一步创新模式，加大投融资力度，形成多元化旅游交通发展投融资格局。积极探索采取基础设施特许经营、政府购买服务、政府和社会资本合作（PPP）等模式，鼓励整合旅游和土地资源，实现沿线交通运输和旅游资源开发一体化发展。积极争取开发性、政策性等金融机构信贷资金支持。”根据《关于促进交通运输与旅游融合发展的若干意见》要求，结合地方创新实践，转变思路，解放思想，全面创新交通运输与旅游融合发展的投资模式。

专栏3－7　甘肃省交通运输与旅游融合发展投资模式创新
为构建相对完备的立体交通运输体系，也为实现甘肃旅游由资源大省向产业强省转变，甘肃省委省政府结合省情，创造性地将公路、航空、旅游等相关联产业统筹架构，集群共进，提出了“公路促民航、交通带旅游”的发展理念，并于2011年1月组建了甘肃省公路航空旅游投资集团有限公司，特许经营管理公路、民航、旅游等国有资产，为全省高等级公路、新建地方铁路等重大交通基础设施建设及民用航空发展提供投融资服务，组织实施公路、民航机场和旅游项目建设等，加快推进全省交通与旅游业融合发展。省公航旅集团成立以来，通过银行贷款、发行中期票据、企业债券、短期融资、引进社保基金、非公开定向债务融资工具等多种融资方式累计融资金额达到1710亿元，有效保障了全省高速公路、旅游、航空等重大项目建设。

一是鼓励和吸引多渠道的投资形式。借鉴甘肃将交通与旅游等相关联

产业统筹架构，集群共进的发展理念，利用交通旅游服务设施建设经营一体化、自身具备旅游产品性质以及带动周边旅游经济发展等一系列特点，加大招商引资力度，以“经营”或“特许经营”的理念拓展投资类型，通过银行贷款、发行中期票据、企业债券、短期融资、引进社保基金、非公开定向债务融资工具等多种融资方式，增加建设资金来源，加快推进交通与旅游融合发展。

二是引导社会资本参与交通旅游基础设施建设。借鉴贵州省引入社会资本“打捆”建设高速公路、普通国省干线和农村公路的经验，充分利用建设经营性公路项目的预期收益，并以适当的财政补贴作保障，通过PPP、政府购买服务等形式，积极引导社会资本参与交通旅游基础设施建设。对于有资源、有条件、有基础、有市场主体的旅游开发，引导社会资本“打捆”建设旅游设施及旅游公路、停车场等交通旅游相关基础设施，并通过量化到户、股份合作、入股分红、滚动发展等方式，全民参与带动交通旅游发展。

（五）推广一批交通运输与旅游融合发展新技术

1. 交通旅游联网联控

加强交通基础设施、载运工具、出行信息、旅游信息等互联网化，构建更加安全、高效的交通旅游出行系统。基本实现导航、票务和支付等客运全程“一站式”服务，重点城市群内“交通旅游一卡通”互联互通，重点营运车辆（船舶）“一网联控”，旅游在各种运输方式间换乘“一票到底”。

2. 交通旅游移动互联

构建覆盖更加广泛、体系更加健全、功能更加现代、出行更加便捷、体验更加完美的智能交通旅游体系，逐步形成旅客出行与公务商务、购物消费、休闲娱乐等相互渗透的“交通移动空间”，基本实现公众通过移动终端及时获取交通旅游动态信息，实现交通旅游信息充分开放共享，高效配置交通运输资源。

3. 交通旅游信息平台

加强智慧交通和智慧旅游的深度衔接，引入现代信息技术，把大数据、大旅游、大交通统筹结合起来，运用网站、微博、微信、移动客户端

（APP）等媒介，打造交通旅游信息统一发布平台，整合旅游信息、道路出行信息、景点景区承载信息等，做到精确匹配和调控，为公众提供及时、准确、全面、权威的信息服务，交通运输服务效率、资源配置效率以及交通治理能力全面提升。

4. 交通旅游电子商务

建立交通旅游网上票务平台，加强交通旅游信息的透明度，实现交通旅游票务作业的网上交易，同时植入与交通旅游延伸配套服务的商务交易活动，发展集餐饮、娱乐、住宿、购物等功能于一体的电子商务。加强交通与旅游包括百度旅游、携程等相关部门间合作，通过向上向下延伸，整合产业链条，围绕“吃住行游购娱”拓展“车票＋门票”“车票＋宾馆”“车票＋门票＋宾馆”“车票＋1至3日游”等相关增值业务。

5. 交通旅游先进装备

加大对各种先进智能交通技术装备的研发力度，提高自主开发和规模化应用水平，特别是智能驾驶、无人驾驶等能够显著提升出行者体验的技术装备，并根据技术成熟程度逐步推动应用，增加对交通便利、环境优美、设施完备的经典旅游线路的体验感，助力交通运输与旅游深度融合发展。

四、政策建议

（一）强化战略协同，加强政策协调

进一步明确各相关部门责任，形成部门联动机制，联合推进交通运输与旅游融合发展。加强交通运输与旅游发展的规划衔接，根据交通运输业和旅游业发展需要，结合交通运输、旅游资源布局和产业发展规划，将旅游交通项目建设纳入综合运输交通规划，提高旅游目的地内外交通互联互通水平和交通设施便捷度、舒适度，实现交通和旅游共建、共兴、共赢，共同打造“畅、洁、舒、美、安”的交通旅游融合发展新格局。

（二）推动并购重组，建立战略联盟

根据双方优势，积极推动交通运输与旅游企业建立长期战略合作关

系，建立利益共享、风险共担机制，共同推进交通运输与旅游融合发展。推动交通和旅游产业中大型企业实施纵向并购或重组，建立具有全链条竞争力的大型交通旅游服务企业集团。推动交通运输和旅游相关品牌或企业，基于资源优势互补，达成合作联盟关系，增强市场开拓、渗透与竞争能力，共同开发和利用市场机会。

（三）完善技术标准，加强市场监管

加快研究交通运输与旅游融合的相关技术标准问题，完善汽车营地、邮轮运输等法规体系，尽快制定出台有关政策标准。采用信息化手段强化旅游交通车辆、从业人员的市场动态监管，完善旅游营运车辆、船舶定期维护检测制度，强化对旅游客运企业、旅游集散中心安全生产的监督，督促规范旅游包车客运管理，加强旅游包车客运价格管理，确保规范运营。抓好交通旅游安全预警、应急管理等工作，及时发现、处理旅游客运企业和车辆在安全管理方面存在的问题，保障广大游客的生命财产安全。

（四）遵循循序渐进，突出试点示范

针对当前存在的有市场、无需求等问题，为避免各地一窝蜂地开展交通旅游建设工作，各地要结合旅游资源及特色，有选择性、针对性地选择交通运输与旅游融合发展方向，因地制宜，循序渐进，稳步实施，制定合理的发展对策。同时，积极培育一批具有较大发展潜力和发展前景的交通运输与旅游融合发展新品牌、新业态、新模式和新技术，打造一批试点示范工程，形成示范带动效应。

执笔人：丁金学

参考资料

[1]孙有望,李云清. 论旅游交通与交通旅游[J]. 上海铁道大学学报,1999,20(10):65-69.

[2]王兆峰. 旅游交通对旅游产业发展影响的实证分析:以张家界为例[J]. 财经理论与实践,2009,30,(160):112-116.

[3]马靖莲. 旅游交通发展战略研究[D]. 西安:长安大学,2008.

[4]吴刚. 旅游交通研究的现状、趋势及其启示[J]. 四川师范大学学报(社会科学版),2009,36(6):119-127.

[5]戢晓峰,梁斐雯,陈方. 云南旅游交通网络空间布局与优化对策[J]. 经济地理,2012,32,(11):52-57.

[6]关永玲,陈雪琼. 旅游景区交通服务体系构建研究[J]. 交通企业管理,2013(12):14-16.

[7]刘芬芳. 体验导向下的旅游区交通规划策略研究[D]. 武汉:华中科技大学,2011.

[8]张芳芳. 交通旅游产品设计研究[D]. 青岛:中国海洋大学,2008.

[9]鲍蕾. 中美汽车露营地发展的比较研究[D]. 北京:北京体育大学,2014.

[10]范业正. 我国汽车营地发展模式研究[J]. 北京第二外国语学院学报,2012(7):8-12.

[11]蔡晓霞. 通用航空旅游产品类型及发展条件[J]. 中国民用航空,2014,169:41-42.

[12]王珂. 通用航空旅游的系统构成与发展模式研究[D]. 西安:长安大学,2011.

[13]孙晓东,冯学钢. 中国邮轮旅游产业:研究现状与展望[J]. 旅游学刊,2012,27(2):101-112.

[14]张伟,李长如,赵心宇. 国内外游艇产业发展状况及问题分析[J]. 海洋经济,2013,3(3):16-20.

[15]蒋中铭. 贫困地区交通支撑旅游扶贫政策研究[R]. 北京:国家发展和改革委员会综合运输研究所,2016.

第四章　推动交通运输与网络信息融合发展的思路和任务

内容提要　交通运输与网络信息融合发展是顺应世界技术革命和产业变革潮流要求，推动提质降本增效、培育新兴产业、打造经济新增长点的重要举措。本章分析了网络信息与交通运输融合发展的现状和问题，并从推动交通运输行业信息化智能化改造、创新驱动融合发展新兴产业、完善覆盖交通运输系统一体化支付手段、建立全国性交通运输信用体系等四方面提出了融合发展的主要任务以及相关保障措施。

我国正处于经济结构转型升级与新一轮科技革命和产业变革的交汇期，数字经济等新兴产业蓬勃发展。未来数十年，是通过网络信息技术改造提升旧动能、培育壮大新动能的发展关键期，是全面推动新经济发展的战略机遇期。当前，网络信息与经济社会各领域的融合发展具有广阔前景和无限潜力，已成为不可阻挡的时代潮流，正在深入影响宏观经济结构、组织形态、运行模式，进而形成新的经济社会发展格局。网络信息技术、商业运作模式以及相关新兴产业的蓬勃发展有利于重塑创新体系、激发创新活力、培育新兴业态和创新公共服务模式。网络信息在经济社会全领域的广泛渗透和深度融合，对打造“大众创业、万众创新”和增加公共产品、公共服务“双引擎”，从而主动适应和引领经济新常态，形成经济新增长点，实现我国经济提质增效具有重要意义。交通运输与网络信息的融合发展是顺应技术变革和体制改革潮流，以技术变革推动运输组织创新、培育新兴产业发展、推动移动支付和诚信体系建设、消除行业体制桎梏的重要抓手。交通运输与网络信息融合发展，有利于方便旅客出行、提升物流效益、优化资源配置、提高综合效率，对培育交通发展新动能具有重要作用。近年来，我国网络信息与交通运输融合方面取得诸多积极进展，但在市场应用、基础条件、技术支撑、政策环境等方面仍然存在许多制约，难以满足培育和发展新业态、新产业、新模式的需要。

一、现状与问题

（一）与交通运输行业密切相关的网络信息技术的发展现状

1. 网络信息技术发展特点

网络信息技术的发展具有全球同步性和快速迭代性。行业竞争主体可以在全球范围内集聚要素资源，就技术难点进行技术攻关。掌控关键核心技术、占据产业制高点的国家往往在行业发展中占据最重要的话语权，发挥引领者作用。

网络信息产业是技术密集型产业，动态创新是其基本特点。如同农业经济时代以劳动力和土地、工业经济时代以资本和技术为新的生产要素一样，网络信息时代，数据将成为新的关键生产要素。网络信息产业是互联网革命时期驱动经济社会各领域发展的基础性先导性产业，走在技术革新和产业变革的最前沿。

2. 网络信息技术发展演进

云计算、大数据、物联网、移动互联网、人工智能等技术在最近十年内取得了重大进展，数据获取技术、计算能力、无线通信网络带宽、模式识别等关键技术能力均有了数量级的跃升。这些技术应用于智能手机和服务平台之上，服务于经济社会，产生了巨大的融合效应。

物联网可使获取行业系统运行的全时空数据成为可能，采集数据的准确程度总体上已经超过了传统统计方法。4G 移动通信网络带来了高速上下行带宽，使得实时语音、视频等能够在互联网上以极低的延迟传输，网络通信成本也大幅下降。即将部署建设的 5G 通信网络将以其广泛的适应性为生产生活带来无限可能。计算能力的倍速增长令计算机综合智力有望接近人类水平。人工智能则可让计算机替代人类完成常规重复工作、低技能工作和危险工作。大数据技术也可以辅助发掘海量数据中蕴藏的逻辑联系和潜在规律，从而使管理决策更为精准有效。

网络信息技术的进步打破了信息不对称，让供给和需求对接得更为顺畅；减少交易的中间环节，降低交易成本；有利于降低整体经济成本，提升经济效益。在技术进步的背景下，社会生产关系也将进一步调整，助推生产力水平进一步提升。

（二）交通运输与网络信息产业融合发展现状

1. 线上线下融合发展

网络信息技术的快速发展促进了交通运输与网络信息产业的全面融合发展。交通运输与网络信息融合发展的主要形态：一种形态是社会主体出于自身提质增效降低成本的需要，自发地将网络信息技术应用于各经济社会领域，这部分表现为传统运输企业，借助信息化智能化改造实现了由传统运输模式向“互联网+”运输模式的转型；另一种形态是网络信息企业出于拓展服务领域，打造一体化服务生态环境需要，依托网络平台，撮合运输供需双方，提供运输服务和运输工具。这些主要是20世纪90年代以来创业成长起来的、以网络信息技术为核心竞争力的一系列互联网企业。这些互联网企业借助自身的技术优势实现了向传统重资产行业的扩展覆盖。同时，还出现了线上线下企业共同成立战略联盟，实现互利互惠、融合拓展，形成强强联手、优势互补的新格局。交通运输与网络信息的融合发展形成的市场主体具有很强的自发融合性，融合形成的新业态和新产业兼具高技术产业和基础产业的特征。

表4－1为2019年我国境内的十大初创企业独角兽，除了少数硬件企业，大部分都是与互联网密切相关，大部分都是网络信息领域相关企业。其中提供线上线下对接的交通服务企业滴滴出行居第2位。由此可见交通运输与网络信息融合发展产生的新业态新产业影响力巨大。

表4－1　我国主要初创企业独角兽

序号	公司	估值（亿美元）	产业领域	部分投资者
1	头条（字节跳动）	750	数字媒体/人工智能	Sequoia Capital China，SIG Asia Investments，Sina Weibo，Softbank Group

续表 4－1

序号	公司	估值（亿美元）	产业领域	部分投资者
2	滴滴出行	560	供需对接	Matrix Partners，Tiger Global Management，Softbank Corp.，
3	比特大陆	120	区块链	Coatue Management，Sequoia Capital China，IDG Capital
4	大疆创新	100	硬件	Accel Partners，Sequoia Capital
5	瓜子	66	电子交易平台	Sequoia Capital China，GX Capital
6	满帮	60	供应链和物流	Softbank Group.，CapitalG
7	链家	58	电子交易平台	Tencent，Baidu，Huasheng Capital
8	居然之家	57	零售	Alibaba Group，Boyu Capital，Borui Capital
9	优必选	50	机器人	CDH Investments，Goldstone Investments，Qiming Venture Partners
10	汇影医疗	50	医疗	China Life Insurance，China Development Bank Capital，CITIC Securities International

资料来源：CBInsights 2019 年 1 月。

注：独角兽是风险投资行业术语，用来指估值超过 10 亿美元未完成 IPO 的初创企业。

2. 全方式全领域协同发展

交通运输与网络信息呈现出全方式全领域交叉融合发展的态势。在系统集成方面，借助网络信息技术的发展，以云计算、大数据、物联网、移动互联网、人工智能为代表的新一代网络信息技术有效地集成应用于轨道交通、道路交通、水路交通和民航领域，使交通系统呈现智能化、网联化、协同化趋势。信息基础设施已经成为交通基础设施不可分割的一部分，智能交通系统发展方兴未艾，成为支撑交通运输领域转型发展的重要基础。尤其是车路协同、船岸协同、空地协同等技术研究已从以解决交通管控为重点的阶段，转向以泛在感知为基础、智能联网为特征的新一代智能交通体系发展。交通参与者、载运工具、交通基础设施一体化协同系统成为交通系统发展的大趋势。

3. 新供给催生需求多元化发展

交通运输与网络信息融合发展催生了诸多交通运输新供给。随着网络信息对消费导向作用的逐渐增强和消费模式的升级转型，交通需求模式表现出体验化、共享化、多元化等特征。老龄代、中生代、新生代用户的交通需求逐渐出现分化，用户体验已成为影响交通运输服务和消费的重要因素。共享单车、拼车出行等共享交通模式孕育出巨大的市场空间。高铁网络、民航机场、城市轨道交通等基础设施的逐步完善，极大丰富了用户的出行选择，出行、物流与其他经济活动融合化特征日益显著。

4. 政策引导行业健康有序发展

我国在网络信息融合发展的关口，把握世界互联网革命的风向，出台了一系列政策，有效引导了产业健康有序发展。国务院出台了《国务院关于积极推进“互联网 +”行动的指导意见》，肯定了“互联网 +”在培育经济发展新动能方面的关键作用，并对下一步工作进行了全面部署。同时，国务院办公厅和国家发展改革委等政府部门相继出台了《国务院办公厅关于深入实施“互联网 + 流通”行动计划的意见》《国务院办公厅关于转发国家发展改革委营造良好市场环境推动交通物流融合发展实施方案的通知》《“互联网 +”高效物流实施意见》《“互联网 +”便捷交通促进智能交通发展的实施方案》等指导意见和实施方案，为交通运输与网络信息的融合发展指明了方向。针对某些交通领域的发展问题，国务院办公厅、国家发展改革委以及相关部委印发了《国务院办公厅关于深化改革推进出租汽车行业健康发展的指导意见》《关于促进分享经济发展的指导性意见》《网络预约出租汽车经营服务管理暂行办法》等，规范了行业发展，有效防范了新业态、新产业、新模式发展面临的诸多风险。

（三）交通运输与网络信息融合发展的需求和问题

1. 核心技术和设备受制于人

我国在网络信息技术的研发和商业应用方面取得了巨大的成就，但是在原始创新方面仍显不足，在“核高基”（核心电子器件、高端通用芯片及基础软件产品）等领域仍依赖于从美国、日本等发达国家进口。我国在车联网传感器件、高精度定位导航装备、自动控制模块、车载操作系统高度依靠发达国家供给。当前，我国在芯片方面的进口花费的外汇已经超过进口原油。我国高新技术产业发展尚处于初级阶段，数据资源开发利用水平低，应用深度亟待加强。

2. 面向新经济的运营效率亟待提高

交通运输与网络信息融合发展使得信息更透明，竞争节奏更快、商业模式更新更快；出行乘客和物流用户能够得到更多市场主体服务，具有更多的选择权。同时也促使市场主体由价格竞争向服务品质竞争转变，由同质化降价比拼向差异化错位竞争转变，由劳动力密集型向技术密集型转变。

我国大量物流运输企业管理粗放，组织结构缺乏灵活性，从业人员素质不高，造成了大量的无效成本。我国的物流企业大部分作业自动化水平较低。在搬运、点货、包装、分拣、订单及数据处理等环节，手工操作方式居多，差错率高、效率低，信息化智能化水平低，难以适应现代化社会的需要。面向交通运输和网络信息产生的新经济对企业管理者的要求更高，需要企业对市场行为做出更快更准确的决策，很多企业仍不适应当前竞争需求。不同运输方式的企业之间、供需双方之间的信息缺乏互通共享，物流资源配置不均衡，使大量的物流资源被空转闲置，或处于短缺状况，物流资源无法得到优化利用。

3. 现有管理体制不适应时代要求

当前的交通运输管理体制不能适应交通运输与网络信息融合产生的新业态、新产业发展的需要。新业态、新产业通常是跨界创新的成果。为了获得最大的市场效益，新业态企业通常游走于现有管理规定的边缘，或是瞄准于监管的空白区域。法律法规的缺失导致行业主管部门的交叉管理或相互推诿。主管部门只能通过仓促出台暂行管理规定或指导意见来满足一时管理需要，并不能长期有效治理行业。出于对新业态、新产业的培育，行业管理部门大多对新业态、新产业长期处于观望状态，一旦实施行业管理，往往导致矫枉过正，“一管就死、一放就乱”的管理怪象仍常出现，“禁止、准入”政策短期内反复。这需要通过改革现有管理体制机制来适应新产业、新业态发展需要，明确市场预期。

4. 监管手段跟不上发展需求

李克强总理曾指出：“当前新产业、新业态蓬勃发展，很多事情都是‘未知大于已知’。我们一定要顺应这一变化，‘包容审慎’开展监管。

包容审慎监管并不意味着政府部门‘放手不管’，而是用更加完善到位的事中事后监管，营造良好公平的市场环境，促进行业健康发展。”事中事后监管应该是主管部门面向新产业、新业态、新模式的主流管理方式。

当前交通运输与网络信息融合产生的新业态新模式日运营数据都可达到海量规模，企业的运行管理具有高技术特征。政府单凭人力监督巡查很难对市场运行进行有效监管，无法对新业态、新产业出现的问题进行快速反应和全面应对，“牛栏关猫”现象普遍存在。需要与新业态、新产业相匹配的技术力量才能有效监管。大数据、物联网等技术手段可以让监管部门对企业和市场动态进行全面了解、实时发掘、精准定位，针对性治理市场乱象，避免在监管时序、手段、力度上把握不当。有效规避主管部门过度作为和无所作为。

5. 投融资手段亟待创新

新产业、新业态带来了新的投融资办法，初创企业对资金的渴求和创业成功带来的巨额回报必然推动投融资手段的创新。风险投资、天使融资对互联网企业的融资是目前投入交通运输与网络信息融合领域的主要投融资手段，风险投资方通过推动初创企业成长并实现 IPO 后退出获得丰厚回报。政府在科技创新方面通过科技支撑项目、新兴产业创业投资引导基金等已经对此类项目做出了诸多支撑。但是新兴产业的业态与传统业态存在较大的区别，投资者担负了巨大的风险，也潜在拥有丰厚回报。当前国有资本投资新兴产业存在诸多制约，如何提高政府财政资金和国有资本的资金使用效率，实现对新产业、新业态的有力支撑，是当前面临的难题。

6. 跨专业融合的人才培养

我国交通运输与网络信息融合发展，还面临着人才短缺的问题。融合发展需要既懂网络信息又精通交通运输的综合化管理人才和高素质专业人才；需要不仅具有国际视野，还具有丰富的实践经验的人才；既懂运输组织又精通投融资的复合型人才。我国的人才教育培养体系还不能完全适应交通运输和网络信息融合发展的需要，由于复合型人才的匮乏，行业治理也将面临全新挑战。交通运输行业需要在实践中不断总结经验，以调整人才的培育方式。

7. 网络信息安全不容小觑

信息安全已成为影响交通运输行业乃至经济运行和社会长治久安的重大问题。习近平总书记曾指出："没有信息化就没有现代化，没有网络安全就没有国家安全。"国家已经把网络安全提升到与"新四化"之一的"信息化"同等高度。2017年6月1日《网络安全法》正式实施，为我国网络安全保障提供了法律依据。但是，当前我国社会环境下，用户信息泄露导致的电信诈骗、垃圾短信、骚扰电话等社会问题日益突出，倒卖个人信息已形成地下黑色产业链。在交通和物流行业，用户信息泄露的问题尤为突出。网络黑客攻击电商平台、政府系统、金融系统，导致信息泄露存在较大系统性风险，用户在互联网上常处于个人信息"裸奔"状态，企业和个人的储蓄财产也随时可能由于网络攻击被非法转移。

随着大数据技术的应用，一切所谓"个性化定制""个性化服务""个性化推送"都是建立在对用户数据的分析基础上，个人数据更是现代服务业的命脉。不论是以BAT（百度、阿里巴巴、腾讯）为代表的互联网公司还是中国铁路总公司、国航等运输企业都十分注重对用户数据的收集，深入挖掘数据为企业运营和政府管理提供了支撑决策的关键信息。这些信息可造成用户个人隐私的高度曝光，信息过度集中在少数企业和机构，构成个人吃穿住行全数据链，增大了信息泄露的潜在危害。经济社会与网络信息深度融合，可能造成网络攻击负面效应成倍放大。

8. "诚信交通"体系亟待建设

总体来看，我国尚未形成覆盖全社会的征信系统，交通运输行业也未完全形成针对失信者的联合惩治机制。超限超载、危险作业、逃避收费、伪造票证号牌等违规违法行为都可以视为交通运输领域的失信行为。社会成员信息记录不完备，守信激励和失信惩戒机制存在大量空白，守信激励不足，失信成本偏低，信用服务市场不发达。同时，还存在服务体系不成熟，服务行为不规范，服务机构公信力不足，信用信息主体权益保护机制缺失，社会诚信意识和信用水平偏低等亟待解决的难题。与诚信相关的政务诚信度、司法公信度离人民群众的要求还存在一定差距。

二、发展思路

（一）依据和原则

1. 全球视野和快速反应

网络信息技术的发展具有快速迭代性、全球同步性、全面覆盖性、深度融合性的特性。交通运输与网络信息融合发展是世界新一轮产业革命的风口，是全球风险资本聚焦点之一，也是世界精英人才集聚的行业之一。政府的政策需要时刻紧跟社会需求、技术前沿、商业竞争形势，才能适应未来的发展。市场主体必须要对市场形势作出快速反应才能跟上竞争需要。全世界创新生态系统中的微小技术进步和微量商业模式革新都可能对我国的相关产业造成深刻影响，“蝴蝶效应”突出。具备全球视野和快速反应能力才能在全球化竞争中立于不败之地。

2. 创新驱动发展

商业模式和技术能力的竞争是信息革命的时代主题，创新是我国引领发展的第一动力。只有不断提升技术能力，快速提升服务质量、才能在全球竞争中立于不败之地。网络信息技术的突破创新贯穿于近 30 年的世界经济社会发展，显著改变了我国交通运输的发展面貌。交通运输与网络信息的融合发展必须充分考虑创新因素。特别是要强化原始创新，增强源头供给。网络信息是技术密集型产业，动态创新是其基本特点，强大的创新能力是竞争力的根本保证。

3. 平衡业态演进和社会稳定

未来，自动化、智能化的机器设备有可能会大量取代人工劳动，低端劳动力有可能会大规模失业，而对高技能劳动者的需求会显著增长。人类只需付出更短的劳动时间，便可以享受更多的闲暇时刻。网络信息技术的进步同时有可能带来大量失业，维持社会稳定必须充分平衡业态演进和稳定就业之间的关系。交通运输行业需要进一步提质升级，增加对高技能人才的吸纳能力，处理好新兴业态与实体经济的关系，实现和谐发展。

（二）主要思路

1. 以信息化智能化实现交通运输系统提质增效

在基础设施建设和维护方面。围绕复杂环境下交通基础设施服役状态快速检测、监测和预警的需求，重点推动传感、机器人、无人机、可穿戴设备、增强/虚拟现实、机器视觉、3D激光扫描、遥感和北斗卫星导航等检监测技术，形成系列高精度、自动化、智能化、可视化、可移动的交通基础设施运行维护装备体系。实现交通基础设施数据共享共用与互联互通，全面提升交通基础设施服役能力和寿命。加快云计算、大数据等现代信息技术的集成创新与应用，加强路网养护决策、应急调度指挥等核心业务系统建设和应用。开发基于手持移动终端的智能化养护管理系统，实现路网沿线设施破损情况的随时发现上报、快速跟踪维护、动态督查督办和全程监督评价；建立健全跨区域、跨部门的信息共享与交换机制，实现部省间联动管理与服务。

在交通运输管理方面。以既有交通管理系统信息化改造为基础，大幅度提升交通运输企业的信息化管理和安全生产水平。推进交通建设和运输组织智能化，需要重点实现客货运枢纽场站、物流园区智能运输装备、自动换装、转运、分拣设备大量应用；大幅度提升基础设施建设和管理水平，推进建筑信息模型技术（BIM）在重大交通基础设施项目规划、设计、建设、施工、运营、检测维护管理全生命周期的应用。

在运输服务智能化方面。当前，我国出行信息系统还不完善，物流信息化和网络化建设滞后，尚未形成强大、互联互通的信息服务体系，不同物流方式之间的信息碎片化、孤立化。当前，需要丰富交通出行、旅客票务、交通支付等在线服务。需要突破发展“互联网＋”便捷交通，形成交通出行一体化空间；需要突破“互联网＋”物流发展瓶颈，在降低物流成本的同时切实提高效率。在决策监管智能化方面，需要建成跨行业、跨区域协同的交通运输运行监测、行政执法和应急指挥体系，提升基于大数据的决策和监管水平。

2. 创新驱动融合发展新兴产业

智能交通、智能网联汽车、运输机器人等是当前快速发展的新兴产业。“互联网＋”交通新兴产业是高技术产业的代表，是当前新兴的网络信息技术的最广阔的应用市场和最佳试验田，也是“大众创业、万众创新”的驰骋疆场。交通运输新兴产业服务可以培育出高用户黏度，在公众的生产生活中具有一定的不可替代性。同时，“互联网 +”交通新兴产业集聚了大量“高专业素质人才”，以“高新技术应用”为手段，以“高风险投资”为保障，以成功后“高额回报”为主要特征，具有“四高”特性。在新兴交通运输领域，很多细分市场投资都是市场驱动自发完成，市场表现以不确定性、高风险性、高市场估值、高增长率在社会上受到了世界投资者极大的关注。预期在未来 10 年，我国的传统交通运输基础设施建设进入稳定期，社会对新增基础设施投资的需求会进入下降通道。交通运输领域的新兴产业将会起到动能接续，替代交通运输旧动能的作用。依托网络信息等先进技术，大力发展智能交通等新兴产业。实现交通基础产业和高技术产业的融合发展，发展智能汽车产业、智能化运输服务和管理机器人产业、智能化设备产业、平台经济等新产业新业态是当务之急。

（1）发展智能汽车产业

智能网联汽车和自动驾驶汽车是未来汽车行业的发展方向，也会对道路基础设施布局产生重大影响。我国需要在国家层面建立协同推进机制，推动交通运输、网络信息、汽车制造等产业融合创新发展，将智能汽车产业打造为科技强国、网络强国、交通强国、制造强国等社会主义现代化强国的新名片。目前，世界各发达国家纷纷在该领域加快布局，支持研发投入，汽车巨头企业也将智能汽车作为未来战略方向。自动驾驶和智能网联汽车都是重要的智能汽车，虽然具有不同的技术路线，但是终极发展目标是一致的，都是研发和应用无需人工操控即能在道路上按输入指令达到运输目的地的交通工具。

自动驾驶产业是交通运输与现代信息、汽车装备等产业深度融合的新产业，产业链长，影响面广，对关联产业转型升级带动力强，已逐渐成长为国际产业竞争的战略性制高点（见图 4 – 1）。2020 年是诸多国家和企业全面应用自动驾驶汽车的时间节点，2020 东京奥运会有可能是展示发达国家自动驾驶产业的舞台。预计到 2025 年全球自动驾驶市场规模将接近 1 万亿美元。自动驾驶有望在未来 10 年成为我国经济新的增长点。未来 2 年 ~ 3 年是我国布局自动驾驶产业、建立国际产业竞争优势的黄金窗口期。

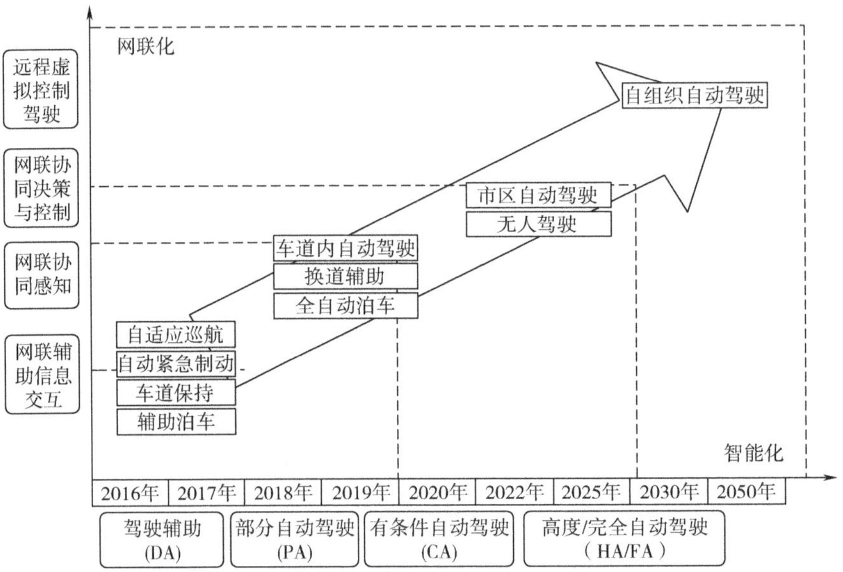

图4－1　我国自动驾驶汽车发展技术路线图

智能网联汽车是汽车制造产业和网络信息技术融合发展的方向和战略制高点，较之全自动驾驶汽车能在更短的时间内研发投入量产，形成规模产业。智能网联汽车也是国家汽车产业转型升级、由大变强的重要突破口，是近期关联众多重点领域协同创新、构建现代综合交通运输体系的重要载体，在塑造产业生态、推动国家创新、提高交通安全、实现节能减排等方面具有重大战略意义。

现在需要从国家战略的高度，集中资源、加大力度，加快推进智能汽车和智能道路研发应用，为中国建设交通强国、制造强国、网络强国提供强有力的支撑。目前，国务院发布了《中国制造2025》，国家发展改革委、交通运输部、工业和信息化部也分别发布了智能交通系统发展实施方案，印发了中长期发展规划、智能网联汽车技术路线图、车联网和5G发展行动方案等一系列指导性文件，初步确定5G频率规划及测试频段，支持关键技术的研发和应用测试，研究编制标准体系建设指南，起草上路验证管理规范。当前，我国已经搭建了上海、重庆、北京等示范测试区。同时也在重点加强顶层设计、制定标准法规、突破关键技术、升级基础设施、加强国际交流、提升信息安全。

智能交通是一项具有战略意义的系统工程，需要多方参与、协同推进、共建共享，也需要搭建网络平台，提供行业公共服务平台、建设示范应用路网。同时创新机制，推动产业协同创新，推动融合，建设新型产业生态体系。

（2）发展智能化运输服务和管理机器人

“机器换人”是交通运输行业的潮流趋势，具有人工智能的机器人不仅担当辅助人类决策的好助手，也可能替代人类完成诸多烦琐重复、重体力轻智力劳动。智能化运输服务和管理机器人将是我国重要的战略新兴产业，也是全球都在密切关注的技术突破点。在港口、货站、配送点、仓储库、交通线路，从事运输、装卸、分拣、转运、配送、设施养护的机器人应用水平需要大力提高。

机器人不但能够全天候 24 小时工作，使用成本也将远低于人力成本，目前京东、阿里巴巴菜鸟等企业在仓储、分拣领域机器人应用水平已经非常高，对于提高效率、降低成本起到了关键作用。在上海洋山、厦门等我国重要港口，全自动无人化码头投入使用也将带来新的港口运输组织模式。未来，智能机器人还会用于交通运输管理，从而大幅减少交通警察、路政和运政管理人员、设施维护人员、收费人员的工作负担，替代较为危险的现场工作。在工程建设领域，机器人将逐步取代建筑工人完成常规建设任务，不但可以使工期大幅减少，还可以保障建设质量，降低因人为因素导致的偷工减料和技术误差，完全按设计方案意图完成建设任务。

（3）结合行业特点发展新兴产业

铁路、民航、远洋海运以及城市轨道交通等行业市场集中度高，企业在行业内的垂直一体化整合能力非常强大。企业一般会结合自身需求开展信息化智能化改造，其中民航、铁路、城市轨道交通、远洋海运是交通运输行业信息化智能化水平较高的运输方式，尤其是国产大飞机、高铁动车组是信息化智能化技术的集大成者，也是我国打造的“交通强国”名片。未来 5 ~ 10 年，预计交通运输装备和基础设施的发展呈现出轻量化、自动化、集成化、模块化特征。智能船舶、智能港口和航道、自动驾驶的城市轨道交通列车等将会广泛运行，设备和系统运行需要的驾驶操控人员会更少，劳动者可以从烦琐重复的劳动中解放出来，享受更多的闲暇时间，企业也能提高效率，降低运营成本。

在铁路、民航、水运、城市轨道交通等行业开展新产业的发展主要是依托先进的网络信息技术，实现关键技术攻关，开发出突破性的技术装备，实现我国制造业提质升级，为交通运输行业提供更加实用的运输装备和基础设施。

在铁路和城市轨道交通领域，需要开展跨国互联互通、时速400公里及以上高速客运装备关键技术研究；实现200公里/小时和600公里/小时中高速磁浮交通系统和装备产业化，突破枢纽多源交通信息交互操作、基于北斗卫星导航系统的轨道交通系统运营调度等关键技术。加强全自动运行交通列车的推广使用。

在民航领域，实现国产大飞机C919交付使用和广泛应用。开展无人机物流关键技术研究与验证，以及大终端区多机场协同管控技术与验证。突破基于高精度航空气象预报的空地协同飞行调控技术。

在水路领域，积极应用卡站多模式立体综合通信导航、生态航道建养、研究港口交通管控一体的视频监控等技术，开展自动化堆场作业机械、自动化岸边作业机械、自动化水平运输机械和自动化控制系统集成技术等技术攻关。

（4）大力发展平台经济

作为世界第二大经济体，我国正经历着平台经济崛起。我国互联网三大企业BAT（百度、阿里巴巴和腾讯）都是互联网平台企业，其中百度是搜索平台、阿里巴巴是商务交易平台、腾讯是社交平台，BAT企业依托于各自的核心服务平台，向周边产业和业态扩展。BAT企业均已全面进入交通运输行业，并在网约车、共享单车、地图导航等领域火拼角力，大多形成了“竞争垄断”的多寡头市场格局。其他互联网企业也提供了如出行旅游定制、订餐配送服务、旅游短租房等业务，突破行业限制，发展混业经营，依托丰富的服务项目和用户黏度来开拓市场是“互联网+”业态的重要特点。

交通运输企业也在积极提供行业服务平台，但除中国铁路总公司依托其对全国铁路客货运业务资源的垄断优势取得了极高平台用户使用率，其他如市场集中度越低的行业越难通过单个企业构建平台，往往更依赖互联网企业来整合集中市场主体信息，达到互惠互利的目的。在实施“互联网+”国家战略的大背景下，这些数字平台不仅被视为经济转型的重要工具，围绕它们的经济生态系统也被视为“大众创新、万众创业”的重要组成部分。

由于政策环境、发展历史的差异，我国的平台经济具有鲜明特点。一方面，我国数字平台的垄断性和控制力略胜一筹，因而它们在价值分配上占据主导地位。例如，我国的物流行业的利润很大一部分要归属阿里巴巴的淘宝网和菜鸟网、京东商城等平台，同时，阿里巴巴平台对“四通一达”等物流企业的约束力也非常高，减少了物流行业生产者从平台经济中所能获得的利益。另一方面，中国较为充沛的劳动力人口以及庞大的服务业市场，促使平台经济迅速扩张至新领域。出行、物流、外卖、医疗、个人定制服务等领域的数字平台在各个细分领域不断出现，劳动人口正逐渐从产业工人转变为平台经济下的“不稳定生产者”。

平台经济的崛起为我国经济发展创造了新动能。但是，当前需要保证平台经济所创造的巨大价值为全社会公平享有，而不被少数平台所独占，应该让创造的价值为平台和平台上生产者所分享。为在平台上工作的劳动者提供合适的社会保障以使之具备抵御不确定风险的能力，进而获得有尊严、可持续的生活水准。

我们需要密切关注平台经济的发展状况，实施“包容审慎”的监管原则，加快立法进程、填补“无法可依”的行业空白，处罚不正当竞争行为，坚持鼓励创新的原则，完善知识产权保护体系。坚持实体经济与虚拟经济并重发展，为实体经济创造新需求，保障社会就业。

3. 建立覆盖交通运输及其关联领域的一体化支付手段

网络信息技术将全面改变现有以现金支付为主的货币流通系统，虚拟货币和线上线下的紧密结合将会使实体的纸币流通规模进一步缩小，信息化电子货币的应用范围将会快速扩大，乘坐公共汽车、城市轨道交通、出租汽车等进行高频短途出行的现金支付比例将会非常小，借助电子支付，零售流通的支付环节将更加依赖于网络信息系统，经济运行的透明性还会进一步加强。依据用户的网络消费支付记录以及存贷款历史，金融机构将容易判断贷款申请者的整体信息情况，以便在没有抵押物的情况下发放贷款。运输企业也可以借助大数据技术，对公众出行和物流情况进行精准分析，以调整运营策略。

（1）新兴移动支付广泛应用

面向交通运输出行和物流支付结算，目前已经有交通（市政）一卡通、支付宝、微信钱包、银联金融 IC 卡、Apple pay、ETC 卡、铁通卡等支付手段。出于商业利益考虑，各种支付手段往往并不相通，线上线下的支付方式大都不能相互连通。

移动支付手段还分为企业自建的支付系统和政府建设的市政（交通）一卡通和 ETC 高速公路支付系统。电子支付一般是采用预存费用的方式。各种移动支付手段都在努力突破初设的支付范围和场景，期望构建覆盖所有线下渠道，包含各种运输方式的电子支付手段，打造以本位支付方式为中心的闭环生态。

过去，出于企业利益、地方保护和信息封闭考虑，各地的交通一卡通、市政一卡通，甚至 ETC 都并不相互连通，近年来在国家的信息互联互通政策的推动下，在京津冀、长三角、珠三角等地区内，一卡通已经能够相互异地使用。同时，一卡通的使用范围也不只是用于支付公共交通的票款，还能用于一般便利店、超市等地的结算，使用范围正在不断扩大。

2014 年后，以阿里巴巴和腾讯主导的支付宝和微信支付逐渐打通线上线下支付渠道的二维码支付系统。二维码以其便于推广，易于识别，线下成本低等诸多优势得到了用户的认可，用户之间的转账支付只需扫描二维码和输入密码即可完成。极大地节省了交易成本、提高了交易效率，转账付款变得异常简单。二维码同时也成为打通互联网线上线下系统的通道，取代传统的字符串网址，更容易被接受。

（2）传统 IC 卡支付立足公共交通领域

交通（市政）一卡通、ETC 卡、铁通卡系统主要由政府部门或国有企业建设，还面临着城市住建部门和交通部门的利益争执。民营支付系统之间也存在着各种市场争夺，用各种地推的模式进行推广。ETC 卡主要是适用于高速公路收费领域。虽然一卡通的运营者极力拓展卡片的使用领域和地域范围，但由于缺少全国一体化的协调机制和缺乏全社会领域的深入渗透，运营者的相互竞争也导致了支付系统互不融通，传统 IC 卡的使用范围往往仅限于某个行业或是某个区域。

虽然在线下支付方面已基本形成支付宝和微信支付的双寡头垄断情形，但在城市公共交通支付方面，由于系统的封闭性，仍主要由政府一卡通支付主导，推进城市群区域内一卡通互联互通跨境使用是当前面临的重要问题。

当前迫切需要建立全国一体化的交通运输支付清算平台，破除跨越行业和部门的利益桎梏，放弃本位利益的诱惑。打通 IC 卡支付、二维码支付、NFC 支付之间互通的障碍，形成全国通用和联通的结算应用，以方便用户应用，同时也降低商户企业的运营成本。

4. 建立全国性交通运输信用体系

交通运输是支撑经济社会运行的基础性、先导性、服务型产业。包括企业和个人征信系统在内的信用体系对交通运输与网络信息融合发展具有非常重要的意义。网络信息是建立新型信用体系的数据采集来源，也提供了数据分析的技术手段，并给出了便捷征信的渠道。交通既是“信用中国”重点建设的领域，也是“信用中国”失信惩戒的重要手段。网络信息技术的发展为全社会提供了政务诚信、个人诚信、电子商务诚信等领域建设发展的条件。目前交通运输信息共享平台已经得到广泛应用，如何推进企业信息共享共用将成为关键问题。目前，我国将在公路建设、水路建设、道路运输、水路运输、试验检测、海事、铁路、民航、邮政等领域实现信用信息共享共用。并且已经在超限超载联合惩戒机制方面进行了很多实践探索。限制失信人士乘坐飞机、高铁也是当前惩戒“老赖”的重要手段。深圳近期还推出了首批共享单车“禁骑令”，限制了涉及非机动车交通违法行为的当事人将在一段时间内失去使用所有品牌共享单车的权利。

守信激励和失信惩戒机制直接作用于各个社会主体信用行为，是社会信用体系运行的核心机制。由国家发展改革委牵头建设的“信用中国”网站于 2015 年 6 月 1 日正式上线，目前已成为社会信用体系建设部际联席会议推动信用宣传和政策发布的门户网站，也是中央及地方相关部门发布市场主体信用信息的重要平台。该网站重点推动了面向企业的征信措施，并将做好信用信息数据、行政许可和行政处罚信息、联合惩戒信息等“三个公示”，在推动政务诚信、商务诚信、社会诚信、司法公信方面具有重要意义。

2015 年 1 月，中国人民银行曾印发了《关于做好个人征信业务准备工作的通知》，要求芝麻信用、腾讯征信、前海征信、中诚信征信、鹏元征信、中智诚征信、拉考拉信用、华道征信等八家机构做好个人征信业务的准备工作，准备时间为 6 个月。2018 年，百行征信（俗称信联）获得首张个人征信牌照。

国家发展改革委和中国人民银行牵头，计划到2020年推出一个全国性的信用评分系统，评分系统不仅对消费者的金融活动进行评价而且还会把消费者的其他日常活动纳入评价，从而实现对消费全面活动的“诚信”程度进行评价。我国试点授权了科技企业根据消费者在线的金融支付活动对“社会信用”等级进行评价。包括阿里巴巴的蚂蚁金服、腾讯钱包等对消费者进行信用评分。阿里巴巴依托支付宝购物行为对用户进行评分，腾讯旗下的信而富则依托腾讯钱包和微信的购物数据来进行评分。这些“诚信”评价评分系统需要互联网企业之间进行信息共享，但这些评级机构考虑到自身的业务利益，也有可能驱动滥用信息、进行“炒信”操作，或者为避免竞争对手得利不愿意共享信息。8家试点机构都想依托征信平台构建业务闭环，信息覆盖范围有限，不利于信息共享；这些机构依托于某一企业或平台，业务上和公司治理结构上可能不具备第三方征信的独立性，存在利益冲突；部分机构对征信的基本理念和基本规则了解不深入，开头严格遵守要求，在各自掌握有限信息的基础上进行不同形式的信用评分并对外进行使用，可能存在信用误采误用。

通过建立第三方独立平台，对民营网络信息及其他高技术企业的网络平台进行的网络购物、银行业务、投资、个人出行、物流以及其他网络活动进行收集，从而对信用信息进行综合评价。目前，8家首批个人征信试点机构和百度、网易、360、小米、滴滴、开鑫金服、宜信等行业相关机构联合发起成立一家个人征信机构“信联”，实现征信信息共享共用。但“信联”不应发展为专属于这些公司的服务机构，也应同时服务于社会全体、归属于国家管理。参与单位应更多起到数据义务提供者的角色。参与单位过多还可能导致征信门槛降低，用户隐私信息泄露可能性变大，用户更容易遭到垃圾信息的骚扰。

目前，需要借助市场的力量，依托政府的公信力，共建企业征信和个人征信平台，充分利用金融信息、各种交通运输信息、网络操作信息在内的各种信息，真正建立第三方独立的企业和个人征信平台，通过政府建立统一的机构对互联网用户的支付行为进行评分。这样才能保证征信数据源丰富、征信结果可靠，征信信息不被企业所滥用，用户的隐私最大程度得到保障。

三、发展任务

（一）拓展智能交通服务领域

大力发展数字经济等新兴产业，积极运用互联网技术和信息化手段，促进运输企业和互联网企业的线上线下战略合作，鼓励互联网平台等各类市场主体整合多种运输方式信息资源，运用网络信息等平台，提供综合交通运输信息服务。促进交通旅游大数据应用，为社会公众提供多层次、全方位综合交通旅游信息服务。

（二）大力推广智慧交通管理

开放政府公共信息资源，加强部门间数据共享，推动交通运输政务服务网上办理和“一站式”行政许可，推进许可证件（书）数字化。基于物联网、大数据、移动互联网、人工智能等技术提高综合交通运输协同化运行管理、决策支持和安全监管能力。推动轨道交通运营与管理信息大数据深度应用。开展新一代国家交通控制网、智慧公路建设试点，推动路网管理、车路协同和出行信息服务的智能化。发展船舶智能化管理以及智能港口与码头运营管理。发展新一代空管系统。实现综合交通枢纽协同运行与服务。提升城市交通智能化管理水平，强化对网约车、共享单车等新业态的数字化监管。

（三）加快智能装备技术研发应用

推广应用具有通信、定位、自动操控等功能的智能运输装备和装卸机具。实现中高速磁浮交通系统和装备产业化，在国家层面战略性发展道路自动驾驶产业。研究航运风险防控与应急处置技术，以及基于高精度航空气象预报的空地协同飞行调控技术。研究与验证无人机在运输系统的综合运用，大力发展智能仓配技术。积极推广应用北斗卫星导航系统，提供通信保障和多源位置数据支撑，扩大不停车收费（ETC）功能应用领域和安装率。

（四）加强数据信息的共享和保护

充分利用各类数据开放平台，加强交通运输数据跨部门、跨地区、跨行业共享。推动相关政府部门、事业单位加快公开和共享公共数据。完善交通主管部门交通出行大数据开放云平台。依法构建交通运输行业网络综合防范体系，形成信息安全管控良性联动。防控用户个人信息、隐私和商业秘密泄露及转让，杜绝因网络数据控制权纠纷损伤用户利益的行为。

（五）鼓励发展平台经济

支持企业建设各类交通运输平台，集聚资源，支撑运输服务交易。鼓励交通运输信息服务平台依托核心业务向经济社会服务平台扩展，集聚数据、人才、技术等创新资源，开展运行支撑、决策辅助、社会服务等业务。推进商业平台与政务平台数据互联互通，鼓励基础电信企业和互联网企业向公众和初创企业开放数据资源。积极发展“畅行中国”综合交通运输信息服务平台、骨干物流信息平台等国家平台。依托平台充分整合政府和社会力量，促进数据畅通互联，培育平台经济新产业。

（六）建设一体化支付系统

稳步推进交通一卡通跨区域互联互通，加快移动支付方式在多运输领域应用。推进二维码支付系统稳定发展，密切关注互联网金融系统的潜在风险。加快网联支付清算系统与交通运输支付结算系统全面对接。

（七）完善社会征信体系

严格管理征信信息和应用渠道，充分调动互联网平台和交通运输企业的积极性，成立独立于商业企业的公益性第三方信用平台机构。聚合各类互联网企业的交通运输平台信息、金融信息、交易结算信息、物流信息。制定信用信息的分级使用规定。构建“信用交通”综合交通运输信用体系，作为“信用中国”体系的重要部分。依托交通运输系统建立全国性的现金奖励、免押金服务、低息贷款等守信激励和“禁限乘”“禁限购”“禁限行”等失信惩戒机制。

四、保障措施

（一）时刻把握网络信息发展趋势，有效防控重大风险隐患

密切关注交通运输与网络信息融合的发展动态，对新生业态，应尽量秉持“包容审慎”的监管方式，不能一上来就“管死”。同时，及时应对可能会对经济社会发展造成重大影响的隐患性问题。对违反法规、扰乱市场秩序、影响社会道德的行为坚决予以打击。对于监管的空白或是现有法律未覆盖的区域应该尽快启动立法程序，并及时征求公众意见，让主管部门有法可依，公众也能了解法律的底线。

（二）部门协调联动，协同管理事权交叉领域

把握网络信息具有联通一切、覆盖一切的属性。网络信息与其他领域的融合产生的新业态、新产业可能涉及多个部门职责和权限，很难理清主管部门的权属关系。应该加强部门之间的联动协同，必要时以综合宏观部门牵头成立部际协同工作小组，建立省部市联动机制，对重大问题作出快速反应。如涉及多式联运、智能交通、网络支付和征信体制等多部门职责交叉，则需要各部门协同发力，避免主管部门之间相互推诿或争夺事权，尽量在既有组织架构下完成管理职能。

（三）充分发挥行业协会和企业的能动作用，开展协同治理

政府要简政放权，对部分管理职能转移由协会承担，协会则要加强自律。政府主导拟订的法规、规章和标准，应更多地让协会参与。强化安全责任落实，保护用户合法权益。完善出行的延误、货物的损毁、损害的投诉机制和赔偿机制，强化个人信息的安全保护。物流企业要强化安全责任，政府部门安全管理措施要更科学和准确，更有可操作性。

执笔人：陈晓博

参考资料

[1] 中国信息通信研究院．中国数字经济发展白皮书[R]．北京:中国信息通信研究院,2017.

[2] 科技部,交通运输部．“十三五”交通领域科技创新专项规划：国科发高〔2017〕121 号[EB/OL]．(2017 - 05 - 02)[2017 - 08 - 01]．http://www.most.gov.cn/mostinfo/xinxifenlei/fgzc/gfxwj/gfxwj2017/201706/t20170601_133311.htm.

[3] 中国政府网．李克强主持召开国务院常务会议讨论通过《关于强化实施创新驱动发展战略进一步推进大众创业万众创新深入发展的意见》决定将《快递条例(草案)》向社会公开征求意见[EB/OL]．(2017 - 07 - 12)[2017 - 08 - 01]．http://www.gov.cn/premier/2017 - 07/12/content_5209932.htm.

[4] 中国政府网．习近平主持召开中央网络安全和信息化领导小组第一次会议强调总体布局统筹各方创新发展 努力把我国建设成为网络强国[EB/OL]．(2014 - 02 - 27)[2017 - 08 - 01]．http://www.gov.cn/xinwen/2014 - 02/27/content_2625112.htm.

[5] 魏际刚．中国物流成本为什么高[N]．经济日报,2017 - 07 - 14(14).

[6] 工业和信息化部网站．苗圩在中国智能网联汽车产业创新联盟成立大会上讲话[EB/OL]．(2017 - 06 - 12)[2017 - 08 - 01]．http://www.miit.gov.cn/n1146285/n1146352/n3054355/n3057585/n3057592/c5686349/content.html.

[7] 马丁·肯尼,约翰·齐斯曼,贾开．平台经济的崛起[N]．英国金融时报,2016 - 04 - 28.

[8] Peter C. Evans, Annabelle Gawer. The Rise of the Platform Enterprise - A Global Survey; The Center for Global Enterprise[R]. The Center for Global Enterprise, NewYork, 2016.

[9] Accenture. Platform Economy：Technology - driven business model innovation from the outside in high performance[R]. Accenture：Dublin,2016.

[10] 中国人民银行网站．人民银行印发《关于做好个人征信业务准备工作的通知》[EB/OL].（2015 - 01 - 05）[2017 - 08 - 01]. http://www. gov. cn/xinwen/2015 - 01/05/content_2800381. htm.

第五章　推动枢纽经济发展的思路和任务

内容提要　枢纽经济是交通、信息与经济社会深度融合下新经济、新业态的典型代表，是深化供给侧结构性改革、培育经济发展新动能的重要载体。当前，我国枢纽经济发展势头迅猛，各地积极探索，初步呈现多类型、多维度、多元化特征，但也存在内涵认识各异、作用机理不明、组织功能偏弱、融合联动不足等问题。新形势下，推进枢纽经济发展，对促进经济发展新旧动能转换、提升城市国际经济竞争力和推进交通运输与经济社会深度融合等具有重要意义。本章分析了枢纽经济的内涵与特征、枢纽经济发展现状与问题，研究提出应完善综合交通枢纽布局与功能，打造资源要素组织平台，推动枢纽与产业、空间融合发展，分类分级建设枢纽经济区，构建融合发展视角下政策保障体系，提升资源要素配置控制力，促进枢纽城市在全球产业链、价值链中迈向高端，拓展经济发展新空间，为交通运输在更高水平上支撑我国决胜全面建成小康社会以及迈向现代化新征程奠定坚实基础。

枢纽经济是依托现代交通运输枢纽、信息枢纽等各类资源集聚载体或服务平台，对人流、物流、商流、资金流、信息流等各类具有流特征的经济要素，按照现代供应链、产业链、价值链协作运行规律，借助网络化服务体系以及现代信息技术、金融服务等手段，进行高效集聚、引导、转化、扩散而形成的资源要素高效配置和经济价值创造方式。枢纽经济具有显著的规模化、协同化、集群化、融合化经济组织和发展特征，是新经济新业态的典型代表，是培育经济发展新动能的重要载体，是推动交通与经济社会深入融合、支撑建设现代经济体系的重要抓手。近年来，我国枢纽经济以临站、临港、临空经济等概念频频出现，各界广泛关注，多地积极探索，但对枢纽经济内涵特征认识差异较大，存在既有模式“新瓶装老酒”，盲目跟风推进，影响发展效果。需准确把握我国推进枢纽经济发展的意义和背景，摸清发展现状和存在问题，明确下一步发展思路，完善相关政策保障。

一、推进枢纽经济发展具有重要意义

随着我国经济发展进入新常态，枢纽经济作为新的经济发展形态，将成为推动新旧动能转换的重要抓手，在促进经济转型发展、拓展发展空间、培育新动能等方面发挥重要作用。

（一）经济转型升级、培育发展新动能的突破口

经济发展进入新常态，我国经济已由高速增长转向高质量发展阶段。加快推动新旧动能转换，是深化供给侧结构性改革、建设现代化经济体系的重要内容。新动能既来自新技术、新业态、新模式等新兴产业的培育成长，也来自传统产业改造升级。近年来，我国高新技术和高端制造业产业发展势头加快，规模持续扩张，这类产品具有即时、高效、高附加值的特征。发展枢纽经济，就是要依托现代综合交通枢纽及通道网络，提升枢纽组织能力，构建与现代产业相匹配的运输服务体系，广泛应用“互联网＋”等现代信息技术，促进资源要素集聚、转化和供需匹配，将枢纽优势转化成产业培育优势、经济发展优势，推进枢纽型新业态、新模式、新产业集聚、融合发展和价值创造，培育经济转型发展新动能（见图5－1、图5－2）。

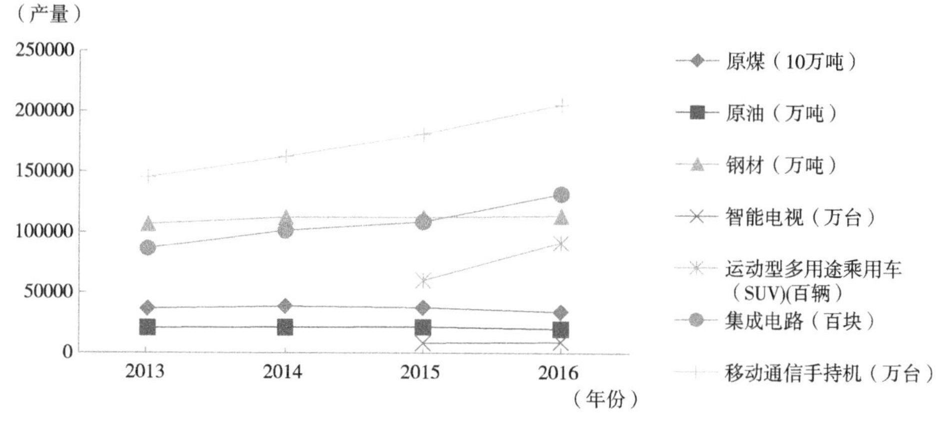

图5－1　部分主要工业产品产量趋势

资料来源：2013～2016年国民经济和社会发展公报。

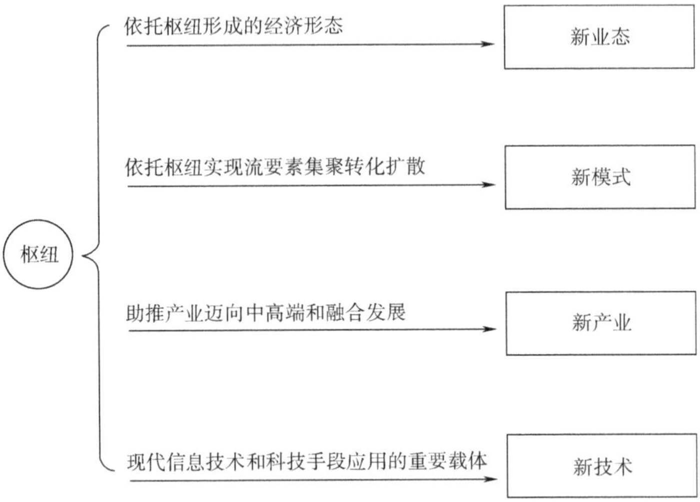

图 5－2　枢纽在新旧动能转换中的作用

资料来源：课题组整理。

（二）融入全球、提升城市竞争力的新抓手

改革开放以来，中国积极融入全球市场体系，依托沿海区位优势，率先实现快速发展。当前，新一轮世界科技革命和产业变革孕育兴起，全球基础设施建设和互联互通加快推进，世界经济社会和地理空间格局面临深刻调整。受沿海资源要素成本上涨以及中部崛起、西部大开发等区域协调发展战略实施，以装备制造、电子信息、汽车以及食品加工制造等代表中高端装备制造业加快向中西部地区转移。发展枢纽经济，要顺应我国城市转型发展以及产业加快向中西部城市转移的趋势，打造现代化的综合交通枢纽，依托良好的地理区位优势、强大的对外交通网络和城市经济社会基础条件，融入全球、区域经济网络，构建分工合理、特色鲜明的枢纽产业体系，促进产业链、价值链迈向高端，增强枢纽城市在全球城市网络的资源要素控制力，提升我国城市全球竞争力。

（三）推进交通与经济深度融合发展的发力点

融合发展是当前经济转型发展的显著特点，既体现在三次产业间融合，如农业一二三产业融合、制造业服务化等，也包括跨业、跨界、跨域融合，如产城融合、军民融合，以及产业特色小镇、田园综合体等。当前，我国已建成世界上规模最大、设施最先进的高速公路网、高速铁路网，全球集装箱吞吐量排名前10位的港口我国占7席，民航客货运量快速增长，我国综合交通运输体系不断完善，总体适应经济社会发展要求，我国交通运输已进入转型升级、迈向现代化的发展阶段。建设现代化综合交通运输体系其核心要义是推进交通运输与经济社会深度融合，以更好支撑和引领经济社会发展，枢纽经济成为实现这一目标的重要路径，即依托实体和虚拟枢纽，发挥对资源要素的集聚、流转和配置功能，推进与产业转型发展、空间精明开发精准对接、高效匹配，使之成为以交通现代化带动经济社会全面现代化的重要动力（见表5－1）。

表5－1　截至2017年底我国交通基础设施发展成就

类别		单位	水平	世界排名
基础设施	铁路运营里程	万公里	12.7	2
	高速铁路运营里程	万公里	2.5	1
	公路通车里程	万公里	477.35	2
	高速公路通车里程	万公里	13.65	1
	内河航道通航里程	万公里	12.7	1
全球港口货物吞吐量排名前10位的中国港口（7个）		宁波－舟山港（第1位）、上海港、天津港、广州港、苏州港、青岛港、香港港		
全球港口集装箱吞吐量排名前10位的中国港口（7个）		上海港（第1位）、深圳港、宁波－舟山港、香港港、青岛港、广州港、天津港		
全球机场旅客吞吐量前10位的中国机场（3个）		北京首都国际机场（第2位）、香港国际机场、上海浦东国际机场		
全球机场货邮吞吐量前10位的中国机场（2个）		香港国际机场（第1位）、上海浦东国际机场		

二、多视角认识枢纽经济内涵和特征

长期以来，枢纽经济在实践中不断探索，如以石家庄、郑州等为代表的“火车拉出来”，以及以深圳、宁波等以港口为依托逐步发展起来的港口城市，但从理论层面对枢纽经济的研究还比较少，尤其是在新的发展历史时期，枢纽经济被赋予新的概念内涵和特征。

（一）枢纽经济的内涵

1. 多视角探讨枢纽经济概念

国内枢纽经济理论研究起步较早。综合来看，对于枢纽经济概念的认识分为三类，一是枢纽功能论，即依托枢纽的极化和扩散效应特性，吸引生产要素集聚，推动产业发展并向外辐射的经济发展模式，主要借鉴通道枢纽发展的点轴理论、枢纽增长极理论等；二是流要素集聚辐射论，即推动经济发展的流要素，如物质流、资金流、人才流、技术流和信息流，通过枢纽的“搅拌器”和“放大器”功能，推动高效、有序和规范的流动，提升要素价值，推动枢纽经济规模扩大，如流量经济理论等；三是产业载体论，即从推动产业转型发展一般规律和要素构成的角度，发挥依托枢纽强大的资源整合优势，创新支撑产业培育扩张的物流服务体系，根据自身资源优势培育辐射方向，找准产业突破口，培育产业链、打造产业集群的新的经济发展模式（见表5－2）。

表5－2　枢纽经济内涵的主要观点梳理

作者	机构	内　　涵
汪鸣	国家发展改革委综合运输研究所	枢纽经济是以城市为载体、以服务为依托、以聚流为目标的新型经济发展模式，是依托互联网、物联网为载体的现代产业组织形态、产业发展手段，以及基于产业链、产业集群的电子商务等新业态，通过基础设施平台、区域服务平台和产业创新平台的打造，实现经济的规模化、高效化发展
翁杰明	河南省人民政府	发展枢纽经济是发展地方经济、提升新动能的重要途径，在“一带一路”倡议框架之下，以现代综合交通枢纽为依托，以有形的交通枢纽与无形的大数据互联网骨干枢纽相融合，以便捷高效的运输服务为支撑，以物流发展为导向，吸引关联的先进制造业、现代服务业，尤其是新兴产业，最终带动经济转型升级

续表 5－2

作者	机构	内　涵
阮晓波	广州市社会科学院	枢纽经济应以快速交通为工具和载体，以城市和综合交通枢纽为依托。新的枢纽经济的表现形态不应再是拘泥于狭小空间的临空经济和临港经济，而应是类似于“航空经济”“高铁经济”“海运经济”和以依赖一种交通方式为龙头，实现多种交通融合配套的经济体系
		枢纽经济的最终目标就是把枢纽发展成为一个吸附器、转换器和辐射源，借助枢纽吸纳的各种资源，通过商业化运作模式和全球网络体系，经过加工、整合、组装和创新，转化成经济效益和产出，产生增值，输出产能，形成强大的经济动能
储东涛	江苏省委党校	枢纽经济是指枢纽型地区（城市）充分发挥交通等枢纽的聚散功能，既将各种生产要素在该地区交汇集聚，又对周边地区进行辐射、渗透和扩散、带动，从而推动产业转型升级、扩大并深化对内对外开放、提升地区（城市）发展能级的一种经济形态，是具有枢纽地位的通道经济，具有枢纽特征的流通经济，是一种开放型经济，突破了服务业范畴，是服务业，制造业和建筑业相互渗透形成的一种融合性经济
李霞 王明杰	成都市经济发展研究院	枢纽经济是一种充分利用交通枢纽或者地理枢纽的集聚扩散功能，吸引各种生产要素，包括原材料、劳动力资源、资本等在本地区交汇，从而大力发展本地区产业并赢得多种经济辐射的经济模式。这种经济模式的最大特点就在于所在地独特的交通地理位置

资料来源：课题组整理。

2. 再认识枢纽经济运行机理

在新时代高质量发展过程中，枢纽经济被赋予新的内涵。综合以往研究成果，我们认为枢纽经济是依托交通运输枢纽、信息枢纽等各类资源集聚载体或服务平台，对人流、物流、商流、资金流、信息流等各类要素流，按照现代供应链、产业链、价值链协作运行规律，借助网络化服务体系以及现代信息技术、金融服务等手段，进行高效集聚、引导、转化、扩散而形成的资源要素高效配置和经济价值创造方式，具有显著的规模化、协同化、集群化、融合化经济组织和发展特征，是新经济新业态的典型代表，是经济发展新动能的重要载体。枢纽经济作为新的经济发展模式，兼具区域经济、产业经济以及运输经济、流量经济、平台经济等特征。

（1）微观层面：发挥枢纽集聚辐射功能，提升流要素的配置能力

枢纽意为事物的关键，是事物相互联系、承接转合之所，具有集聚辐射的显著特点。在流量经济中，流要素是指影响区域经济发展的可流动要素，主要包括土地、人才、资本、技术、信息等具有空间可流动性的发展要素，通过高效、有序和规范的流动实现价值创造。枢纽经济是将交通枢纽或交通信息组织平台作为流要素集聚、转化和辐射的载体，在流要素功能发挥重要性中，更加注重人流、物流在枢纽经济起步阶段的带动作用，以人流、物流为牵引，带动资金流、人才流、信息流、技术流、商流等向枢纽集聚。

（2）产业层面：按照现代供给链、产业链的运作模式，以运输服务创新为引领，构建与产业运行特征相匹配的枢纽产业体系

依托流要素集聚的规模效应，按照产业链构建的要求，搭建支撑产业集聚、成链发展的各类组织服务平台，综合考虑枢纽所在区域的资源禀赋、产业基础、区位优势、周边市场需求、产业发展潜力等因素，快速打造依托现代供给链支撑下的产业链延伸、价值链提升，形成依托枢纽布局，实现产业链上下游企业高度衔接、高效协同发展，形成若干与枢纽功能有机匹配的产业集群。

专栏5-1　枢纽经济视角下产业理念的转变

从资源提供者向资源配置者转变：从过去仅强调枢纽中转功能，转型为经济发展的各类要素流的集聚和转化，通过产业链条拓展，提升价值创造能力。

从单一功能向综合服务功能升级：统筹生产和生活，推进枢纽与产业、空间融合发展，重视城市功能对枢纽经济发展的支撑功能，建设以人为本、宜居宜业枢纽新城。

从简单加工向产业中高端迈进：根据枢纽类型，以关联产业起步，结合当地产业禀赋和枢纽优势，延伸产业链，打造高附加值的高技术先进制造及高端服务业集群。

从政策支持保障向构建生态环境转变：从传统招商政策向枢纽经济发展的生态环境构建转变，打造良好的创新生态系统和软硬件环境，根据发展阶段差异化制定政策保障体系，鼓励开发模式创新，营造良好发展环境。

（3）城市或区域层面：将枢纽优势转化为城市或区域经济优势、产业优势，培育国际国内资源要素控制力，提升在全球城市网络中的竞争力

随着全球化深入推进，越来越多城市或区域不断整合到全球价值链体系中。城市的价值和地位取决于在与其他城市互联互通中对资源要素流动所发挥的作用。依托枢纽对资源要素的集聚辐射以及构建围绕枢纽的产业体系，培育所在城市或区域对全球资源要素组织控制能力，提升在全球产业链中的地位，将全面增强其在全球城市网络中的竞争力和地位。

（二）枢纽经济的主要特征

1. 多类型的枢纽经济形态

枢纽经济顾名思义是依托交通枢纽形成的一种新经济形态。广义上讲，“枢纽”既可以是交通枢纽，也可以是贸易枢纽、金融枢纽、信息枢纽、物流枢纽等广义枢纽。这里，枢纽经济特指交通枢纽型或“互联网+”与传统交通业态深度融合下的“交通+信息”枢纽经济。根据综合交通枢纽层次划分，可以将枢纽经济分为两个维度，一是依托枢纽节点为支撑的经济产业枢纽，发挥枢纽对资源要素配置作用，结合枢纽节点性质地位、地理区位、资源禀赋、产业基础等，以枢纽为牵引动力，提升城市在全球城市网络中资源要素组织控制力和在全球产业链中地位而形成的一种经济发展模式。二是围绕枢纽站场打造城市综合体、产业集聚区，根据枢纽场站类型不同，可细分为临空经济、临站经济、临港经济、口岸经济等。特别是传统运输企业、商贸流通企业以及互联网企业间的跨界整合加快，以虚拟组织平台为“大脑”，以实体枢纽站场为运作平台，线上线下一体的复合型枢纽经济新形态发展趋势明显。

2. 多维度的枢纽经济发展特征

（1）平台驱动

将新一代信息技术与交通枢纽相结合，打造实体虚拟、线上线下融为一体的复合型枢纽平台，强化信息平台的组织功能，提升国际国内资源要素配置能力，推动供需高效、精准匹配。

（2）流要素聚集

重视流要素对经济产业活动的支配作用，发挥枢纽的集聚、转换和辐射功能，以人流、物流集聚为基础，带动商流、资金流、信息流等集聚、整合和转化，形成强大的经济发展动能。

（3）规模效应

依托枢纽以及衔接通道的网络化布局，枢纽服务价值会随着流量增加而增加，并具有正反馈效应，在一定规模范围内，流量集聚越多，对各种流量集聚带动作用越强，创造的价值越高。

（4）产业融合

以枢纽为纽带，强化不同运输方式间的一体衔接，创新运输服务，推动交通与高端制造业、现代服务业深度融合发展，鼓励产业链上下游相互渗透、紧密衔接，培育新业态、新模式、新产业，形成经济发展新动能。

3. 多元化的枢纽经济驱动方式

（1）设施网络驱动

围绕枢纽站场及衔接网络布局，提升互联互通的广度和深度，以优越的交通条件、规模化的运量为支撑，带动贸易流、商流、资金流等集聚发展，实现交通优势向产业发展、经济发展优势转变。

（2）物流组织驱动

依托枢纽交通优势，引入规模化、网络化的综合物流服务提供商，以供应链综合服务能力为牵引，吸引产业链上下游和具有供应链服务要求的关联产业、关联企业快速集聚。

（3）关联产业驱动

根据不同类型枢纽及衔接网络的技术经济特征，以植入枢纽关联产业为基础，推动枢纽与关联产业互动发展，拓展、延伸产业链，打造产业集群，培育枢纽产业新体系。

（4）政策环境驱动

通过政策、制度、技术创新，打破枢纽内部、软硬件设施之间的分割和壁垒，提高枢纽服务供给质量和水平，营造交通与产业、空间融合发展的市场化环境，形成服务高地、成本洼地，激发发展活力。

枢纽经济发展驱动方式示意见图5－3。

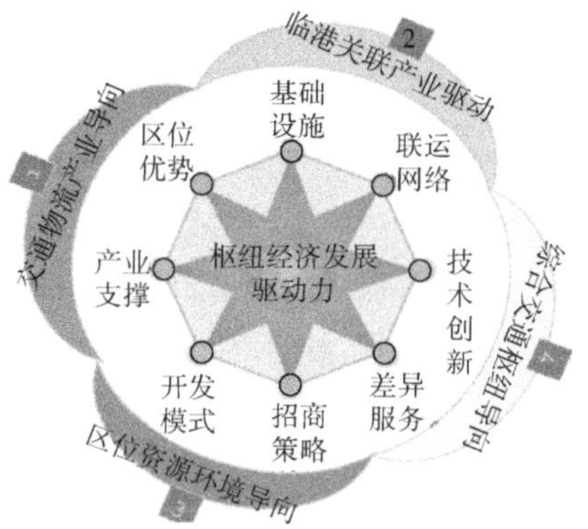

图5－3　枢纽经济发展驱动方式示意图

三、正确认识传统路径依赖下枢纽经济发展现状与问题

枢纽经济发展逐渐受到重视，相关规划和政策文件不断增多，地方实践探索加快，各类枢纽经济区建设也不断加快，成效初步显现，但枢纽经济发展存在鲜明的传统路径依赖，发展质量不高、综合效益不强、区域带动不足等问题仍十分突出。

（一）我国枢纽经济发展进展

1. 枢纽经济发展政策日益增多

从国家层面推进枢纽经济可以追溯到2016年国家发展改革委出台的《关于推动交通提质增效提升供给服务能力的实施方案》，提出“加快全国性、区域性综合交通枢纽建设，发展枢纽经济，强化区域联动开发”。其用意是在经济发展新常态背景下将枢纽经济作为提升交通供给服务能力的重要抓手，更好地服务于经济社会发展。随后，在后续出台的综合交通规划、交通专项规划中，枢纽经济成为未来交通新业态、新动能发展的重要任务（见表5－3）。枢纽经济不仅受到交通综合管理部门的重视，在经济发展、区域发展等规划中对其发展提出明确要求，如服务业创新发展大纲明确提出打造交通枢纽型经济区，支撑服务经济空间格局优化。

表 5－3　枢纽经济相关政策文件

时间	发文单位	文件名称	相关内容
2015 年 5 月	国家发展改革委	当前更好发挥交通运输支撑引领经济社会发展作用的意见	依托大型机场、港口、铁路枢纽建设，促进临空、临港经济发展
2016 年 6 月	国家发展改革委	关于推动交通提质增效提升供给服务能力的实施方案	加快全国性、区域性综合交通枢纽建设，发展枢纽经济，强化区域联动开发。依托综合交通枢纽和城市轨道交通场站，鼓励建设城市交通综合体，充分利用地上地下空间，促进交通与商业、商务、会展、休闲等功能融合
2017 年 2 月	国务院	“十三五”现代综合交通运输体系发展规划	培育壮大高铁经济、建设北京新机场、郑州航空港等临空经济区
2016 年 12 月	国家发展改革委、国家民航局	中国民用航空“十三五”规划	大力推进大众化战略，大力提升普遍服务能力，大力发展航空经济
2016 年 7 月	国家发展改革委、交通运输部、中国铁路总公司	中长期铁路网规划	打造高效便捷的综合客运枢纽和产城融合发展的临站经济区、以高铁站区综合开发为载体，发展站区经济
2017 年 6 月	国家发展改革委	服务业创新发展大纲（2017—2025 年）	鼓励打造交通枢纽型经济区

续表 5-3

时间	发文单位	文件名称	相关内容
2016 年 12 月	国家发展改革委	促进中部地区崛起"十三五"规划	有序发展临空经济，支持郑州航空港经济综合实验区打造多式联运国际物流中心和以航空经济为引领的现代产业基地，规划建设武汉、长沙、合肥、南昌等临空经济区。鼓励支持各地因地制宜发展临港经济、临站经济，促进港口、高铁车站与周边地区协调发展
2015 年 7 月	南京市人民政府	南京加快推进枢纽型经济建设的意见	加快推进枢纽型经济建设，以提升枢纽设施功能和建设枢纽产业体系为重点，加快构建和完善现代化综合性集疏运体系，大力推进枢纽设施、枢纽产业和城市功能融合发展

资料来源：课题组整理。

2. 各地积极探索枢纽经济发展

一些具有交通通道优势的城市，将打造枢纽经济作为推动产业集聚发展、提升城市竞争力的重要途径。以南京市为例，2015 年出台首个城市层面推进枢纽经济的政策意见（《加快推进枢纽型经济建设的意见》），提出南京将大力发展枢纽型经济，并作为城市"五型经济"的组成部分，将枢纽经济提升到经济转型发展的重要支撑地位。此外，郑州、成都、重庆、西安等特大城市及商丘、宜昌、嘉峪关等大中城市也正在加快推进枢纽经济发展。其中，建设枢纽经济区是推进枢纽经济发展的重要抓手，根据枢纽类型不同，其枢纽经济发展呈现不同特点。

（1）依托港口发展港口经济

港口城市建设和发展拥有悠久历史和实践经验，一批现代新型城市依托港口实现经济腾飞和城市空间拓展。新形势下，港口经济发展面临交通自身转型发展和经济转型发展的双重要求。一方面，随着国际国内发展环境深刻变化，港口供给与需求之间的结构性矛盾凸显，以区域或省为单位，加快推进港口资源整合和分工优化；另一方面，为更好支撑城市经济转型发展、提升全球竞争力，以上海、宁波、广州、大连、南京、武汉、重庆等城市为重点，积极推进航运中心建设，将航运优势资源与城市经济相结合，推动临港产业向产业链、价值链中高端迈进，加快谋求临港产业向港口经济转型之路。

专栏 5－2　“十三五”时期上海国际航运中心发展思路与主要任务

总体思路：对接“一带一路”建设和“长江经济带”发展，进一步加强物流基础服务，巩固海、空枢纽地位；服务全国港航业发展，提高现代航运服务的市场集聚度，强化对外辐射能力，基本形成现代航运服务中心；依托上海自贸试验区和全球科技创新中心建设契机，率先开展具有国际竞争力的航运制度创新和科技创新，完善航运发展环境，集聚航运人才，提升全球航运资源配置能力。

总体目标：到 2020 年，上海国际航运中心进入世界航运中心前列，基本建成航运资源高度集聚、航运服务功能健全、航运市场环境优良、现代物流服务高效，具有全球航运资源配置能力的国际航运中心。

重点工作：进一步提升海空枢纽能力，继续完善集疏运体系，发挥航运服务集聚区的效应，做大做强现代航运服务业，发展航运金融业，促进邮轮产业发展，推动绿色、安全航运发展，推动智慧航运功能发展，培育航运文化，加强航运人才引进和培养。

（2）依托铁路枢纽发展陆港经济

随着“一带一路”建设深入推进，以及铁路行业转型发展需要，以成都、郑州、重庆等内陆城市为代表，破解地理交通区位制约，围绕大型铁路枢纽，密植跨境通道网络，延伸陆上国际国内联系触角，推进跨境、跨区域、城市间等不同空间尺度上的多式联运服务发展，构建供应链主导能力强、延伸服务价值增值能力强、产业培育与布局支撑力强的陆上物流网，促进各类经济流要素聚集，全面提升枢纽的国际国内经济资源与产业要素配置能力，推进国际陆港经济发展。

专栏5－3　铁路行业加快铁路物流基地布局和建设

为适应铁路行业转型发展要求、满足市场需要和更好支撑临站产业发展，围绕盘活存量、做优增量，铁路行业加快传统货运站场向现代物流基地的转型发展，“十三五”期间将完成33个一级物流基地和175个二级物流基地建设，其中新建一级物流基地9个，改扩建5个；新建二级物流基地75个，改扩建60个。

一级物流基地要满足国际联运、铁海联运和跨区域多式联运的需要，具有整列到发和装卸能力、物流基本功能和全面物流增值功能。

二级物流基地要满足铁海联运（部分）和跨区域多式联运的需要，具有班列摘挂和到发能力、物流基本功能和多种物流增值功能、承担向一级物流基地集散货物任务。

（3）依托空港推进航空经济发展

在速度经济时代，城市对充分发挥航空运输快速特点，推进产业迈向中高端，打造航空经济区产生极大兴趣。自国务院2013年批复郑州航空港经济综合实验区后，2016年以来国家发展改革委、民航局陆续联合批复9个临空经济区示范区，还有大批的城市正在排队争取临空经济示范区试点。在发展导向上，各临空经济示范区积极推进适空特色产业集聚发展，如郑州航空港经济综合实验区以打造航空物流中心为基础带动航空经济发展，上海虹桥临空经济示范区高度重视高端服务业发展，杭州临空经济示范区发挥杭州互联网产业发展优势打造跨境电商示范区，贵阳积极推进临空经济区与大数据产业相结合等（见表5－4）。

表5－4　近期国家批复的临空经济区基本情况

示范区	审批部门	批复时间	功能分区	功能定位	面积（平方公里）
郑州航空港经济综合实验区	国务院	2013－3－17	一核领三区：以郑州新郑国际机场为核心，规划北部城市综合服务区、东部临港型商贸交易区、南部高端制造区	国际航空物流中心、以航空经济为引领的现代产业基地、内陆地区对外开放重要门户、现代航空都市、中原经济区核心增长极	415

续表 5－4

示范区	审批部门	批复时间	功能分区	功能定位	面积（平方公里）
青岛胶东临空经济示范区	国家发展改革委、民航局	2016－10－20	一核五区一带：一核指空港发展核，五区包括通航产业区、航空制造产业区、临空现代服务区、航空特色社区、示范区北区	区域性航空枢纽、高端临空产业基地、对外开放引领区、现代化生态智慧空港城	149
重庆临空经济示范区	国家发展改革委、民航局	2016－10－20	一核五区：一核为临空经济示范核心区（含中新合作航空产业项目），五区为临空制造区、临空商务区、临空物流区、临空会展区、临空保税区	内陆开放空中门户、临空高端制造业集聚区、临空国际贸易中心、全国创新驱动核心区、低碳人文国际临空都市区	148
北京新机场临空经济示范区	国家发展改革委、民航局	2016－10－22	3 组团：航空物流区、科技创新区、服务保障区	中国的全球门户，首都的世界客厅，京津冀的新增长极	150
广州临空经济示范区	国家发展改革委、民航局	2017－1－4	9 区：航空维修制造区、航空物流区、公共服务区、高端产业制造区、航空总部商务区、机场综保区、生态保护区、生活服务区、机场控制区	国际航空枢纽、全球航空企业总部基地、高端临空集聚区、全国公务机运营基地和低碳绿色发展区	136

续表 5 – 4

示范区	审批部门	批复时间	功能分区	功能定位	面积（平方公里）
上海虹桥临空经济示范区	国家发展改革委、民航局	2017 – 1 – 6	两部分：一部分为虹桥机场及基地航空公司总部，另一部分为上海虹桥临空经济园区	国际航空枢纽、生态智慧现代空港区、临空高端产业集聚区和空港体制创新试验区	14
成都临空经济示范区	国家发展改革委、民航局	2017 – 3 – 3	五大功能分区：航空港功能区、临空高端制造产业功能区、航空物流与口岸贸易功能区、临空综合服务功能区、生态防护功能区	具有全国示范效应、引领带动中西部地区开放发展的临空经济创新高地、临空高端产品集聚区、内陆开放先行区、新型生态智慧空港城	100
杭州临空经济示范区	国家发展改革委、民航局	2017 – 5 – 9	一心一轴五区：一心指萧山国际机场，一轴指空港经济发展轴，五区指航空港区、临空现代服务业区、临空先进制造区、城市功能区和生态功能区	区域性航空枢纽、全国跨境电商发展示范区、高端临空产业集聚区和生态智慧航空城	143

续表 5 -4

示范区	审批部门	批复时间	功能分区	功能定位	面积（平方公里）
长沙临空经济示范区	国家发展改革委、民航局	2017 -5 -17	一轴两核三组团：一轴指空铁联动发展轴，两核指航空与高铁运输服务“双核心”，三组团是指空港枢纽组团、临铁新城组团、星马创新组团	长江经济带综合交通枢纽、创新发展内陆开放型经济高地、高端临空产业集聚发展区、绿色生态智慧航空城	140
贵阳临空经济示范区	国家发展改革委、民航局	2017 -5 -17	一核三板块：一核为空港运营服务核，三板块为临空制造及高新技术板块、临空物流板块、临空总部及综合服务板块	西部内陆地区对外开放重要门户、西南航空客货运枢纽、特色高端临空产业基地、智慧型生态化临空示范区	148

资料来源：课题组整理。

（二）枢纽经济发展主要问题

1. 对枢纽经济的功能认识不深，作用机理不明

枢纽不仅是承担运输方式间中转换乘的交通功能，更是资源要素高效流转的载体，也是交通与产业、城镇融合发展的平台，但枢纽的经济功能、产业功能尚未充分挖掘。由于对枢纽经济的内涵和作用机理认识不清，一些城市推进枢纽经济的战略导向、发展目标、实施路径雷同，特色不鲜明，枢纽经济实施效果尚不明显，难以有效牵引枢纽城市在全球、跨

区域产业链、价值链中的位势提升。在顶层设计尚不清晰的背景下，过早、过快推进围绕实体枢纽站场的枢纽经济区建设，容易造成盲目发展，难以对城市枢纽经济发展形成基础支撑。

2. 枢纽组织功能缺失，引流、驻流能力不强

近年来，我国枢纽发展主要侧重于基础设施建设、设备更新等，运输作业能力不断提高，中转换装（换乘）效率显著提升，但很少从产业聚集运行、供应链延伸及区域空间拓展等角度对枢纽系统进行整体谋划，枢纽组织策源功能基本缺失，资源要素配置能力明显不足。以转运作业功能为主的枢纽，更多承担通道中转作用，引流、驻流能力不强，难以有效组织各种流特征的经济要素集聚、转化和价值创造。图 5－4 为枢纽城市运输量与经济总量关系示意图。

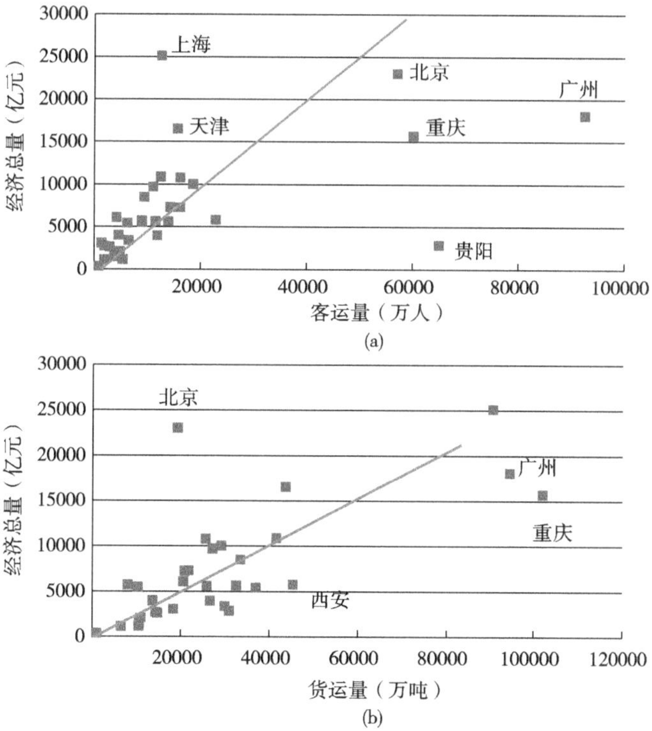

图 5－4　枢纽城市运输量与经济总量关系示意图

资料来源：中国城市统计年鉴（2016 年）。

注：图中不含铁路数据。

3. 融合联动发展不足，枢纽经济发展质量不高

虽然我国枢纽经济实践探索不断深入，但整体看，枢纽经济发展的业态层次还比较低，枢纽经济发展的质量不高。枢纽建设与产业发展、空间开发尚未形成合力，统筹考虑不足，融合联动发展较弱，枢纽与关联指向性产业脱节，围绕枢纽的产业链、价值链及供应链尚未形成，且链式协同普遍不足。枢纽仅承担中转集散和简单交易，枢纽功能单一，产业层次低，产业链条短，增值空间有限，资源配置不足，对中高端产业形成挤出效应，造成“劣币驱逐良币”，枢纽经济往往陷入低水平循环的发展怪圈。

4. 枢纽经济区开发模式传统，实施效果不佳

目前，建设枢纽型经济区是各地推进枢纽经济的重要抓手。传统开发区开发模式缺乏枢纽通道、资本、产业、生产生活统筹考虑、系统谋划，在新旧动能加快转换的新形势下，容易造成枢纽经济区发展乏力，带来极大的投资风险和资源浪费。重工业、轻服务，传统工业较多，生产性服务业严重不足，新业态、新产业发展滞后。重生产、轻生活，强调产业功能，生活、生态统筹不足，产、城割裂，城镇功能普遍偏弱。重开发、轻发展，政策优惠型传统开发模式较普遍，短期效益与长期战略缺乏有效统筹，后续发展空间不足。重硬件、轻软件，过于偏重基础设施建设，组织水平偏低，供应链综合服务能力普遍较弱，政策支持和发展环境还有待完善。

四、推进我国枢纽经济发展的思路与主要任务

（一）推进枢纽经济发展的总体思路

按照决胜全面建成小康社会和基本实现中国特色社会主义现代化的战略目标要求，结合全球新一轮科技革命和产业变革风起云涌，以及产业向跨界融合、分工细化和成链发展的新形势，以供给侧结构性改革为主线，将打造枢纽经济作为交通运输与经济社会深度融合、建设现代化经济体系的重要抓手，创新枢纽经济发展路径，提高枢纽经济发展质量，强化枢纽资源要素控制力，推动枢纽与产业、空间融合发展，促进枢纽城市在全球产业链、价值链中迈向高端，拓展经济发展新空间，培育国际竞争新优

势，助力经济发展新旧动能转换接续，在更高水平上提升交通运输对经济社会的支撑引领作用。

1. 创新发展

顺应经济转型发展、提升城市国际竞争力需要，结合新一代信息技术推广应用，转变枢纽发展传统路径依赖，提升枢纽组织能力，创新枢纽经济发展路径，以枢纽为载体形成经济发展的新业态、新模式、新产业。

2. 融合发展

按照交通运输与经济社会融合发展的总体部署，依托枢纽，提升物流服务能力，以关联产业为基础，推动产业成链、集群发展，促进交通与高端制造业、现代服务业等深度融合发展。

3. 差异发展

根据城市规模、等级、职能，以及枢纽站场类型、功能定位，因地制宜，差异化发展枢纽经济和建设枢纽经济区，形成分工合理、功能清晰、互为支撑的枢纽经济新体系。

4. 统筹发展

统筹枢纽城市分类与枢纽经济发展关系，推动与枢纽城市等级相适应的枢纽经济发展；打破地区、部门和市场分割，综合协调枢纽建设、产业培育、空间开发等；理顺政府与市场关系，加快转变政府职能，改进服务和监管模式，优化政策保障体系，营造枢纽经济发展的良好环境。

（二）枢纽经济发展的预期目标

按照全面建设社会主义现代化国家新征程两阶段目标任务总体部署，力争用15～20年时间取得枢纽经济发展重大进展，枢纽综合服务质量明显提升，组织资源配置能力显著增强，枢纽与产业发展、空间开发深度融合，形成一批符合现代经济产业运行特征的枢纽经济发展示范城市，对培育经济增长新动能、建设现代化经济体系的带动作用显著增强。

1. 枢纽组织功能全面提升

枢纽衔接换乘一体高效，枢纽中转换乘（载）效率显著提高，枢纽智能化、信息化水平显著提升，枢纽综合服务质量大幅提高，枢纽对资源要素组织配置能力显著提升，打造若干个具有较强国际国内资源配置能力的国际性、全国性综合交通枢纽。

2. 枢纽经济综合效益及对经济社会发展的贡献显著提高

以主要机场、重要港口、铁路枢纽、大型公路站为依托的枢纽经济区建设取得重大进展，枢纽经济试点项目示范效果明显，枢纽对产业发展、城镇建设的牵引力不断增强，形成一批具有全球影响力的枢纽产业集群，并在全球价值链中处于中高端，一批以枢纽为驱动力的城市经济形态基本形成。

（三）我国枢纽经济发展的主要任务

1. 完善综合交通枢纽布局和功能

（1）完善枢纽节点功能布局

面向2035年、2050年中长期发展，考虑经济发展水平、辐射带动能力、综合交通网布局等，特别是根据推进形成全面开放新格局的要求，按照衔接的综合运输大通道数量、运量需求、国土空间均衡布局等，做好与国家中心城市布局衔接，根据《“十三五”现代综合交通运输体系发展规划》，完善综合交通枢纽布局，重点打造12个国际性综合交通枢纽，支持建设成为通达全球、衔接高效、功能完善的国际交通中枢。同时，结合“十纵十横”综合运输通道布局和各地发展实际，拓展原42个全国性综合交通枢纽，加快建设63个全国性综合交通枢纽（含组合枢纽），以及一批区域性综合交通枢纽和口岸枢纽，优化中转设施和集疏运网络，促进各种运输方式协调高效，扩大辐射范围。

专栏5－4　综合交通枢纽布局

1. 国际性综合交通枢纽

重点打造北京—天津、上海、广州—深圳、成都—重庆等国际性综合交通枢纽，建设昆明、乌鲁木齐、哈尔滨、西安、郑州、武汉、大连、厦门等国际性综合交通枢纽，强化国际人员往来、物流集散、中转服务等综合服务功能，打造通达全球、衔接高效、功能完善的交通中枢。

2. 全国性综合交通枢纽

全面提升长春、沈阳、石家庄、青岛、济南、南京、合肥、杭州、宁波、福州、海口、太原、长沙、南昌—九江、贵阳、南宁、兰州、呼和浩特、银川、西宁、拉萨、秦皇岛—唐山、连云港、徐州、湛江、大同等综合交通枢纽功能，提升部分重要枢纽的国

续专栏 5－4
际服务功能。推进烟台、潍坊、齐齐哈尔、吉林、营口、邯郸、包头、通辽、榆林、宝鸡、泉州、喀什、库尔勒、赣州、上饶、蚌埠、芜湖、洛阳、商丘、无锡、温州、金华—义乌、宜昌、襄阳、岳阳、怀化、泸州—宜宾、攀枝花、酒泉—嘉峪关、格尔木、大理、曲靖、遵义、桂林、柳州、汕头、三亚等综合交通枢纽建设，优化中转设施和集疏运网络，促进各种运输方式协调高效，扩大辐射范围。 3. 区域性综合交通枢纽及口岸枢纽 推进一批区域性综合交通枢纽建设，提升对周边的辐射带动能力，加强对综合运输大通道和全国性综合交通枢纽的支撑。 推进丹东、珲春、绥芬河、黑河、满洲里、二连浩特、甘其毛都、策克、巴克图、吉木乃、阿拉山口、霍尔果斯、吐尔尕特、红其拉甫、樟木、亚东、瑞丽、磨憨、河口、龙邦、凭祥、东兴等沿边重要口岸枢纽建设。

资料来源：《“十三五”现代综合交通运输体系发展规划》。

（2）打造现代化交通枢纽网络

建设京津冀、长三角、珠三角世界级机场群，加快建设哈尔滨、深圳、昆明、成都、重庆、西安、乌鲁木齐等国际航空枢纽，提升区域枢纽机场功能。结合干线铁路、城际铁路、市域铁路、城市轨道交通网及国家公路网布局，打造一批以铁路客运站为主体、配套公路客运服务功能的现代化立体综合客运枢纽。

优化完善货运枢纽布局，根据区位条件、辐射范围、功能作用、需求规模等，科学划分全国性、区域性和地区性的综合货运枢纽。重点结合“一带一路”沿线国家和地区产业布局与产能合作，依托上海、天津北方、大连东北亚和厦门东南国际航运中心等沿海主要港口、重要的内河港口、陆路口岸及北京首都、上海浦东等国际枢纽机场布局国际多式联运枢纽。结合“一带一路”国际经济走廊重点方向，建设海外战略支点，为跨国产业、产能合作提供联运服务支撑。推进铁路物流基地建设，积极拓展重要港口、大型公路港等物流服务功能，支持以鄂州机场为代表的以货运功能为主的机场建设，进一步完善境内中欧班列节点功能，加快推动传统货场向现代物流基地转型发展。顺应高品质的国内消费快速扩张需要和推动全面开放的要求，完善内陆港布局与功能，强化与沿海沿江港口联动，提升内外双向服务能力。

2. 打造资源要素组织平台

（1）打造虚实一体的组织平台

充分利用互联网、大数据等现代信息技术，整合枢纽站场、交通网络等设施资源，打造虚实一体的组织平台，满足供需信息匹配、线路设计、中转运输等交通服务功能。依托多式联运枢纽，建设多式联运服务平台，打通不同方式信息交换壁垒，推进海关、商检、铁路、船东、货主、集装箱堆场等各环节数据交换与共享，实现“一次信息录入、全程信息共享”，提供多式联运一站式服务。依托大宗商品交易市场、商贸物流市场，建设交易服务平台，完善定价预报、在线交易、政府监督和政策发布等功能。

（2）拓展组织平台服务功能

发挥各类平台对资源要素的配置优势，鼓励平台企业拓展服务功能，鼓励平台开展物流交易、供应链、跨境电商等合作模式。支持平台企业整合供应链上下游，加强与金融机构合作，推动金融保险、担保结算、贸易展示等业务发展，提高平台衍生价值。

（3）完善综合信息服务平台

充分发挥国家交通物流公共信息平台，铁路、航运、航空等综合服务平台及社会化平台的功能，推动各类平台的数据互认和信息共享。推进枢纽经济区政务服务线上线下平台，集中市场准入、投资建设、税务服务等审批服务职能，推动“线下”服务向“线上”延伸，推广“一窗式”政务服务。

3. 推进枢纽与产业融合发展

（1）打造现代供应链体系

结合《关于积极推进供应链创新与应用的指导意见》（国办发〔2017〕84号）文件精神，以客户需求为导向，以提高质量和效率为目标，以整合资源为手段，与互联网、物流网等深度融合，结合枢纽资源禀赋、产业基础、政策导向等，培育和引进全球供应链企业，打造与现代枢纽产业发展相匹配的智慧供应链体系，培育服务枢纽产业发展的供应链服务中心。依托境外战略支点布局，完善境外物流配送中心、海外仓等布局，构建境外分销、集货服务网络，建设本地化的供应链体系，提升全球供应链境外服务竞争力。

（2）推动枢纽产业成链集群发展

顺应我国内需扩大、消费升级趋势，结合我国产业布局和转型发展要求，根据枢纽的类型和功能属性，遵循现代产业集群、产业链培育的一般规律，因地制宜，科学引导枢纽指向性、关联性强的产业集群、成链发展。发挥资本、流量、枢纽通道及核心产业植入、现代信息技术手段应用等的组合优势，创新围绕枢纽集聚产业的路径。

4. 分类分级推进枢纽经济区建设

（1）分类分级打造城市枢纽经济

跳出“一站一区”的空间限制，从全球城市网络体系和产业链分工的视野，结合不同城市性质、功能和规模，差异化探索枢纽经济发展路径。按照推动形成全面开放新格局的要求，围绕“一带一路”国际经济走廊重点战略方向，以国际性综合交通枢纽为重点，充分利用各类国际创新资源，积极参与国际竞争，推动具有全球资源配置能力的开放型枢纽经济发展；顺应经济发展动能转变、内需扩大和消费升级等趋势，以内陆国际性、全国性综合交通枢纽为重点，提升全球资源的集聚辐射能力，精准、高效对接内需市场，打造若干个内陆型枢纽经济发展高地。增强其他综合交通枢纽区域资源整合能力，推进一批具有关联产业、特色产业支撑的枢纽经济发展。

（2）提升临港经济辐射效能

围绕产业链、供应链、价值链提升，强化沿海、沿江港口资源整合与有序分工，拓展完善口岸、金融、保险、信息、交易等综合服务功能，推进临港经济转型升级。依托重要港口，打造一批港产城深度融合的临港经济区，形成高效聚集要素资源、有效辐射国际国内的配置中心和组织中心。加快建成上海国际航运中心，提升天津北方、大连东北亚、厦门东南国际航运中心功能，推进武汉长江中游、重庆长江上游及南京区域性航运中心建设，加快舟山江海联运服务中心发展。探索建设自由贸易港，积极探索社会主义自由贸易港经济发展范式。

（3）打造高品质陆路枢纽经济区

围绕高铁车站、铁路货场、物流园区、沿边陆路口岸等交通枢纽，打造集交通、商业、经贸等为一体的现代城市综合体和产业聚集区。发展高速铁路、城际铁路等站区经济，推动综合开发，引导商贸金融、旅游餐饮、教育会展、电子商务、现代物流等关联产业聚集和规模发展。推动铁路物流基地、公路港向多式联运中心转型升级，强化与产业集聚区及自由贸易试验区等联动，聚集共性生产服务需求和资源要素。积极发展具有口岸、保税功能的现代内陆港。提升中欧班列集结中心经济辐射水平。围绕重点高速公路服务区和有条件的匝道出入口，探索发展服务区经济和匝道经济。

（4）培育构建航空经济区

以机场为依托，促进临空经济发展，提升航空运输经济与航空工业经济、服务经济、知识经济、信息经济等融合发展水平。强化国际枢纽、区域枢纽、干线和支线机场及通用机场间分工协作，提升机场客运与货运服务的功能融合及衍生融合水平。围绕大型枢纽机场和专业货运机场，高水准打造一批具有资源要素集聚配置和国际国内辐射功能的现代航空经济区。探索发展集产业、城市功能为一体的特色航空小镇。

（四）推进枢纽经济发展的实施路径与近期实施重点

1. 推进枢纽经济发展的实施路径

根据我国综合交通枢纽节点和大型综合交通枢纽站场布局，结合不同城市类型、性质和规模，以及枢纽站场类别、功能等，合理确定目标任务，有序推进，创新枢纽经济发展模式。一是完善枢纽设施网络建设阶段，统筹硬件和软件，提升枢纽站场功能及衔接水平，完善不同区域辐射范围的枢纽节点布局；二是拓展枢纽服务功能阶段，在提升基础设施能力同时，加强要素平台建设，提升综合服务和组织平台功能，增强要素集聚、整合和提升能力；三是推进枢纽与产业融合发展阶段，推动枢纽关联产业集群、成链发展，促进交通枢纽向产业枢纽、经济枢纽等转型发展（见表5－5）。

2. 近期实施重点

根据推进枢纽经济发展的主要任务及实施路径，结合各地枢纽经济发展的实践探索，近期应重点结合不同城市类型、性质和规模，以及枢纽站场类别、功能等，创新枢纽经济发展模式。

表 5-5 我国枢纽经济发展路径示意图

发展步骤	基础设施	服务组织	枢纽关联产业聚集	产业链和产业生态系统培育	主要任务
第一步					完善枢纽硬件设施和软性组织及政策环境
第二步					加强不同类型枢纽关联产业甄选与协同，依托国际国内运输组织提升产业分工集聚效能
第三步					培育形成相对稳定成熟的枢纽经济形态与发展范式

（1）开展枢纽经济试点示范

在 2007 年出台的《综合交通网中长期发展规划》中，明确在北京、上海、广州、深圳、大连、武汉、西安和成都开展综合交通枢纽衔接试点。经过十余年发展，这些枢纽城市在综合交通枢纽及配套网络建设、运输服务系统构建等方面先行先试，取得显著成绩，为发展枢纽经济奠定了交通基础支撑。初期，可选择 8 个枢纽试点城市以及重庆、乌鲁木齐、昆明、杭州、银川等具备条件的城市，开展枢纽经济试点。其中，北京、上海、广州、深圳、大连等枢纽节点，重点依托空港、海港、陆港，培育具有国际资源配置能力的复合型、开放型枢纽城市；武汉、西安、成都等城市，依托空港、陆港等，探索内陆型枢纽经济发展范式。

（2）围绕国际航运中心，推进港口经济转型发展

以区域或省为单位，加快推进渤海湾、津冀、北部湾、山东半岛等区域及浙江、江苏、山东等沿海港口资源整合，强化河海港口联动。联动粤港澳、杭州湾等湾区发展，推进港口经济发展范式转型升级。围绕“一带一路”、长江经济带等国家重大建设实施要求，选择陇海通道、沿江通道等，以港口为依托，以通道沿线内陆港为支撑，促进沿线通道资源极化和节点功能分工，打造通道经济示范带。

（3）围绕铁路枢纽站场，建设陆路枢纽经济区

按照“立码头、拓网络、促贸易、聚产业”的发展思路，从集装箱中

心站、铁路物流基地、中欧班列枢纽节点布局中，选取中转需求大、产业基础好的铁路枢纽，配套公路、水运等设施，打造多式联运枢纽，加强与口岸、海关、边检等部门协作，支持建设多式联运海关监管中心，满足国际联运、铁海联运和跨区域多式联运等多功能需要，提升物流基本功能，拓展物流增值功能，推进适铁关联产业集聚发展，打造具有综合服务功能的陆路枢纽经济区。以现代铁路综合客运枢纽为重点，强化与周边区域联动开发，构建集交通、商业、城市等功能为一体的城市综合体和临站经济区。

专栏5－5　依托铁路枢纽站场打造陆路枢纽经济区的枢纽节点总体布局

集装箱中心站：根据《中长期铁路网规划》，明确建设18个集装箱中心站。

铁路物流基地：根据《铁路物流基地布局规划及2015—2017年建设计划》，将完成33个一级物流基地和175个二级物流基地建设，其中新建一级物流基地9个，改扩建5个；新建二级物流基地75个，改扩建60个。

中欧班列枢纽节点：根据《中欧班列建设发展规划》（2016—2020年），明确了17个主要铁路枢纽节点。

其中，三类铁路枢纽站场之间存在重叠。

（4）以建设临空经济示范区为重点，培育壮大航空经济

近期，以郑州航空港经济综合试验区，以及青岛、重庆、北京、广州、上海、成都、杭州、长沙、贵阳等临空经济示范区为重点，结合本地区资源禀赋和主导产业、特色产业，推进航空与产业、城镇融合发展。围绕湖北等以货运为主机场建设，前瞻性谋划跨区域、跨产业联动发展的现代航空枢纽经济区。及时总结临空经济发展经验，有序扩大临空经济示范区试点范围。

（5）充分利用现代信息技术，推动供应链虚拟平台发展

借鉴淘宝、传化等平台建设经验，以企业为主导，打造供应链平台，整合各类交通基础设施资源，鼓励平台向供应链上下游延伸，构建一批具备竞争力、控制力强的供应链体系。

五、推进枢纽经济发展的相关建议

（一）加强规划衔接

国家层面加强顶层设计，按照深化供给侧结构性改革的要求，对接“十三五”现代综合交通运输体系发展规划、交通与物流融合发展及供应链创新与应用等文件，研究出台推进我国枢纽经济发展的指导意见。各地城市人民政府应结合当地发展实际，主导编制枢纽经济发展战略研究和重要枢纽经济区规划，并加强与土地利用总体规划、城乡规划、产业发展规划、综合交通规划等相关规划的衔接。

（二）理清政府与市场关系

遵循枢纽经济发展的一般规律，处理好政府和市场关系，加强政府在枢纽经济战略与规划制订、基础设施建设、重大项目投融资、前期整体性策划、政策环境营造等方面的职能。充分发挥市场在平台建设、供应链体系构建、产业培育等方面的作用，鼓励枢纽运营企业与各类市场主体通过股权合作开展产业合作、服务组织创新。

（三）创新体制机制

推动枢纽经济发展，往往跨多个区域，涉及交通运输、产业、经贸、金融、建筑、市政等多领域多部门，建议由综合部门牵头，建立不同层级区域间、行业间、部门间协调机制，协调解决重大基础设施建设、标准规范对接、政策制度衔接等方面的重大问题。推进交通运输市场化改革，重点是铁路市场化改革，打破铁路行业垄断。完善海关、边检、检验检疫等口岸管理部门联合查验机制。

（四）加强政策支持

调整政策导向，探索建设以普惠性、功能性为主的政策体系，鼓励负面清单制度的应用，加强政府对知识、技术、信息、数据等要素投入的有效制度供给，营造良好发展环境。推进不同行业间的产品信息、数据交换、信息传输等标准兼容，培育跨领域复合型人才。加强政府与智库合作和交流，推进前期理论研究和储备，为公共政策制定和实践指导提供智力支持。

（五）开展试点示范

统筹考虑各城市规模、等级、性质及地理区位、经济发展情况、交通基础设施水平，结合主要机场、铁路物流基地、重要港口、大型公路港布局，分别从枢纽节点、枢纽站场两个层次，开展枢纽经济发展的试点示范，总结经验并做好推广工作，发挥示范项目引导带动作用。

执笔人：毛科俊

参考资料

[1]国家发展改革委,外交部,商务部. 推动共建丝绸之路经济带和21世纪海上丝绸之路的愿景与行动[R/OL]. (2015-03-28)[2018-10-28]. http://www. xinhuanet. com//world/2015-03/28/c_1114793986. htm.

[2]国家发展改革委,国家海洋局."一带一路"建设海上合作设想[R/OL]. (2017-06-20)[2018-10-28]. http://cpc. people. com. cn/n1/2017/0620/c64387-29351310. html.

[3]国务院."十三五"现代综合交通运输体系发展规划(国办[2017]11号)[R/OL]. (2017-02-03)[2018-10-28]. http://www. ndrc. gov. cn/zcfb/zcfbqt/201703/t20170302_840224. html.

[4]国家发展改革委. 综合交通网中长期发展规划(发改交运[2007]3045号)[R/OL]. (2007-11-14)[2018-10-22]. www. sdpc. gov. cn,2007.

[5]南京市委,南京市人民政府. 关于加快推进枢纽型经济建设的意见(宁委发[2015]35号)[R/OL]. (2015-07-09)[2018-9-24]. http://www. jiangsu. gov. cn/art/2015/8/3/art_34166_2538888. html.

[6]河南省人民政府. 2017年河南省政府工作报告[R/OL]. (2017-01-16)[2018-10-22]. https://www. henan. gov. cn/2017/01-22/227012. html.

[7]国家发展改革委,中国铁路总公司. 中欧班列建设发展规划(2016—2020年)[R/OL]. (2016-10-17)[2018-10-28]. http://www. ndrc. gov. cn/fgwSearch/wjSearchResult. jsp.

[8]李霞,王明杰. 成都经济发展新思考:枢纽经济[J]. 中共成都市委党校学报,2014(4):79-82.

[9]程继隆. 强势:中国枢纽经济异军突起[J]. 吉林省经济管理干部学院学报,2010(5):3-7.

[10]王冬梅,姜帆. 城市大型客运交通枢纽国民经济效益分析[J]. 数量经济技术研究,2003(7):40-43.

[11]刘武君,顾承东,林晨. 建设枢纽功能服务区域经济[M]. 上海:上海科学技术出版社,2006.

[12]刘俊生．交通枢纽城市发展策略浅议[J]．城市开发，1997(4)：18－20.

[13]储东涛．在实践中深化对枢纽型经济的理论认知[J]．中共南京市委党校学报，2016(6)：52－57.

[14]孟令云．系统动力学建构下交通枢纽型经济的发展理论与实证研究[D]．成都：西南交通大学，2007.

[15]阮晓波．发展枢纽经济建设枢纽型网络城市[J]．南风窗，2017年4月1日第2版．

[16]胡骥．通道旅客运输需求预测研究[D]．成都：西南交通大学，2000.

[17]荆新轩，付晓豫，施其洲．京沪运输通道—经济带系统协调研究[J]．铁道运输与经济，2009(7)：25－28.

第六章 交通运输与经济社会融合发展测度

内容提要 融合发展是交通运输与经济社会发展的大趋势。分析研究融合发展测度，将发展情况量化，以零散点的形式逐步勾勒出融合发展演变过程，可为趋势研究提供支撑。由于经济社会涵盖领域宽广，本章统筹考虑跨业、跨域、跨界融合发展，重点从产业关联角度切入，尝试建立交通运输与经济社会融合发展指标体系，通过采用投入—产出等测度方法，分析交通运输传统领域和新经济新业态发展，以及彼此融合发展情况。通过测算反映，我国交通运输融合发展态势初显，传统关联领域和新经济新业态融合明显，但存在区域、产业、部门等发展差异。未来，需顺应发展规律，结合必要引导，进一步提升融合程度，充分挖掘市场空间。在实践中，应加强融合测度等基础研究和分析工作，准确反映新时代现代综合交通运输体系与现代经济体系、现代社会体系、绿色生态体系等融合发展现状与趋势。

交通运输是支撑经济社会运行的基础性、先导性和战略性产业，是重要的服务型产业。交通运输与经济社会深度融合发展是交通运输和经济社会均步入转型升级新阶段的必然趋势。为更好把握融合发展趋势特征，需要对交通运输与经济社会相关领域融合发展情况进行有效测度。而这一工作，在国内外相关领域研究较少，加强融合测度理论和方法研究探索，结合国际规律和我国实际，加快构建相关测度指标体系和测度方法框架，理论价值和实践指导意义均十分重大。

一、开展融合测度研究的背景与意义

交通运输与经济社会融合发展测度研究的开展，旨在通过量化的方式分析交通运输与关联产业、新业态新经济等互动关系逐步深入的过程，通过梳理融合测度研究开展的意义，能够更好明确新时代交通运输发展的新特点，展现新发展阶段下交通运输与经济社会深度融合发展这一趋势性过程，为交通运输与经济社会深度融合发展研究提供支撑。

（一）客观度量新时代经济社会发展对交通运输的新要求

交通运输与经济社会融合发展测度的建立旨在反映经济高质量发展下交通运输在经济社会发展中功能与角色的拓展。改革开放以来，我国经济社会发展迅速，2017 年，人均 GDP 达到 59660 元，城镇人口比例占 58.52%，城镇、农村人均可支配收入分别达到 36396 元、13432 元（见图 6－1～图 6－3）。当前，我国经济发展步入增速换挡、结构优化和动力转换的新常态，同时，先进科技成果不断应用，资源环境对发展的约束性作用进一步提升，经济社会其他领域发展与交通运输相互作用，交通运输发展思路、方向、路径围绕新时代新要求调整，需要有能够度量交通运输参与经济社会发展能力和水平的指标。围绕新时代新要求，交通运输与经济社会融合发展测度将着重于交通运输参与到经济社会活动精细度、灵敏度，反映针对性地提供符合新时代发展要求的交通运输保障能力，以及对于新时代发展要求快速捕捉、快速反应、快速适应的水平和能力。

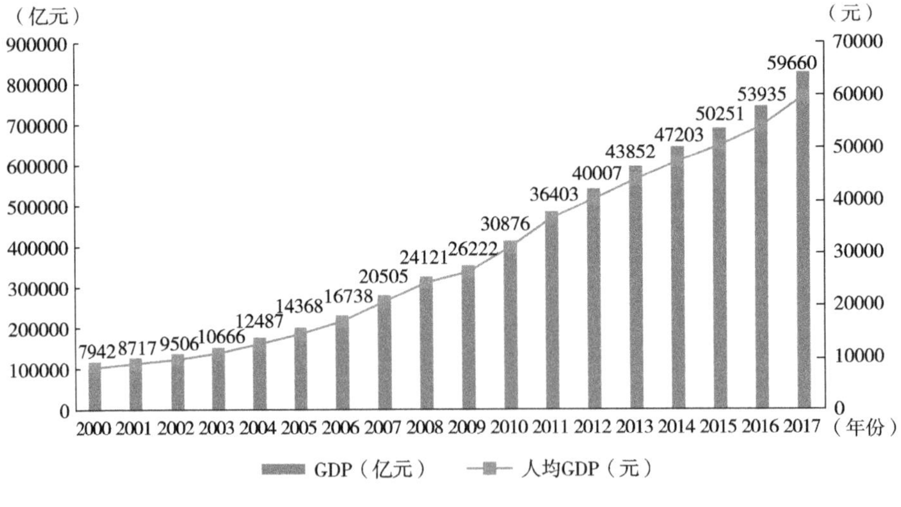

图 6－1　2000～2017 年 GDP、人均 GDP

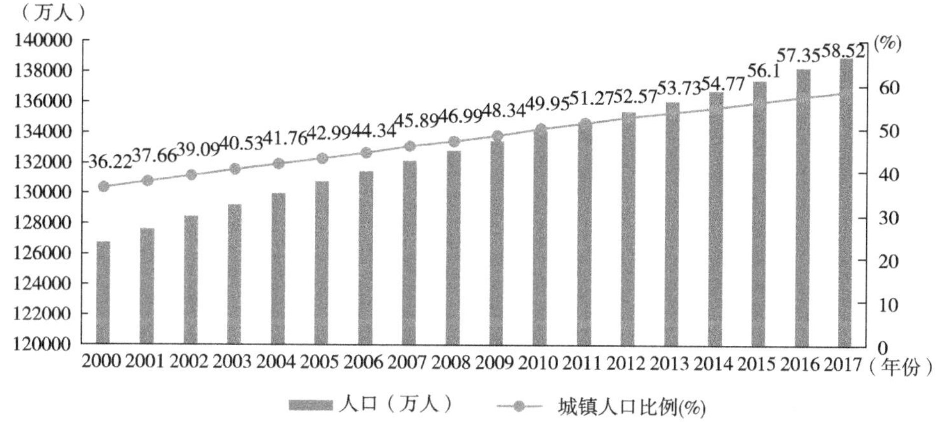

图 6-2　2000～2017 年人口、城镇人口比例

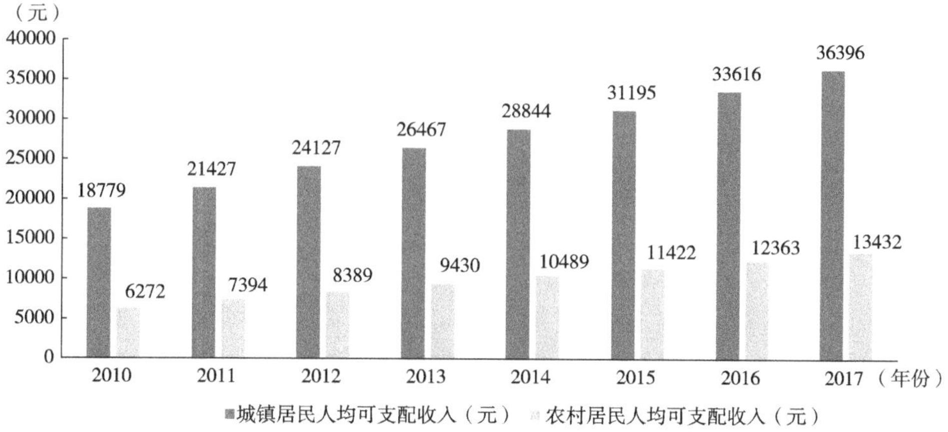

图 6-3　2010～2017 年城镇、农村居民人均可支配收入变化

数据来源：课题组整理。

（二）反映现代信息技术下交通运输作为融合先行领域的发展程度与效果

交通运输与经济社会融合发展指标是以审慎包容引导新经济发展的探索，也是对新经济新业态中的交通运输先行领域进行相应的积极尝试。我国是互联网用户规模庞大和网上支付规模最大的国家（见图 6-4、图 6-5），依托互联网通信技术快速发展，平台经济、共享经济等新经济模式快速涌现，成为经济发展新动能，也潜移默化影响了人们的生产生活方式、消费行为等。交通运输与经济社会融合测度将围绕近年来现代信息技术应用的焦点内容，跳出传统的统计范围和方法，涵盖依托互联网平台形成的交通运输相关产业的培育和发展，在一定程度上展现交通运输领域在新业态、新模式中逐步显露的拓荒者角色，是对于既有交通运输体系发展指标的补充。

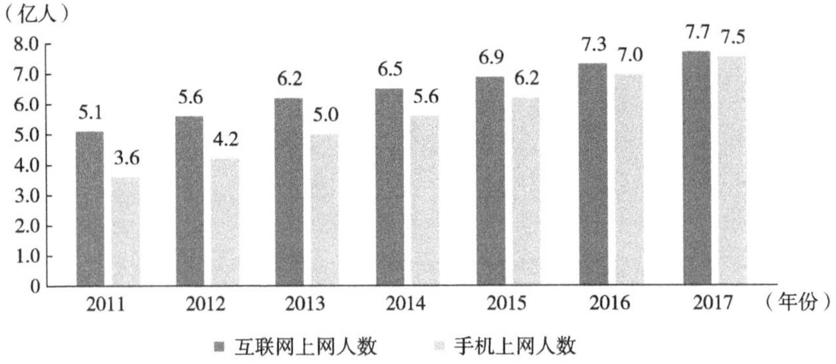

图 6-4　2011~2017 年互联网用户、手机入网用户情况

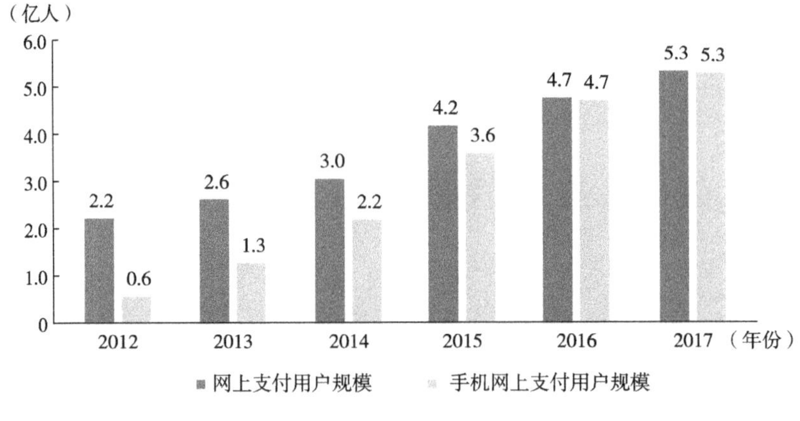

图 6-5　2012~2017 年网上支付用户规模、手机网上支付用户规模情况

数据来源：课题组整理。

（三）体现现代综合交通运输体系与现代经济体系、现代社会体系、绿色生态体系的关联水平和趋势

交通运输与经济社会融合发展指标尝试从侧面展示交通运输与经济社

会其他领域发展的互动和演进。经过改革开放四十多年来的发展，我国交通运输发展瓶颈基本缓解，交通运输基础设施网络规模逐步形成，运输服务不断完善，供给不平衡不充分矛盾成为突出问题。新时代下交通运输发展方式面临着从增量扩张逐步向存量优化的转换，此过程中交通运输与现代经济体系、现代社会体系、绿色生态体系深入互动，在既有发展基础上更加准确地满足发展需求，以更宽视野强化交通运输精细、精明发展，通过相应指标的建立来探索交通运输与其他领域协同发展的关联和发展趋势，展现交通运输响应经济社会发展的水平和能力（见图6－6～图6－8）。

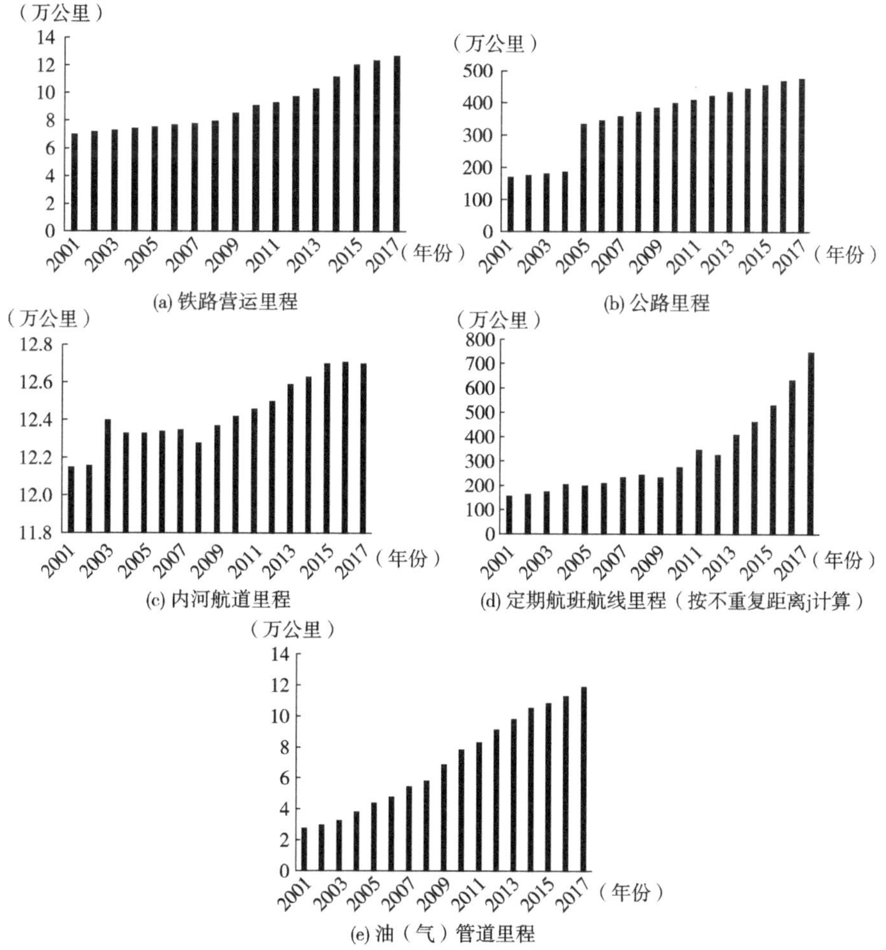

图6－6　2001～2017 年交通运输基础设施网络规模发展情况

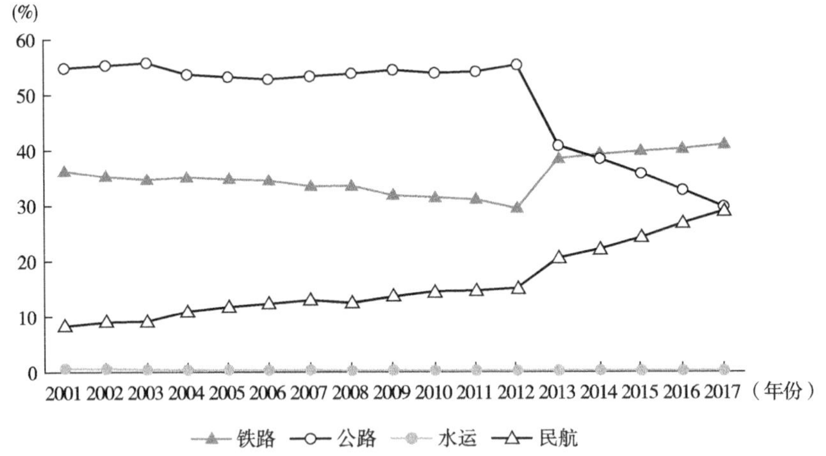

图 6－7　2001～2017 年旅客周转量构成变化情况

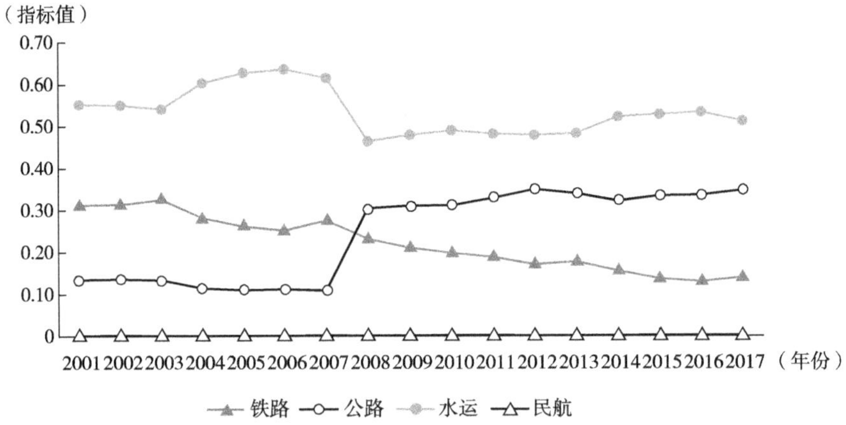

图 6－8　2001～2017 年货物周转量构成变化情况

数据来源：课题组整理。

（四）为把握融合演变历程，研判未来发展趋势，提供技术和方法支撑

交通运输与经济社会融合发展指标主要是为交通运输与经济社会深度融合发展相关政策研究提供技术和方法支撑。量化统计是发展研究中的重要工具和组成部分之一。当前，交通运输领域的统计工作大多停留在“流

量”层面，其指标设置主要服务于基础设施规划建设中的需求把握，以“量”为主要思路，就交通谈交通，对于深度融合发展理念的表征能力十分有限。构建交通运输与经济社会融合发展的指标体系，以具有代表性的指标信息勾勒融合发展的主要框架，利用既有数据，分析近年来发展趋势，为全面统筹交通与经济社会融合发展、相关政策与规划出台提供数据支撑、实证依据。

二、交通运输与经济社会融合发展测度分析方法

交通运输与经济社会融合发展是一个由内至外的系统性过程，因产业、部门、区域各有不同，信息量庞大，难以一以概之。因此，应建立融合发展测度体系，选取代表性、规律性指标数据，突破以往交通运输统计口径和边界，统筹跨业、跨域、跨界融合发展，重点从产业视角切入，反映相关领域与交通运输融合发展情况。

（一）基于评价指标体系的融合测度分析法

1. 指标体系的设计思路

整体来看，交通运输与经济社会融合发展内容涵盖了经济社会运行、区域经济发展、对外开放、产业融合、扶贫脱贫攻坚、社会就业供给、R&D、军民融合等多领域内容。经济社会作为研究对象，很难通过有限的指标体系将其完整勾勒，且存在较大数量的冗余、重复信息。因此，在指标体系建立中，主要筛选具有典型特征的指标。根据交通运输与经济社会深度融合发展研究思路，在统筹考虑跨业融合、跨界融合、跨域融合基础上，引入需求升级、产业融合、新经济新业态等因素，围绕基础设施发展、服务升级、技术创新等影响因素指标进行归类（见图 6－9）。

指标体系设计遵循科学性、系统性、导向性、动态性、可比性及可操作性的原则，整合交通运输领域重要方向、发展趋势，引入产业发展理念，主要内容划分为交通运输与传统关联产业的融合发展及融合发展新模式新业态，从产业融合、产业关联、新经济新业态培育等角度进行整理归纳。

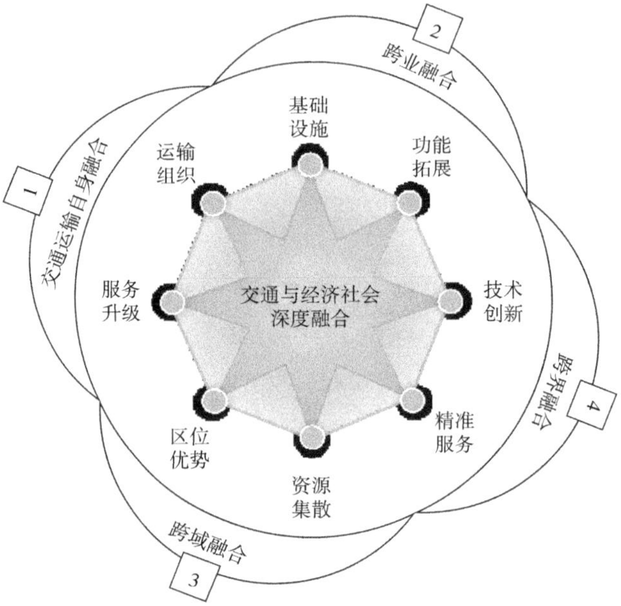

图 6-9　交通运输与经济社会融合发展指标体系的设计思路

2. 指标体系结构

交通运输与关联产业融合发展指标体系分为四层：基准层、评价目标层、评价要素层和融合发展指标层。指标体系以产业关联角度下的交通运输与经济社会融合作为指标评价基准，将评价目标细分为交通运输与传统关联产业融合发展、融合发展新模式新业态。在评价要素层，拆解为交通运输与传统关联产业融合发展和融合发展新模式新业态两部分，其中交通运输与传统关联产业融合发展包括交通运输与制造业、商贸、现代农业、旅游业 4 个关联产业融合发展；融合发展新模式新业态包括交通运输共享经济、智能交通、体验交通、交通运输平台经济 4 类交通运输相关新模式新业态，一共 8 个评价要素层。在此基础上，以融合领域产值占总产值比例、渗透率、行业产值等指标对来全面衡量发展情况，设置具有代表性、针对性的 33 个融合发展指标层。具体内容如表 6-1 所示。

表6－1　交通运输与关联产业融合发展指标体系

基准层	评价目标层	评价要素层	融合发展指标层
产业关联角度交通运输与经济社会融合	交通运输与传统关联产业融合发展	交通运输与制造业融合发展	高铁、动车装备制造业产值占铁路装备制造业总产值比例
			清洁能源汽车制造业产值占汽车制造业总产值比例
			大型专业化船舶、新能源船舶制造业产值占船舶装备制造业总产值比例
			大飞机、无人机制造业产值占航空装备制造业总产值比例
			共享单车制造订单总额占自行车制造业总产值比例
			制造业供应链一体化服务产值占制造业总产值比例
			工业物流总额占工业总产值比例
		交通运输与商贸融合发展	海洋运输业产值与进出口贸易总额之比
			商贸业供应链一体化服务产值占商贸业总产值比例
			批发零售企业物流成本占企业营业额比例
			网络零售额与社会消费品零售总额之比
			快递业总收入与实物商品网上零售额之比
		交通运输与现代农业融合发展	农产品物流总额占农业总产值比例
			冷链物流产值与农业总产值之比
			农贸专业化储运产业产值与农业总产值之比
		交通运输与旅游业融合发展	邮轮市场渗透率
			游艇市场渗透率
			自驾车旅居车市场渗透率

续表 6－1

基准层	评价目标层	评价要素层	融合发展指标层
产业关联角度交通运输与经济社会融合	融合发展新模式、新业态	交通运输共享经济	共享单车行业产值
			共享汽车行业产值
			共享出行行业产值
			共享停车行业产值
			货运众包行业产值
		智能交通	交通运输卫星导航与位置服务行业产值
			智能汽车行业产值
			智能仓储行业产值
			智能交通装备行业产值
		体验交通	景观铁路、道路体验行业产值
			运动、探险类交通消费行业产值
		交通运输平台经济	交通出行平台行业产值
			货运平台行业产值
			交通出行大数据行业产值
			在线餐饮外卖行业产值

3. 指标体系反映的主要内容

（1）交通运输与制造业融合发展

以交通运输运载工具制造为主要切入点，强调交通运输领域对于高精尖、先进技术的快速应用能力，包括了高铁、动车装备制造业产值占铁路装备制造业总产值比例，清洁能源汽车制造业产值占汽车制造业总产值比例，大型专业化船舶、新能源船舶制造业产值占船舶装备制造业总产值比例，大飞机、无人机制造业产值占航空装备制造业总产值比例；交通运输新业态带来的制造业新发展，如共享单车制造订单总额占自行车制造业总产值比例；供应链发展对于制造业、工业发展的支撑引领能力，包括了制造业供应链一体化服务产值占制造业总产值比例和工业物流总额占工业总产值比例 2 个指标，共 7 个指标。

（2）交通运输与商贸融合发展

在交通运输与商贸融合发展测度中，突出现代交通运输发展对商贸流通产业支撑能力。其中，围绕供应链服务发展，增加商贸业供应链一体化服务内容，衡量交通物流规划组织技术进步对于商贸流通的促进作用。具体内容包括：海洋运输业产值与进出口贸易总额之比，商贸业供应链一体化服务产值占商贸业总产值比例，批发零售企业物流成本占企业营业额比例，网络零售额与社会消费品零售总额之比，快递业总收入与实物商品网上零售额之比 5 个指标。

（3）交通运输与现代农业融合发展

结合交通运输在现代农业发展、扶贫脱贫攻坚中的重要角色，在指标设置中，突出农产品流通、精细特色化交通物流产业、农业产品交通物流服务等对现代农业发展的推动作用。联系发展实际，主要选取农产品物流总额占农业总产值比例，冷链物流产值与农业总产值之比，农贸专业化储运产业产值与农业总产值之比 3 个指标。

（4）交通运输与旅游业融合发展

随着经济社会发展水平和人民消费水平不断提高，交通运输出行成为旅游全程体验的重要组成部分，围绕近年来快速发展的旅游交通产业，选取邮轮、游艇、房车等为交通运输与旅游融合的代表产业，设置邮轮市场渗透率、游艇市场渗透率、自驾车旅居车市场渗透率 3 个指标表征交通运输与旅游业融合发展。

（5）交通运输共享经济

共享交通是共享经济的先行领域，经过近年来发展积累已进一步细分形成了多个初具规模的行业，范围涉及非机动车和机动车出行、静态交通等。由此，在交通运输共享经济指标中，选取共享单车行业产值、共享汽车行业产值、共享出行行业产值、共享停车行业产值、货运众包行业产值 5 个指标。

（6）智能交通

交通运输智能化发展主要通过智能装备产业发展来衡量，以卫星导航、智能汽车、智能仓储等产业为发展典型，选取交通运输卫星导航与位置服务行业产值、智能汽车行业产值、智能仓储行业产值、智能交通装备行业产值 4 个指标来衡量智能交通发展。

（7）体验交通

根据体验经济发展中交通运输领域相关的主要产业，以景观交通体验、探险交通体验为体验交通代表，选取景观铁路、道路旅游行业产值和运动、探险类交通消费行业产值 2 个指标作为体验交通发展度量。

（8）交通运输平台经济

围绕供需精准匹配，选取平台经济发展相关的交通出行平台行业、货运平台行业、交通出行大数据行业、在线餐饮外卖行业等为典型，设置交通出行平台行业产值、货运平台行业产值、交通出行大数据行业产值、在线餐饮外卖行业产值 4 个指标作为交通运输平台经济的测度。

（二）基于投入产出法的融合测度方法

在指标体系应用的同时，引入投入产出法完善测度研究。不同于工业部门统计口径下的测度研究，投入产出法从产品产出的角度分析了投入消耗关系，跳出融合发展的具体环节（如技术、市场、产品等），主要展现地区、产业间的总体经济技术联系。利用投入产出法，尝试展现交通运输与制造业的投入产出关系演变，分析整体融合均衡程度。根据可得数据，分析全国数据、地区数据中反映的融合发展情况，作为指标体系分析的补充。

基于投入产出法的融合测度主要通过要素投入、消耗占总投入、总产出衡量产业间相互关联的紧密程度。由于不同部门间产业特征差异较大，附加值不同，为聚焦融合发展测度，选取投入率、需求率为主要指标，对交通运输和关联产业间的投入产出关系进行分析。其中，投入率主要反映交通运输和关联产业对彼此投入的依赖程度，需求率主要反映交通运输与关联产业间中间需求对彼此产出的推动作用，融合发展水平交通运输与关联产业间对需求变化的敏感程度和对产出的推动作用来展现。具体计算公式如下：

关联产业（对交通运输）投入率：

$$\text{Input1} = \frac{\text{关联产业中交通运输、邮政及仓储业的投入}}{\text{关联产业的中间投入合计}}$$

交通运输（对关联产业）投入率：

$$\text{Input2} = \frac{\text{交通运输、邮政及仓储业中关联产业的投入}}{\text{交通运输、邮政及仓储业的中间投入合计}}$$

关联产业（被交通运输）需求率：

$$\text{Output1} = \frac{\text{关联产业被交通运输、邮政及仓储业消耗的部分}}{\text{关联产业的中间使用合计}}$$

交通运输（被关联产业）需求率：

$$\text{Output2} = \frac{\text{交通运输、邮政及仓储业被关联产业消耗的部分}}{\text{交通运输、邮政及仓储业的中间使用合计}}$$

融合发展水平：

$$\text{IR} = \frac{\frac{1}{2}(\text{Input 1} + \text{Input 2}) + \frac{1}{2}(\text{Output 1} + \text{Output 2})}{2}$$

三、交通运输与关联产业融合发展评价

融合发展是趋势性、规律性现象，并不存在稳定、终极状态，也不存在完成融合的时间点，测度的应用主要在追踪和预测。利用两种方法进行融合发展测度计算，得出交通运输与经济社会融合发展相关的量化数据，通过实验结果，能够对研究数据涵盖的时间段内融合发展情况做出分析评价。

（一）利用当前可得历史数据的指标体系融合评价实验

1. 样本数据

（1）指标体系样本数据

交通运输与关联产业融合发展指标中涉及的指标内容与现阶段通行统计数据重合度较小，许多数据缺乏对口、连续的统计，起始统计年份、统计频次等各有不同，能够用于测算的数据十分有限。根据既有统计情况，主要对以2010~2015年可得的全国数据进行分析，数据来源包括相应年份的《中国统计年鉴》《国民经济和社会发展统计公报》《中国交通年鉴》《交通运输行业发展统计公报》《城市、县城和村镇建设统计公报》《商贸流通行业发展系列报告》《全国环境发展统计公报》《旅游业统计公报》《中国旅游发展报告》《邮政行业发展统计公报》《中国电子商务报告》，以及中国旅游车船协会《中国自驾车、旅居车与露营旅游发展报告》，中国邮轮游艇分会《中国邮轮发展报告》，中国物流与采购联合会《制造业采购经理指数统计》，中国汽车工业协会统计数据等。

（2）投入产出样本数据

基于投入产出的融合测度方法中，选取《中国投入产出表》《中国地区投入产出表》中 2002—2012 年统计数据。在地区投入产出数据中，由于生产部门划分方式不同，根据 2012 年统计的制造业部门分类，选择根据直接消耗、完全消耗系数值排序，选取非金属矿物制品、金属制品、电气机械和器材、交通运输设备四部门进行比较。在样本地区选择中，结合城市群发展趋势，以长江三角洲城市群为例，选取沪、苏、浙、皖四省市进行比较。

2. 方法与步骤

（1）指标体系评价

在可得数据下，交通运输与关联产业融合发展指标评价以各指标真实数值为基础，以研究时段内数据最大值与最小值作为参照调整值，通过数据无量纲化处理将数值投影至［0，1］间。当前指标权重的确定方法有因子分析法、主成分分析法、相关系数法、秩和比法、层次分析法等。在进行过研究同类量化分析比较后，采用熵值法来确定交通运输与经济社会融合评价指标体系的权重。以熵值法对各个指标赋权，得到加权平均数作为得分。鉴于目前指标体系数据有限，因此采取评价要素层、融合发展指标层权重均值化，由此估算得分。通过得分计算，反映融合联动发展情况。需要指出的是，指标体系主要用于展现研究时间段内特征趋势变化，因此不设置融合发展水平的理想值或反映融合阶段的阈值。

根据数据可得性，进行融合计算的数据包括交通运输与传统关联产业融合发展中的清洁能源汽车制造业产值占汽车制造业总产值比例、工业物流总额占工业总产值比例、海洋运输业产值与进出口贸易总额之比、批发零售企业物流成本占企业营业额比例、网络零售额与社会消费品零售总额之比、快递业总收入与实物商品网上零售额之比、农产品物流总额占农业总产值比例、冷链物流产值与农业总产值之比、邮轮市场渗透率、自驾车旅居车市场渗透率，以及融合发展新模式新业态中的交通运输卫星导航与位置服务行业产值、运动、探险类交通消费行业产值、在线餐饮外卖行业产值等数据。整体来看，可得数据基本覆盖评价要素层，能够在一定程度上反映交通运输和经济社会融合发展现状，具有一定代表性（见表6－2）。

表6－2　近年来我国交通运输与传统关联领域融合发展指标变化情况

指　标	2010年	2011年	2012年	2013年	2014年	2015年
清洁能源汽车制造业产值/汽车制造业产值	0.11%	0.13%	0.19%	0.24%	1.04%	2.36%
工业物流总额/工业总产值	9.7	9.3	9.2	9.1	8.9	8.7
海洋运输业产值/进出口贸易总额	0.019	0.017	0.0197	0.0198	0.021	0.023
批发零售企业物流成本/企业营业额	7.8%	7.6%	7.8%	7.8%	7.7%	7.6%
网络零售额/社消零总额	0.033	0.043	0.061	0.078	0.102	0.129
快递业总收入/实物商品网络零售额	0.112	0.097	0.081	0.076	0.0733	0.071
农产品物流总额/农业总产值	0.755	0.695	0.6498	0.641	0.6391	0.625
冷链物流业产值/农业总产值	0.037	0.035	0.033	0.032	0.0296	0.031
邮轮市场渗透率	0.038%	0.019%	0.023%	0.037%	0.048%	0.062%
自驾游市场渗透率	45.20%	45.20%	46.00%	53%	61%	58.50%
交通运输卫星导航与位置服务行业产值（亿元）	505	700	810	1080	1343	1735
运动、探险类交通消费行业产值产值（亿元）	69.7	110	132.4	153.8	170.6	196.2
在线餐饮外卖行业产值（亿元）	1.5	4.6	14.4	42.3	95.1	442.2

数据来源：课题组整理。

注：清洁能源汽车制造业产值、汽车制造业产值为估算数据。

（2）投入产出评价

通过比较交通运输、邮政及仓储业与制造业四部门相互之间的投入、产出关系，以制造业部门对交通运输的投入率、制造业部门对交通运输的需求率、交通运输对制造业部门的投入率、交通运输对制造业部门的需求率分析投入消耗关系。同时，对比四地区间制造业融合发展产出效率，比较制造业投入产出中交通运输所占比率，分析融合发展情况。具体投入产出数据及测算结果见附表6－1。

（二）交通与经济社会融合发展现状评价

1. 融合发展态势日趋显著，将更加普遍地反映在经济社会发展中

从指标体系计算结果可得，2010 年至 2015 年，融合程度在波动中上升，展现出融合发展态势，并在 2014 年后融合程度明显深入（见图 6 - 10）。值得一提的是，基于指标体系计算得到的融合发展程度是多重因素叠加作用下的结果，包括经济周期、技术创新周期等系统性长周期性因素，也受到政策管制、技术创新等非系统性因素影响。在计算区间内，社会流通成本逐步降低，降本增效成果初现，以动车、高铁为代表的高技术在交通运输领域应用，中国制造效应初显，新能源汽车受政策优惠产销量大幅上升，电子商务快速发展，快递业崛起，入境旅游人数创新高。另外，2014 年后，互联网经济遍地开花，资本驱动效应明显，共享经济、平台经济等进入爆发式增长阶段，在 2014 ~ 2015 年融合发展新经济新业态成为推动融合进一步发展的主要因素。

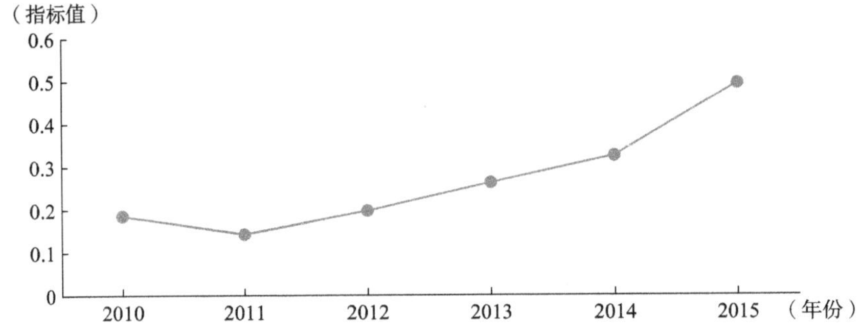

图 6 - 10　指标体系测度下 2010 ~ 2015 年我国交通运输与经济社会融合发展变化趋势

从投入产出数据来看，完全消耗系数较高的部门融合发展的情况各有不同（见图 6 - 11）。相互依存程度较低的部门融合程度趋势不甚明显，但以交通运输设备制造业为例，与交通运输依存程度高，展现出波动中上升的趋势。虽然交通运输与经济社会融合是系统性过程，但根据与交通运输联系紧密程度不同，各行业参与、表现程度形式不一。从当前阶段来看，非金属矿物制品业、金属制品业、电气机械及器材制造业等部门从交通运输服务、组织、社会整体流通效率提升等角度“浸润式”参与融合发展，

而交通运输设备制造等与交通运输相互作用明显的产业中，融合发展作用更多体现在产业间“灵敏”联系，也较早地反映出融合发展趋势。

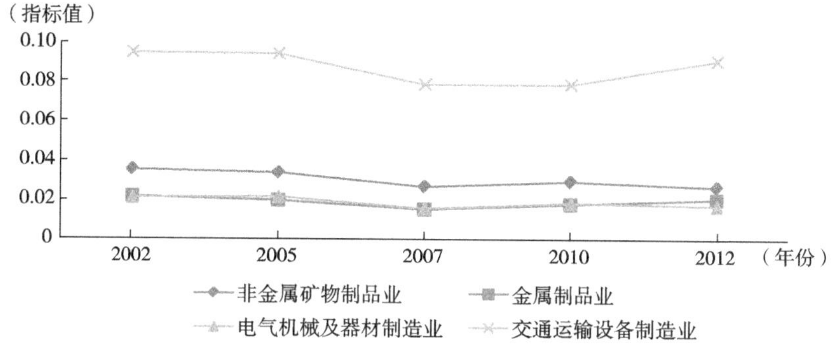

图 6－11　2002～2012 年全国投入产出数据下交通运输与制造业四部门融合发展趋势

2. 传统关联领域、新经济新业态融合发展齐头并进

由指标体系测度，交通运输传统、新兴领域均显露出融合发展。其中，传统关联领域融合波动中上升，融合领域为传统关联产业带来新增长点，并进一步提升运输服务水平（见图 6－12）。聚焦来看，各指标浮动幅度也并非一致，将海洋运输业产值/进出口贸易总额、网络零售额/社会消费品零售总额、农产品物流总额/农业总产值进行比较，海洋运输业产值/进出口贸易总额较为平稳，网络零售额/社会消费品零售总额、农产品物流总额/农业总产值变化逐步加快（见图 6－13）。除去各指标本身浮动空间存在不同的因素外，融合发展产业的既有基础、发展阶段等因素也会引起指标表现差异，例如当前网络零售发展迅速，现代农产品运输服务水平显著提升，但海洋运输业发展已相对成熟，与进出口贸易的互动关系相对稳定，三个数据的表现也因此各异。

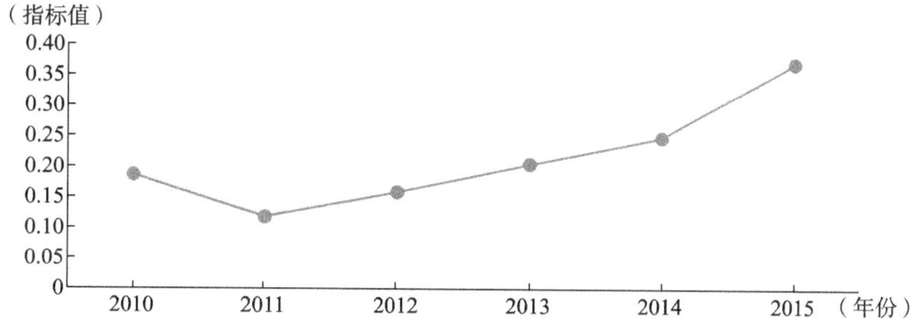

图 6－12　指标体系测度下 2010～2015 年传统交通运输关联产业融合发展情况

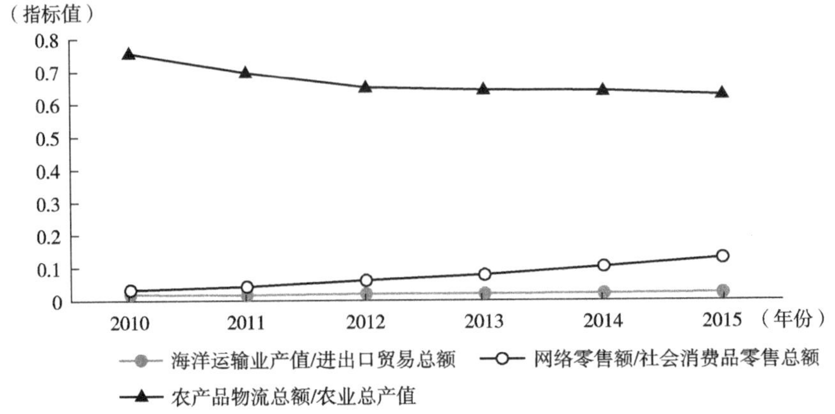

图 6 - 13　2010 ~ 2015 年传统关联领域融合发展部分指标具体情况

交通运输新经济新业态快速发展，且增长速率逐年上升（见图 6 - 14）。由于数据有限，指标体系评价计算中尚未包含共享交通发展数据，自 2014 年起，共享交通产业快速发展，用户规模逐年扩大，融合发展趋势进一步突出（见图 6 - 15 ~ 图 6 - 17）。但需要指出的是，交通运输领域内的新经济新业态发展时间较短，实际计算中的数据较少，应结合其他辅助数据进行深入分析。

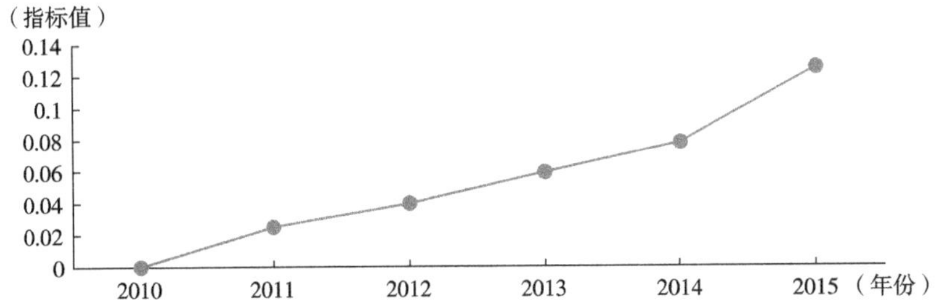

图 6 - 14　指标体系测度下 2010 ~ 2015 年交通运输融合新经济新业态发展情况

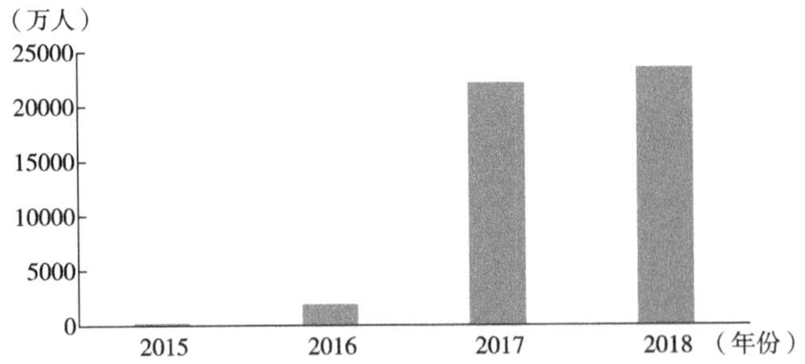

图 6 - 15　近年来我国共享单车用户规模发展情况

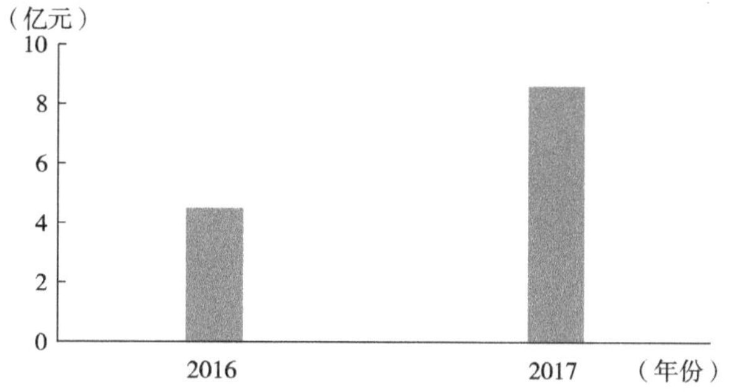

图6－16　近年来我国共享汽车市场规模发展情况

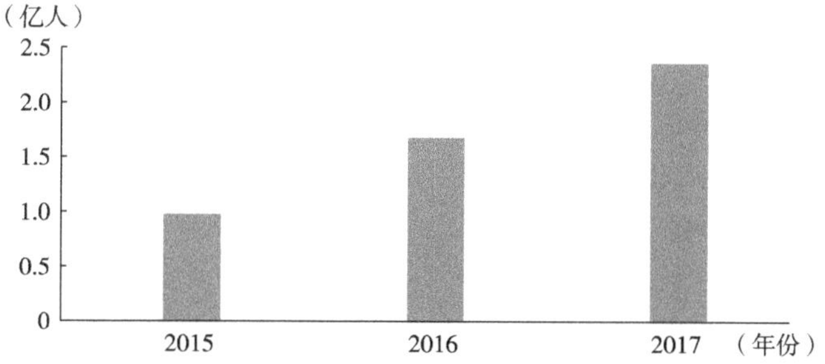

图6－17　近年来我国网约车用户规模发展情况

数据来源：课题组整理估算。

3. 融合发展过程中存在结构性差异

交通运输与经济社会深度融合发展并非步伐一致的过程，存在着部门、行业、区域、时序等多维度的结构性差异。充分考虑各地发展阶段各异，以经济水平、社会结构、产业发展为重点的情况下，以沪、苏、浙、皖与全国整体情况比较来看，四省市与全国发展水平步调并不统一（见图6－18）。全国数据下非金属矿物业、电器机械及器材制造业浮动方向相似，但地区层面则不尽相同。从区域内部来看，四地同一部门、同一年份下评价表现差别较大，融合发展态势各有不同。

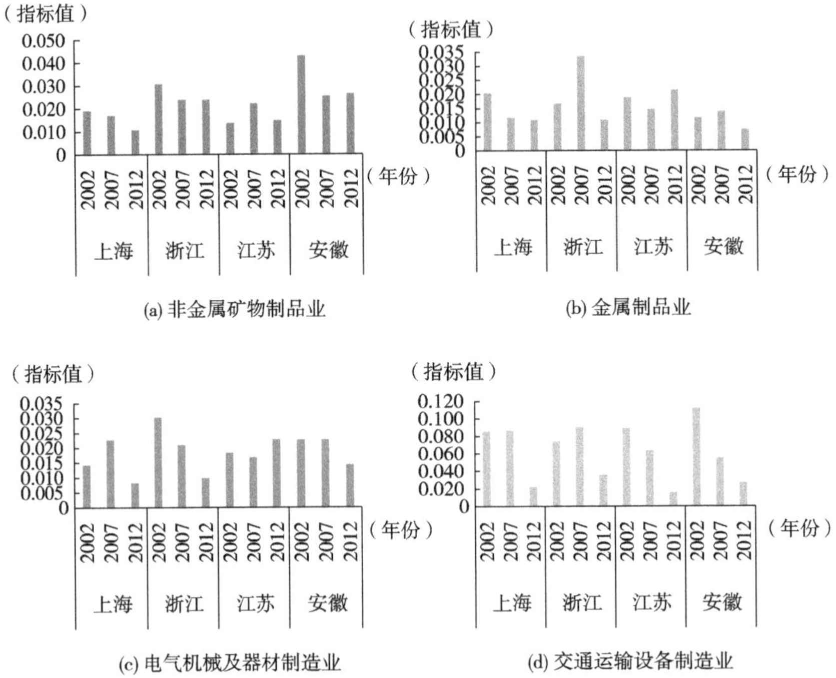

(a) 非金属矿物制品业

(b) 金属制品业

(c) 电气机械及器材制造业

(d) 交通运输设备制造业

图 6－18　沪、苏、浙、皖四地 2002～2012 年交通运输与制造业融合发展测算情况

分部门来看，在完全消耗系数相近的情况下，交通运输与交通运输装备制造业中间需求消耗互动相比其他三部门更多，两部门融合程度更高。从 2002 年、2007 年、2012 年 3 次评价结果来看，除浙江在 2002～2007 年小幅上升外，四地均表现出交通运输装备制造业对交通运输中间投入需求降低的趋势，在较高的依存程度下逐年降低中间投入消耗，也表示为在针对交通运输装备的运输服务效率提升幅度较其他三部门更高，交通运输装备对交通运输发展推动作用更大。

（三）融合发展趋势预测

梳理现状中显露的态势方向，对融合发展的趋势进行预测。在现有可得数据的基础上，设置融合发展“高融合发展率”“低融合发展率”两种情景。以 2035 年为时间节点，参考发达国家交通物流运行情况、新经济新业态市场规模等信息，提出高融合发展率、低融合发展率下年平均增长率情况，由此两种情景设置如下（见表6－3、图6－19）。

表6－3　我国交通运输与关联产业融合发展趋势情景预测（%）

融合发展评价指标	情景1	情景2
清洁能源汽车制造业产值/汽车制造业产值	6.00	10.00
工业物流总额/工业总产值	1.00	2.00
海洋运输业产值/进出口贸易总额	0.50	1.00
批发零售企业物流成本/企业营业额	1.50	2.00
网络零售额/社会消费品零售总额	1.50	2.50
快递业总收入/实物商品网络零售额	0.50	1.00
农产品物流总额/农业总产值	0.50	1.00
冷链物流业产值/农业总产值	0.50	1.00
邮轮市场渗透率	5.00	8.00
自驾游市场渗透率	1.00	2.00
交通运输卫星导航与位置服务行业产值	5.00	8.00
运动、探险类交通消费行业产值	5.00	10.00
在线餐饮外卖行业产值	5.00	10.00

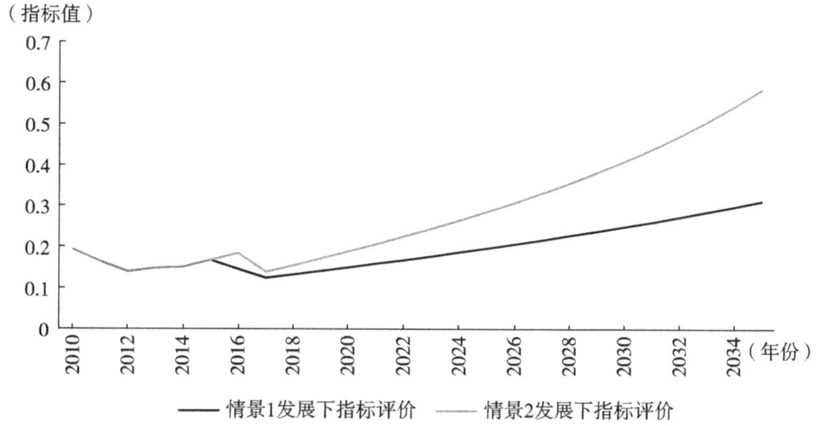

图6－19　不同情境下我国交通运输与关联产业融合发展趋势

通过推算比较得出，相比2015年，到2025年，情景1融合度预计提升约20%，情景2融合度预计提升约70%，到2035年，情景1融合度预计提升约85%，情景2融合度预计提升约250%。融合发展是大势所趋，从预测数据来看，通过有序引导交通运输与经济社会深度融合发展，使融合发展潜在的广阔发展空间和巨大潜力得到充分发挥，对今后经济社会和交通运输领域发展均有重要意义。

（四）融合发展的国际比较

1. 交通运输与传统关联领域融合发展的国际比较

根据当前各国资料，能够估算各国融合发展情况的样本数据较少，很难有效实现评价计算。因此，主要从与制造业融合、商贸流通业融合等领域选取具体指标作为代表进行比较。

（1）交通运输与制造业融合发展

在与制造业融合发展方面，近年来制造业服务一体化在发达国家应用广泛，服务制造业贸易和运输发展基础设施水平不断提高，结合供应链、贸易链发展，进一步提升制造业发展中交通物流服务能力。根据《2016年全球制造业竞争力指数》相关数据，从交通运输服务与制造业融合发展角度来看，德国、美国、日本、韩国等国发展水平均领先于中国（见图6－20）。

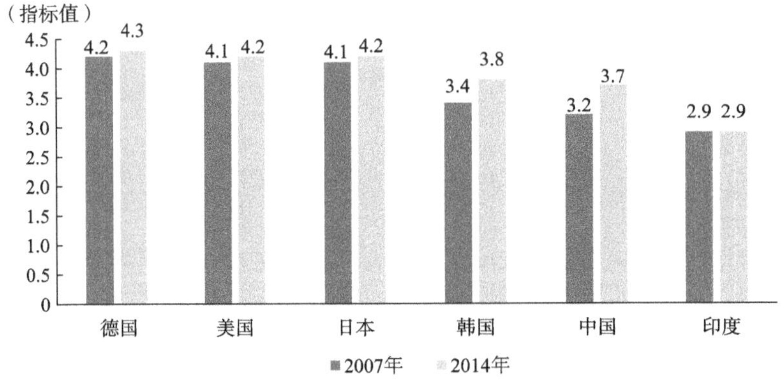

图6－20　2016年各国贸易和运输相关的基础设施发展情况比较

数据来源：德勤《2016全球制造业竞争力指数》（其中1＝低，5＝高）。

（2）交通运输与商贸融合发展

以电子商务发展为代表，我国电商市场近年来在国际上快速崛起，

B2C交易额位居世界第一，在平台经济快速发展的助推下，我国快递业务量奋起直追，自2014年领先全球其他国家，并不断扩大领先优势。与此同时，以美国为例，较为完善的物流体系支撑电商市场近年来的稳步发展，在2014年以前位居世界第一。但与其他国家比较仍可看出，中国飞涨的快递业务量并未带来物流业的高产出高利润，高投入、低利润的价格战模式可持续性不足。交通运输与商贸融合发展必须重视整体发展，提升我国物流市场稳健性，真正与商贸发展互惠互利，相互促进（见图6-21、表6-4）。

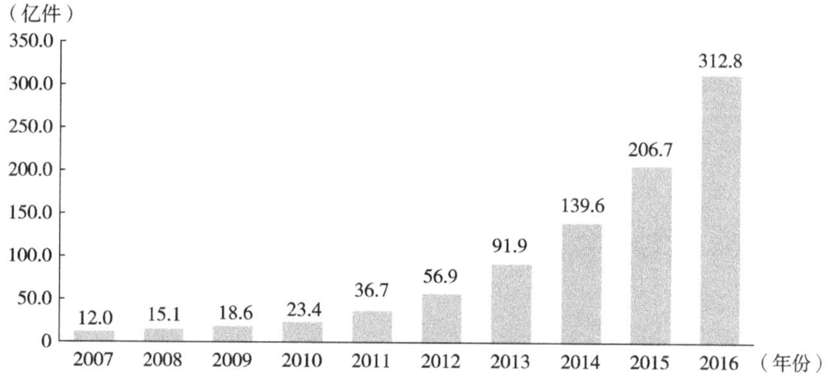

图6-21　中国快递业务量发展趋势

数据来源：课题组整理。

表6-4　2016年中美日快递情况对比

国别	件数（亿件）	费用（亿美元）
中国	310	600
美国	130	960
日本	90	220

数据来源：课题组整理。

（3）流通效率

近年来，我国社会物流费用在GDP中所占比例持续减少，降成本效果显著。但与发达国家水平比较，中国社会物流成本仍是其2倍左右（见图6-22）。以2016年各国物流水平进行比较，我国与发达国家差距较大，且落后于印度、巴西，领先于东南亚，相较12%的国际平均水平仍有一定距离（见图 6－23）。需要指出的是，社会物流费用与 GDP 比例受经济结构、经济水平等多种因素的影响，我国第二产业占 GDP 比例较高，货运量集中在工业领域，服务于基础设施建设和制造业。但以美国为代表的发达国家货运量多来源于农业和服务业，大宗物资的运输量远小于中国。相关研究显示，如果进一步拆解社会物流费用，从吨公里的物流成本角度，将物流总成本分摊到周转量上估算得出，美国物流成本高于我国。虽然社会物流占 GDP 比率横向可比性有限，但也应重视其他国家数据对我国的借鉴价值。

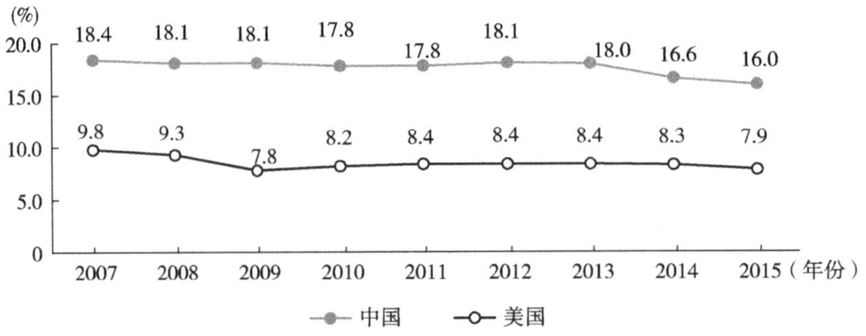

图 6－22　中美 2007—2015 年社会物流费用占 GDP 比例比较

数据来源：课题组整理。

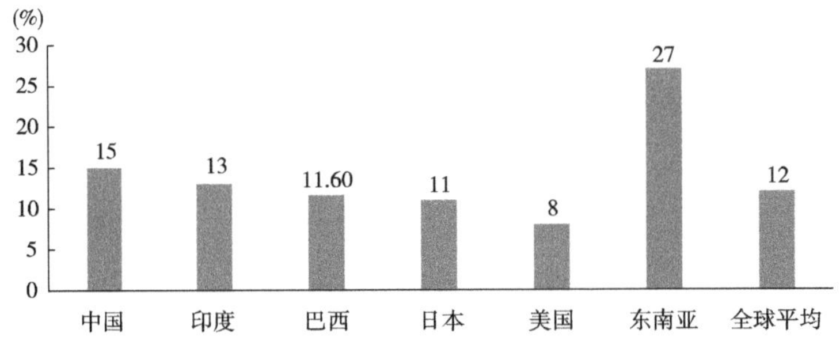

图 6－23　2016 年各国社会物流费用占 GDP 比例比较

数据来源：课题组整理。

2. 融合发展新业态新经济

当前，我国在交通运输新业态新经济发展速度和业态更新方面处于国际领先地位，电子商务、共享交通等领域已有较为深远的发展。国际方面，以美国共享经济为例，据统计，约 75% 的美国居民使用过共享经济相关服务，在共享交通，15%的美国成年人使用共享驾乘，其中18～29岁年轻人中使用比例为28%。

同时，相比其他发达国家，我国在新经济新业态的推广和应用也仍有提升空间。以共享单车为例，摩拜、OFO等“自行车租赁”模式国际应用鲜少，主要为中国企业在海外拓展，其他国家仍多以政府公共自行车为主要形式，通过有效运营和产业链拓展，法国巴黎 Vélib'Bike 成为了世界上唯一营利的政府公共自行车。近年来，美国本土企业也作出探索，以 Spin Bikeshare 为代表，复制中国路径，在美国大学中先行先试，发展共享单车。尽管规模落后于中国，但在审批监管等方面也有许多值得参考的经验，如事前审批和数量管控政策等，结合政府监管调控，运用企业、市场力量服务城市出行，将新经济新业态引入可持续发展的轨道上来（见表6－5）。

表6－5　国际共享单车情况对比

序号	名称	区域	运营机制	开始年限	固定站点	站点数量	自行车数量	日骑行数量
1	Vélib'	巴黎	政府PPP公共自行车租借系统，享受政府补贴	2007	是	1229	18200	108090
2	CitiBike	纽约都市圈	政府PPP公共自行车项目，花旗银行全资，不享受政府补贴	2013	是	603	10000	38491
3	Santander Cycles	伦敦	政府PPP公共自行车项目，政府为主要出资人，Barclays Bank等资助出资	2010	是	839	13600	73000
4	Bicing	巴塞罗那	政府PPP公共自行车项目	2007	是	420	6000	28093
5	BIXI	蒙特利尔	政府公共自行车项目，由政府成立的非营利组织运营	2009	是	452	5220	8807
6	Capital Bike	华盛顿等地区	政府PPP项目公共自行车，政府提供资助、补贴	2010	是	429+	3700+	5700+

续表 6－5

序号	名称	区域	运营机制	开始年限	固定站点	站点数量	自行车数量	日骑行数量
7	Pronto	西雅图、华盛顿	由非营利组织拥有，私人企业运营，政府资助、补贴	2014～2017（失败）	是	50	500	—
8	Spin Bikeshare	纽约等	自营	2017 试运营	否	—	—	—

资料来源：课题组整理。

专栏 6－1　美国融合发展新业态新经济领域发展重点领域

与我国当前如火如荼开展的新经济形态略有不同，国际交通运输与新经济新业态融合发展以美国为较为突出代表，学界、商界等热点集中在无人机、新零售、太空探索、新型交通运输工具研发等领域。

1. 无人机方面

从国内国际发展情况来看，无人机均属于较为新兴领域。国际范围内，超过 70 家公司对无人机产业链的多个环节进行开拓，其中包括无人机制造，精准农业，勘查监控，运输配送，军事防御，太空管理，道航，区域地图与成像，以及为以上无人机企业服务的交易市场公司、保险公司等。

2. 新零售方面

相比于我国对于物联网组织领域的活动开展，国际范围内，新零售促销、社交网络、电商配送、移动商店、按需服务、住家购物等领域有较为快速的发展。

3. 太空探索方面

美国企业在国际范围内发展较为超前，其产业链涵盖太空探索、卫星轨道研究，发射和飞行器设计等。其中，太空旅游成为广受关注的领域，以 AltspaceVR、Space Nation 等公司为代表的体验旅游消费，也包括了 ASTROROBOTIC、Moon Express 等星际旅游和运输。有研究指出，火箭作为运载工具，也可应用在未来日常通勤中，形成全球通勤圈，成为未来发展设想之一。

4. 在新型交通运输工具方面

国际焦点集中在两个领域，一是针对汽车的改造升级，诸多企业在车联网、车间通信、汽车通信安全、驾驶辅助等已有一定的拓展，另一热点领域是城市间个人交通工具的发展，为适应城市人口快速膨胀，设计出灵活、轻便的现代化个人交通工具。

资料来源：课题组整理。

四、融合发展测度研究的不足及建议

交通运输与经济社会融合发展测度研究是对交通运输深度融合发展量化研究的尝试，但仍存在诸多不足。未来应围绕数据采集、计量方法、评估反馈、质量控制、政策保障等关键环节，进一步完善融合发展统计体制机制，提升可拓展性、灵活性和严谨性，形成更符合新时代发展要求的指标、理论和方法体系。

（一）当前测度研究存在的不足

从融合发展的角度来看，交通运输与关联产业融合发展指标体系、基于投入产出的测度研究方法较好地应用了融合发展的思想理念，从产业融合联动切入，以“跨”思维将融合发展的关联产业连接，避免了当前交通运输发展量化统计工作中的局限，符合当前融合发展的需求。

但仍应指出，当前的测度研究仍然存在着许多局限。针对指标体系，以产值为切入点，能够表征该年的市场表现，但高产值并不意味着融合发展的高质量和稳定性。例如，共享单车订单激增，自行车制造业复苏，但随着投资热度降低后资金链断裂，共享单车投放总量控制政策出台，自行车生产企业再度受到冲击，亏损严重，融合发展并未实现预期目标。如何进一步表征关联产业对市场信号的灵敏度和融合发展的可持续性，还需要进一步研究探索。

针对投入产出法，从产出角度反映工业部门与交通运输投入消耗关系的变化，但表征能力有限，且统计时间跨度长，数据滞后问题突出。同时，当前共享经济、体验经济等新业态、清洁能源汽车、国产大飞机等国产制造业新突破在评价计算中未能体现，且投入产出法忽略了具体融合细节，二者均有待在未来研究中提高。

基于此，测度分析工作中需要不断改进，不断更新完善，在实际工作中，结合各方辅助信息，取长补短，知全篇而掌重点，将测度研究工作效能最大化发挥。

（二）进一步完善融合发展测度研究的建议

1. 固本清源，做好基础数据采集更新工作

本固才能枝荣，源清才能流洁，基础数据采集是测度工作的根基。在数据采集更新中，必须以融合思维、融合方式采集数据，在更新指标数据的同时，及时将新经济新业态纳入核算范围，切实搭建融合发展的统计体系。融合发展跨行业、跨部门信息众多，关键在于切实落实到具体领域、具体部门、具体层次、具体环节进行采集，结合大数据发展，全面覆盖产业动态、技术标准、装备设备等领域，为寻找和发现交通运输与经济社会融合发展的趋势和规律、全景式衡量交通运输与经济社会融合发展情况提供基础数据。

2. 建立交通与经济社会融合发展动态评估反馈发布机制

交通运输与经济社会融合发展是一个庞大、精细并不断变化的系统性命题，一定阶段下的测度存在特定有效周期，并非一成不变，需要调整更新以适应发展形势。建立健全评估反馈机制，把需求与落实对接好，打通信息阻塞，形成通路，为新技术、新业态、新模式的新指标留有空间，提升指标体系对于整体经济社会的表征能力。持续发布融合发展指标，根据发展方向、政策目标，引入新理念新思路，及时地调整和完善指标体系，根据区域、部门间的产业，灵活处理测度内容，避免照本宣科、千篇一律，做到因地制宜、与时俱进。

3. 强化数据质量管理，加强监督考核

数据质量是测度工作开展的关键环节，需要建立有效质量管理和监督考核机制予以保障。在质量评估工作中，充分利用历史发展数据和全生命周期质量数据，及时捕捉指标体系监测采集过程中遇到的苗头性趋势性问题，做到早发现、早分析、早处置，支撑测度功能最大限度发挥。同时，对测度工作认真把关，落实责任主体和责任部门，建立中期、事后评价体系，加强各部门间协同监管水平。

4. 以“跨”突破原有边界，构建保障融合测度开展的体制机制

融合以“跨”为特征，根据跨域、跨界、跨业的融合发展需要，形成跨部门、跨区域顺畅高效的组织管理体系。着眼大局，形成融合测度开展的制度保障，积极协调各方利益，沟通各方信息，探索保障支持政策体系

创新实践，推进交通运输与经济社会融合发展评估分析工作开展，切实建立起保障融合测度开展的机制体制，形成通路，真正为交通运输与经济社会深度融合发展提供有力支撑。

执笔人：马艺菲、谢雨蓉

附表 6－1　全国投入产出数据下交通运输与关联产业投入率、需求率计算

项目	年份	指　　标	指标值	指　　标	指标值
非金属矿物制品 M1	2012	对交通运输投入率	0. 002145	被交通运输需求率	0. 001883
		交通运输对 M1 投入率	0. 05367	交通运输被 M1 需求率	0. 038249
	2010	对交通运输投入率	0. 003651	被交通运输需求率	0. 002697
		交通运输对 M1 投入率	0. 058084	交通运输被 M1 需求率	0. 041030
	2007	对交通运输投入率	0. 003075	被交通运输需求率	0. 002447
		交通运输对 M1 投入率	0. 054628	交通运输被 M1 需求率	0. 035967
	2005	对交通运输投入率	0. 003562	被交通运输需求率	0. 003527
		交通运输对 M1 投入率	0. 069643	交通运输被 M1 需求率	0. 044155
	2002	对交通运输投入率	0. 003533	被交通运输需求率	0. 004897
		交通运输对 M1 投入率	0. 086926	交通运输被 M1 需求率	0. 031010
金属制品 M2	2012	对交通运输投入率	0. 006438	被交通运输需求率	0. 009904
		交通运输对 M2 投入率	0. 037186	交通运输被 M2 需求率	0. 019659
	2010	对交通运输投入率	0. 009227	被交通运输需求率	0. 012657
		交通运输对 M2 投入率	0. 029129	交通运输被 M2 需求率	0. 013106
	2007	对交通运输投入率	0. 025568	被交通运输需求率	0. 008049
		交通运输对 M2 投入率	0. 006386	交通运输被 M2 需求率	0. 014268
	2005	对交通运输投入率	0. 004094	被交通运输需求率	0. 006668
		交通运输对 M2 投入率	0. 04141	交通运输被 M2 需求率	0. 018528
	2002	对交通运输投入率	0. 004198	被交通运输需求率	0. 006121
		交通运输对 M2 投入率	0. 047233	交通运输被 M2 需求率	0. 019800

续附表 6－1

项目	年份	指　　标	指标值	指　　标	指标值
电气机械和器材M3	2012	对交通运输投入率	0.002064	被交通运输需求率	0.002598
		交通运输对 M3 投入率	0.030679	交通运输被 M3 需求率	0.026165
	2010	对交通运输投入率	0.030137	被交通运输需求率	0.005127
		交通运输对 M3 投入率	0.004722	交通运输被 M3 需求率	0.026274
	2007	对交通运输投入率	0.004694	被交通运输需求率	0.004754
		交通运输对 M3 投入率	0.02458	交通运输被 M3 需求率	0.022042
	2005	对交通运输投入率	0.00579	被交通运输需求率	0.007066
		交通运输对 M3 投入率	0.037628	交通运输被 M3 需求率	0.026716
	2002	对交通运输投入率	0.007062	被交通运输需求率	0.009938
		交通运输对 M3 投入率	0.039028	交通运输被 M3 需求率	0.019308
交通运输设备M4	2012	对交通运输投入率	0.1105	被交通运输需求率	0.141643
		交通运输对 M4 投入率	0.036756	交通运输被 M4 需求率	0.038955
	2010	对交通运输投入率	0.119731	被交通运输需求率	0.113807
		交通运输对 M4 投入率	0.024264	交通运输被 M4 需求率	0.026030
	2007	对交通运输投入率	0.124413	被交通运输需求率	0.116662
		交通运输对 M4 投入率	0.02079	交通运输被 M4 需求率	0.021977
	2005	对交通运输投入率	0.118207	被交通运输需求率	0.165524
		交通运输对 M4 投入率	0.031597	交通运输被 M4 需求率	0.023874
	2002	对交通运输投入率	0.132203	被交通运输需求率	0.157888
		交通运输对 M4 投入率	0.031149	交通运输被 M4 需求率	0.020301

数据来源：课题组测算。

参考资料

[1]李芸,陈俊红,陈慈. 农业产业融合评价指标体系研究及对北京市的应用[J]. 科技管理研究,2017(4):55-63.

[2]蒋一卉. 农村产业融合评价指标体系及应用:以北京市为例[J]. 经济界,2017(2):83-90.

[3]王霞,王岩红,苏林,等. 国家高新区产城融合度指标体系的构建及评价:基于因子分析及熵值法[J]. 科学学与科学技术管理,2014,35(07):79-88.

[4]郑荣翠. 关于临港城市现代产业体系评价指标的构建研究[J]. 中国集体经济,2015(13):22-23.

[5]刘爽. 我国物流业与国民经济协调发展研究[D]. 长沙:中南大学,2010.

[6]罗月江. 互联网产业与传统零售业产业融合度测算及影响因素分析[D]. 广州:华南理工大学,2014.

[7]赵霞. 流通服务业与制造业互动融合研究[D]. 成都:西南财经大学,2011.

[8]梁伟军. 产业融合视角下的中国农业与相关产业融合发展研究[J]. 科学经济社会,2011(4):12-17.

[9]张馨元. 生产性服务业与制造业融合机理与融合度测度研究[D]. 上海:上海社会科学院,2015.

实　践　篇

第七章　我国共享交通企业调研分析

内容提要　得益于我国庞大的互联网用户群体以及传统交通运输行业存在运输服务供给质量总体不高的问题，以共享驾乘、共享单车、共享汽车、共享停车等为主要业态的共享交通在我国快速发展，成为资本追逐、政府部门以及社会公众的关注热点。为深入剖析我国共享交通领域主要业态下重点企业的发展情况，为更好地规范和引导共享交通发展政策制定提供支撑，本章按照覆盖主要领域、兼顾主要业态、专注领头企业的原则选取7家共享交通企业进行典型调研分析，以此为基础对当前我国共享交通发展现状和问题进行了深入调研分析。通过调研发现，共享交通发展政府需要投入更多关注，需要进一步提高认识、把握趋势，进一步明确促进交通与共享经济融合发展的重要意义及未来的发展趋势，立足交通系统整体发展的需要，政府职责应重点做好顶层设计、更新监管理念、创新监管手段、优化发展环境、加快设施建设、应对垄断经营等方面。

近年来，随着移动互联网、大数据等技术的广泛应用，加之我国庞大的用户群体和良好的交通设施设备基础，共享交通迅速成为共享经济在我国发展最快、影响最广、争议最多的领域，在增加交通供给规模、提升交通供给质量的同时，带动了大众就业和相关产业发展，迅速成为我国经济发展进入新常态下一道靓丽的新增长点。2016 年，我国共享交通出行领域市场交易额约为 2038 亿元，融资超过 700 亿元人民币，参与总人数超过 3.5 亿人，同比分别增长 104%、124%、40%。加快交通与共享经济融合发展对推进交通运输领域供给侧结构性改革、化解产业过剩、扩大就业，以及提升交通治理能力与水平具有重要作用。但是，回顾近几年共享交通的快速发展历程，赞赏与争议始终并存。这一方面与政府部门落后的监管理念、监管方式、监管手段有关，另一方面也与部分共享交通企业仅考虑自身利益，借助资本力量，利用监管“真空”无序发展有关。需要认识到，共享交通发展是丰富交通运输供给、提升交通运输服务质量的重要手段，未来仍具备广阔空间，面对老问题、新趋势，如何更好地规范和引导共享交通发展值得深入研究。

因此，为更好地了解当前我国共享交通发展现状、问题和趋势，为未来制定规范和引导交通与共享经济融合发展政策措施提供支撑，按照覆盖主要领域、兼顾主要业态、专注领头企业的原则，选取滴滴出行、神州专车、嘀嗒拼车、接我巴士、摩拜单车、即行（car2go、car2share）、ETCP等7家企业进行调研，既涵盖了共享交通领域的主要业态，也是各行业的领军企业或者具有显著特点的企业。调研采用“座谈＋文献整理”的方式，了解企业的发展现状、问题及诉求，分析当前我国交通与共享经济的融合发展现状和主要问题，提出推动交通与共享经济融合发展的政策建议，在此基础上整理形成本调研报告。

一、调研企业基本情况

调研选取的7家企业分别来自共享驾乘、共享自行车、共享租车、共享停车位等领域，涵盖了目前我国共享交通的主要业态，也是各领域的领军企业或具有显著特点的企业，基本情况如表7－1所示。

表7－1　调研企业基本情况

序号	企业名称	主营业务	经营概况	日订单量	估值
1	滴滴出行	网约车	以整合社会车辆资源为主，涵盖出租车、专车、快车、顺风车、自驾租车、代驾、公交等业务的一站式城市出行平台。在网约车市场中的份额已超过90%，在中国400余座城市拥有4亿用户，注册车主司机1700万人	2500万	500亿美元

续表 7－1

序号	企业名称	主营业务	经营概况	日订单量	估值
2	神州专车	专车	以自有车辆为主的，涵盖专车、自驾租车等业务的城市出行平台，覆盖全国50余城市，拥有专职司机近40000名，自有车辆超过30000辆，注册用户近2000万人	50万	370亿元人民币
3	嘀嗒拼车	顺风车	以顺风车为主要业务的拼车平台，覆盖全国349座城市，拥有近6000万用户、1000万车主	120万	2.4亿美元
4	接我巴士	共享巴士	以整合社会巴士资源为主的包车服务运营平台，针对产业园区、特色小镇、城市核心区通勤，旅游交通等场景，推出了“接我云班车”“接我摆渡车”“接我玩巴”等共享巴士产品，目前已经覆盖了北京、上海、杭州、南京等全国主要城市，日运行线路超过千条	10万	1亿元人民币
5	摩拜单车	共享单车	以自有自行车为主的自行车租赁平台，已在国内外近60个城市投放共享单车近800万辆，周活跃用户接近3000万人	5000万	20亿美元

续表 7－1

序号	企业名称	主营业务	经营概况	日订单量	估值
6	即行	共享汽车	戴姆勒旗下汽车共享服务品牌，目前已在北京、上海、深圳、重庆、成都、杭州、广州等城市提供出行服务，投放车辆近 1000 辆，注册用户超过 30 万人	1000	非独立企业
7	ETCP	共享停车	以智慧停车管理为载体的共享停车平台，覆盖 186 个大中型城市，在海外落地 6 个国家，覆盖停车场接近 6000 家，每月服务停车次数 6000 万次	200 万	13 亿美元

注：数据截至 2017 年初。

二、我国共享交通发展总体情况

（一）共享驾乘

共享驾乘是当前我国共享交通发展规模最大的领域，据罗兰贝格公司测算，目前我国共享驾乘领域的年订单量达到 17.7 亿单，吸引投资总投资 234 亿美元，约 2.5 亿用户每周至少使用 1 次共享驾乘。按照目前既有的市场形态，共享驾乘领域又包括网约车、顺风车、共享巴士等业态。

1. 网约车

网约车是指依托互联网平台，整合交通供需信息，使用符合条件的车辆和驾驶员，提供非巡游的预约出租汽车服务，是我国共享交通领域较早发展和受到关注的业态。据中国电子商务研究中心（100EC. CN）监测数据显示，截至 2016 年 12 月，网络预约专车用户规模为 1.68 亿，比 2016 年上半年增加 4616 万，增长率为 37.9%。资本市场对网约车的发展高度认可。2016 年网约车领域仅滴滴、优步中国、神州专车、叮叮约车就融资近百亿美元，其中 6 月 16 日滴滴出行获得的 45 亿美元也是 2016 年度共享经济交通领域金额最大的一笔融资。2017 年 4 月，滴滴出行又完成 55 亿美元融资，目前估值超过 500 亿美元，对比沪深两市近 3300 家上市公司，滴滴出行估值超过除上汽集团以外交通运输类企业，也是全球排名第二的独角兽企业①（Uber 排名首位，估值约为 680 亿美元）。

目前，随着七部委联合发布《网络预约出租汽车经营服务管理暂行办法》，各地方政府陆续出台、实施了网约车管理细则，是政府部门较早出台监管措施的共享交通领域，对其他共享交通领域监管政策的制定具有较强的借鉴和示范意义。因此，课题组选取了成都、兰州、郑州、北京、深圳、厦门六个不同规模、不同类型的典型城市，向出租汽车乘客、网约车驾驶员和巡游车驾驶员分别发放了调查问卷，广泛了解新老业态驾驶员、乘客代表对当地网约车政策的意见建议，共回收有效问卷 7756 份。问卷结果显示：

网约车具有相对固定的乘客群体。39.6% 的乘客选择以巡游车出行为主，31.2% 的乘客选择以网约车出行为主，另外 29.2% 的乘客选择巡游车和网约车的比例相当。例如在北京，以网约车出行为主的乘客群体较之以巡游车出行为主的乘客群体，具有年轻化、女性偏多、受教育程度高、收入水平高等特点。

网约车的服务质量相对较好，巡游车在价格和安全性上具有竞争优势。认为网约车的服务质量“非常好”和“比较好”的乘客比例为 54.5%。价格上，认为网约车的价格“非常高”和“比较高”的乘客比例为 54.0%。安全性上，认为巡游车比较安全的乘客比例为 53.5%。

公众普遍认可政府对网约车发展进行规范管理，乘客、网约车驾驶员、巡游车驾驶员各方均认可政府对网约车车辆、驾驶员设定准入标准的做法，认可比例分别高达 76.8%、80.6% 和 77.8%。但对个别城市的具体标准，各方也存在一定分歧。例如对于深圳设定的标准，多数乘客、网约车驾驶员认为对网约车车辆的准入标准过高，而多数巡游车驾驶员认为对

① 依据美国创投研究机构 CB Insights 于 2017 年 9 月发布的“全球独角兽公司榜单”，http://www.cs.com.cn/xwzx/hwxx/201709/t20170926_5493770.html.

网约车车辆和驾驶员的准入标准过低。

新政实施后，部分城市巡游车驾驶员的收入有所回升，出租汽车特别是巡游车的服务质量有了提升。有20%的巡游车驾驶员认为，与出租汽车改革政策实施前相比，自己的收入有了5%以上的提升。20.2%的乘客认为巡游车的服务质量好了很多，37.0%的乘客认为好了一些，12.9%的乘客认为网约车的服务质量好了很多，34.6%的乘客认为好了一些。尤其是网约车政策比较宽松的成都，74.5%的乘客认为巡游车的服务质量较之前得到了提升。

作为较早受到政府部门监管的共享交通领域，网约车政策的实施对其他共享交通领域具有较强的借鉴意义。通过问卷分析可知，对于新业态的出现，社会公众是比较支持政府进行一定程度的监管；而对具体监管措施的制定，应以服务为导向，而不是为了监管而监管；此外，监管措施应兼顾新老业态的融合发展，共同促进，更好地满足人民群众的出行需要。

2. 顺风车

顺风车，也称为拼车、私人小客车合乘，是由合乘服务提供者或乘客事先发布出行信息，出行线路相同的人选择乘坐合乘服务提供者的小客车、分摊部分出行成本（燃料费和通行费）或免费互助的出行方式。目前国内较大顺风车平台企业主要有两大类，一类是单一的拼车平台，如嘀嗒拼车。根据分析机构 QuestMobile 发布的《移动互联网 2017 年 Q2 夏季报告》数据显示：嘀嗒拼车以 506 万的月活跃人数，超越 Uber、易到等网约车客户端，成为仅次于滴滴出行的第二大独立用车服务 APP，并大幅领先于首汽约车、易到、神州专车等出行类 APP。另一类是依靠流量与场景优势实行业务延伸的综合性出行平台，如滴滴出行。滴滴出行顺风车上线时间略晚，但凭借资金和用户规模优势，快速占领市场。最新数据显示，滴滴顺风车覆盖城市为 351 个，使用过的乘客数超过 3000 万，日高峰订单达 223 万单。

此外，从顺风车业务本身来看，主要有市内顺风车和跨城顺风车两类。市内顺风车占据顺风车业务主导，但跨城顺风车也在快速发展。2017 年春运期间，滴滴顺风车共运送 848 万乘客跨城出行，比上年同期大增 3.46 倍，达到民航春运客运量的 14.5%，相当于增开 13046 列 8 节动车组或 3855 列 18 节绿皮火车。这一数据也接近南方航空国内航班在春运期间的运送人数。此外，参加空座共享计划的车主数达到了 333 万人。

3. 共享巴士

共享巴士又称定制公交，是根据乘客特殊需求设定线路，以多人共同乘用交通工具的形式，为处于相似区域、具有相同出行时间和相同出行需求的人群量身定做的公共交通服务。共享巴士既可认为是共享交通领域的业态，也可以认为是我国城市公共交通领域的细分市场，它重点针对乘坐公共交通工具出行（通勤）时等车时间长、车辆行驶缓慢、乘车拥挤、车内环境差、服务意识低等问题，为需要公共交通方式出行的人群提供的一种高端、定制化的公共交通服务。

目前已有滴滴巴士、接我云班车、嗒嗒巴士、哈罗同行、PP 大巴等共享巴士平台。其中接我于 2015 年 3 月正式进入共享巴士领域，7 月获得阿里巴巴战略投资，目前平台覆盖 12 个一线城市，运营车辆 5000 余辆，北京市场拥有 3000 余辆大巴，每天服务近 3 万人次。

（二）共享自行车

共享自行车是通过互联网平台，将个人闲置的或企业自购的自行车资源进行整合，通过租赁的方式，有偿或无偿提供给他人使用。世界范围内来看，共享自行车包括 P2P（个人与个人）和 B2C（企业与个人）两种模式。但目前我国发展较快的共享自行车平台主要是 B2C 模式，也即由企业或政府部门在校园、地铁站点、公交站点、居民区、商业区、公共服务区等提供自行车共享服务，其本质是一种分时租赁模式。我国共享单车市场经历了三个发展阶段。2007～2010 年为第一阶段，由国外兴起的公共单车模式开始引进国内，由政府主导分城市管理，多为有桩单车。2010～2014 年为第二阶段，专门经营单车市场的企业开始出现，但公共单车仍以有桩单车为主。2014 年至今为第三阶段，随着移动互联网快速发展，互联网共享单车应运而生，更加便捷的无桩单车开始取代有桩单车。2016 年为共享单车跨越式发展的一年，大量资本涌入共享单车领域，单 OFO 就完成了五次融资。

截至 2016 年底，共享单车用户规模达 1886.4 万人，相比于 2015 年 245 万人，呈 7 倍的爆发式增长，到 2017 年 7 月，共享单车的活跃用户达到 1.25 亿人，并开始逐步回落。摩拜单车、哈罗单车等占据中国共享单车 APP 活跃用户覆盖率的前列。受到资本持续青睐和驱动的共享单车运营商加速领域扩张、产品迭代、获取用户，以抢占更多市场份额，竞争逐渐趋于白热化。但过快的车辆投放速度给线下运维带来了巨大压力，出现了车辆布局不合理的现象，如个别热点区域投放过于集中等，同时个别用户不良的消费行为也会导致自行车乱停乱放的问题，规范发展成为当前共享单车面临的首要问题。

（三）共享汽车

共享汽车与共享自行车定义相似，也是通过互联网平台，将个人闲置的或企业自购的车辆资源进行整合，通过租赁的方式，有偿或无偿提供给他人使用。在我国，共享汽车 P2P 和 B2C 两种模式均存在，但仍以 B2C 模式为主。P2P 模式下，共享汽车经营者提出将私家车引入共享汽车平台，盘活私家车闲置时间资源，提高车辆资源的使用效率，但受制于消费理念、个人征信、消费行为等因素的影响，依靠整合个人车辆资源的 P2P 模式并不是当下共享汽车的主流。即行、途歌等共享汽车平台仍以企业自购、维护为主的 B2C 重资产模式。此外也有盼达用车等车辆主机厂（重庆力帆）主导的共享汽车平台。

与共享单车动辄数亿美元融资的盛况相比，共享汽车行业的融资数额偏少。2017 年 4 月，TOGO 途歌宣布完成 4000 万 A + + 轮融资。2017 年 6 月，大圣出行宣布完成 1000 万元人民币天使轮融资。“一步用车”宣布完成 1.35 亿元人民币 A 轮战略投资，PonyCar 宣布完成 1.5 亿元人民币的 B 轮融资。总体来看，受到单位资产过重、限号限行、停车资源紧张等问题的影响，共享汽车发展仍面临较多的瓶颈问题。

相应地，以自持为主的共享汽车平台企业，在车辆投放量上也处于初期试探阶段，例如以奔驰 smart 为主要车型的 Car2Go、Car2Share 在全国的投放仅有数百辆车，而北京市全市共享汽车的数量不过 2000 辆，且属于不同的平台企业。数量少导致便捷性不足，用户体验度差，发展规模不高。此外，受到小汽车限行限购政策以及停车资源的影响，共享汽车平台企业表现出一定的属地化特征，这进一步限制了共享汽车的使用便利性。

（四）共享停车

共享停车是将个人或企事业单位所有的闲置停车资源，通过互联网平台有偿或无偿提供给他人使用。共享停车的核心是匹配停车资源和停车需求，解决停车资源与停车需求的时空错配问题。目前，共享停车的商业模式大概可分为三类，第一类是综合性平台，如人民停车、ETCP 等，提供包括停车搜索、预约用车、错峰停车之类的业务；第二类是专门针对某种特殊场景的平台，比如高铁、机场、路边停车需求，如飞泊通、小强停车等；第三类是“平台的平台”，主要目标是整合不同类型的停车平台，方便用户使用，“淘个车位”即属于这类产品。

共享车位的核心价值在于释放存量停车位资源，由于停车位属于固定空间资源，具有明显的属地性特征，另外，停车位产权归属复杂，涉及主体多，更有类似部分住宅小区停车位等权属尚不清晰的停车资源。即使产权相对清晰的路内外停车资源，又分属于不同的经营主体。因此，相对于其他几种共享交通业态，共享停车的推进难度更高。

执笔人：张广厚

第八章　我国邮轮业发展调研分析

内容提要　邮轮业附加值高、产业链长、配套环节多、密集度强，是具有巨大发展潜力的新兴朝阳产业，被誉为“漂浮在海上的黄金产业”，在我国是交通运输与旅游、装备制造等深度融合发展的一种新兴业态。本章通过对我国邮轮产业发展水平较高地区的实地调研分析，厘清了我国邮轮业发展现状、问题症结，并给出了对当前我国邮轮产业发展的主要认识，以及下一步促进邮轮经济发展的对策建议。分析认为：当前我国邮轮业面临较好的发展环境，邮轮旅客快速增长、邮轮港口建设不断加快、邮轮运力持续提升、邮轮政策密集出台、各方建设热情渐趋高涨。总体来看，我国邮轮业已进入了发展的黄金时期，其发展速度远超预期，但同时在规划、设施、船队、服务、政策、人才等方面存在各种突出问题，迫切需要正视发展需求，抢抓发展机遇，明晰发展思路，从规划统筹、政策完善、船队建设、产业链培育、产品开发、人才培养等方面为邮轮业持续健康发展营造良好环境，奠定坚实基础。

邮轮业是交通运输与旅游融合发展的典型业态，具有强大的经济拉动能力和吸附能力。近年来，随着经济社会的不断进步，我国邮轮业快速发展，邮轮市场呈现井喷式增长，近十年邮轮产业体量以平均每年超过45%的速度增长。2017年，我国十一大邮轮港（大连、天津、青岛、烟台、上海、舟山、厦门、深圳、广州、海口、三亚）共接待邮轮1181艘次，邮轮游客出入境总数495.5万人次，同比分别增长13.56%和9.56%。但总体上来看，我国邮轮业尚处于起步阶段，行业自身既存的发展问题仍然突出，对区域经济的带动作用尚未显现。为科学研判当前我国邮轮业的发展现状和存在问题，突破我国邮轮业发展面临的瓶颈，提高邮轮经济对我国经济社会的贡献度，并以邮轮业为重点示范领域推动交通运输与经济社会深度融合发展，课题组先后赴海南、上海、天津、南通、泰兴等地，对我国邮轮业发展情况进行了专题调研。

一、我国邮轮业发展基本现状

（一）邮轮旅客快速增长

自2006年开辟始发邮轮航线以来，我国邮轮旅客快速增长，乘坐邮轮出入境的人数从2006年的16万人次增长至2017年的495.5万人次，十年来邮轮出入境人次以平均每年近40%的速度增长，尤其是2012～2016年期间，邮轮出入境人次更是以接近60%的年均速度高速增长。虽然2017年的增速有所放缓，但中国邮轮市场的长远发展势头不会改变，尤其是随着居民消费水平的不断提高和人民享受美好生活愿望的日趋迫切，未来一段时期我国邮轮旅客仍将保持较高的增长速度。目前，中国已经成为全球第八、亚洲第一的邮轮客源国，是全球增长最快的邮轮客源地（见表8-1）。

在接待国际邮轮和邮轮出入境旅客的主要港口中，前三位港口及其市场份额分别为：上海吴淞口总航次466航次，占全国的39.5%，出入境旅客145.8万人（291.5万人次），占全国的58.8%；天津总航次174航次，占全国的14.7%，出入境旅客47.1万人（94.1万人次），占全国的19.0%；广州总航次122航次，占全国的10.3%，出入境旅客20.1万人（40.1万人次），占全国的8.1%。具体情况见表8-1、表8-2。

表8-1　2010～2017年中国出入境邮轮旅客统计

年份	国内出入境邮轮旅客		国际出入境邮轮旅客		出入境邮轮旅客总数	
	游客数量（万人次）	同比增长率（%）	游客数量（万人次）	同比增长率（%）	游客数量（万人次）	同比增长率（%）
2010	32.80	—	46.20	—	79.00	—
2011	25.20	-23.17	25.30	-45.24	50.50	-36.37
2012	42.00	66.67	24.00	-5.14	66.00	32.62
2013	102.50	144.05	17.70	-26.25	120.20	82.46
2014	147.90	44.29	24.50	38.42	172.40	42.09

续表 8－1

年份	国内出入境邮轮旅客		国际出入境邮轮旅客		出入境邮轮旅客总数	
	游客数量（万人次）	同比增长率（%）	游客数量（万人次）	同比增长率（%）	游客数量（万人次）	同比增长率（%）
2015	222.40	50.37	25.60	4.49	248.00	43.51
2016	424.53	90.88	27.74	8.36	452.27	82.33
2017	478.07	12.61	17.43	－37.17	495.50	9.56

表 8－2　2017 年我国已建成国际邮轮港口基本情况

序号	邮轮港口	2017 年接待国际邮轮（艘次）			2017 年出入境旅客数量（万人次）			港口性质
		母港邮轮	访问港邮轮	合计	母港旅客	访问港旅客	合计	
1	上海吴淞口国际邮轮港	458	8	466	288.4	3.1	291.5	专用码头
2	天津国际邮轮母港	160	14	174	90.9	3.2	94.1	专用码头
3	广州港国际邮轮母港	122	0	122	40.1	0	40.1	货改码头
4	深圳蛇口国际邮轮母港	108	0	108	18.9	0	18.9	专用码头
5	厦门国际邮轮中心	64	13	77	13.4	2.8	16.2	专用码头
6	青岛邮轮母港	59	4	63	10.6	0.4	11.0	专用码头
7	大连港国际邮轮中心	28	3	31	6.6	0.3	6.9	货改码头
8	上海港国际客运中心	23	23	46	2.8	3.4	6.2	专用码头
9	三亚凤凰岛国际邮轮港	0	12	12	0.2	3.9	4.1	专用码头
10	舟山群岛国际邮轮港	12	3	15	2.4	0.6	3.0	专用码头
11	海口秀英港	32	1	33	2.5	0.1	2.6	货改码头
12	温州国际邮轮港	1	0	1	0.3	0	0.3	货改码头
13	烟台港	0	0	0	0	0	0	货改码头
14	防城港港	—	—	—	—	—	—	货改码头
15	北海港	—	—	—	—	—	—	货改码头

注：烟台港 2017 年无航次，防城港和北海港暂无统计。

（二）邮轮港口建设加速

近年来，我国沿海众多港口相继加大邮轮码头投资，积极建设大型专业化邮轮码头，以构建国际邮轮母港为目标，积极争取国际邮轮来港停靠，力争通过邮轮经济的发展带动港口区域经济的发展。目前，我国已有16个港口城市有过国际邮轮接待经验，已初步形成包括依托长江三角洲和环渤海湾的东北亚邮轮港口群、依托珠江三角洲和环北部湾的东南亚邮轮港口群和依托海峡西岸和台湾岛的海峡两岸邮轮港口群等三大邮轮港口群。截至2017年底，已经建成大连、天津、烟台、青岛、上海吴淞口、上海国客、舟山、温州、厦门、深圳、广州、海口、三亚、防城港、北海共15家现代邮轮港口，另有珠海、秦皇岛、宁波等正在规划建设邮轮港口（见表8－3）。其中上海吴淞口国际邮轮港是目前中国最大的邮轮港，接待了约40%的中国邮轮乘客。

表8－3　我国主要邮轮母港基本概况

邮轮母港名称	基本概况
上海吴淞口国际邮轮港	面积超过160万平方米，主要停靠7万吨以上的超级巨轮，一期可同时停靠三艘10万～15万吨级大型邮轮，二期可同时停靠4艘大型邮轮
上海国际客运中心	主要接待8万吨及以下的邮轮，可同时停靠4艘豪华邮轮，码头年通过能力达100万人次
天津国际邮轮港	总规划面积120万平方米，建成2个大型邮轮码头，可停泊世界最大邮轮，年接待出入境游客能力达50万人次
三亚凤凰岛国际邮轮港	中国第一个8万吨级邮轮码头，一期用地面积547.8亩，总建筑面积480321平方米，年接待旅客60万人次
厦门国际邮轮中心	定位为“国际一流邮轮母港暨高端旅游目的地”，新建邮轮母港城总开发面积超过70万平方米
青岛国际邮轮港	总建筑面积约50万平方米，三个邮轮专用泊位，可停靠目前世界上最大的22.5万吨级的邮轮，规划年游客吞吐量可达150万人次
大连国际邮轮港	正在加紧实施“邮轮基地港”建设，逐渐从邮轮访问港向邮轮始发港转变

续表 8－3

邮轮母港名称	基本概况
舟山群岛国际邮轮港	新建 10 万～15 万吨级邮轮码头 1 座，设计年客运通过能力 57 万人次，初步作为国际邮轮停靠港营运，适时打造成为国际邮轮母港
深圳太子湾邮轮港	建设 2 个邮轮泊位，一个 22 万吨泊位，可停泊世界上最大的邮轮；一个 5 万吨泊位，按 12 万吨标准设计

（三）邮轮运力逐步提升

长期以来，中国市场上的邮轮旅游产品主要由外资邮轮公司提供，固定在中国运营的国际邮轮从 2006 年的 1 艘母港邮轮约 900 个客位增加到 2017 年的 23 艘母港邮轮约 60000 个客位。从 2011 年开始，一些中国企业通过收购国外邮轮或与国际邮轮公司合租组建了我国自有或合营邮轮营运公司，中国邮轮有限公司、厦门环球邮轮有限公司、海航旅业邮轮游艇发展有限公司等相继成立，中国本土邮轮公司快速发展。总体来看，我国自有邮轮公司虽然起步晚，起点低，市场占有量小，但是通过发挥地域优势，开展和设计符合中国消费者需求、有地方特色的邮轮产品，增加服务的附加值，同时通过向产业链其他环节拓展业务，整合区域资源，提高总体效益，已经并将继续实现运力市场的快速扩张。从邮轮数量来看，截至 2017 年，中国邮轮市场共计有 23 艘母港邮轮，其中上海是邮轮公司布局的首选，有 12 艘邮轮选择上海作为母港，天津与厦门次之，青岛和大连属于第三梯队，广州和深圳刚刚起步（见表 8－4）。

表 8－4　我国运营邮轮及邮轮港口分布情况

邮轮公司	邮轮名称	载客量（人）	主要邮轮港口
皇家加勒比邮轮	海洋量子号	4180	上海吴淞口
	海洋水手号	3700	上海吴淞口
	海洋赞礼号	4180	天津
	海洋航行者号	3114	深圳、厦门
	海洋神话号	2074	大连、青岛

续表 8-4

邮轮公司	邮轮名称	载客量（人）	主要邮轮港口
歌诗达邮轮	赛琳娜号	3780	上海吴淞口
	大西洋号	2680	上海吴淞口、天津、深圳
	幸运号	3470	上海吴淞口、天津、深圳、厦门
	维多利亚号	2394	广州、厦门
丽星邮轮	处女星号	1804	上海吴淞口、天津、广州、深圳
	天秤星号	1472	厦门
诺唯真邮轮	喜悦号	3850	上海吴淞口、天津
公主邮轮	盛世公主号	3560	上海吴淞口
	蓝宝石公主号	2670	上海吴淞口、厦门
	黄金公主号	2600	天津
天海邮轮	新世纪号	1814	上海吴淞口、深圳、厦门
地中海邮轮	抒情号	1984	上海吴淞口、深圳、厦门、大连
精致邮轮	千禧年号	2076	上海吴淞口
钻石邮轮	辉煌号	1200	天津
星梦邮轮	云顶梦号	3376	广州、深圳
	世界梦号	3376	广州
银海邮轮	银影号	382	深圳
渤海邮轮	中华泰山号	900	厦门、青岛

（四）邮轮政策密集出台

随着我国邮轮业的快速发展，国家对邮轮业的重视程度正在不断提高。自 2006 年以来，国家陆续出台了多部文件，大力推动本土邮轮产业发展，而且自 2015 年以来，国务院及各部委关于邮轮业发展的政策出台频率明显增多。据不完全统计，2015 年国务院及各部委出台的各项政策中，有 4 项涉及邮轮业，2016 年达到 5 项。此外，自 2012 年起，原国家旅游局相继批准设立上海、天津、深圳、青岛 4 个邮轮旅游发展试验区，为完善邮轮产业政策体系发挥示范和引领作用。2014 年，交通运输部发文在天津、上海、福建、海南 4 省市开展邮轮运输制度创新试点示范工作。

除了国家宏观政策层面的支持外，各省对邮轮产业也非常重视，纷纷出台支持政策，上海、天津、福建、海南及广州、青岛、珠海、北海等地陆续出台了促进邮轮产业发展的相关政策文件（见表8－5）。

表8－5　我国的邮轮产业相关主要政策文件

时间	发布单位	产业政策	要　　点
2006年6月	国家发展改革委	《促进我国邮轮业发展的指导意见》	我国第一部关于邮轮业的国家指导性文件，提出吸引国际邮轮靠岸，加强港口到港服务，逐步形成我国邮轮设计与建造能力，建设邮轮母港，健全产业体系
2006年9月	交通运输部、国家发展改革委	《全国沿海港口布局规划》	对我国邮轮业的基础设施建设进行了总体布局
2009年12月	国务院	《关于加快发展旅游业的意见》	支持有条件的地区发展邮轮、游艇等新兴旅游，将邮轮、游艇等旅游装备制造业纳入国际鼓励类产业目录
2011年6月	国家发展改革委	《产业结构调整指导目录》	鼓励邮轮制造、运输和母港建设
2011年6月	原国家旅游局	《国际邮轮口岸旅游服务规范》	亚洲第一个邮轮行业标准
2013年2月	国务院	《国民旅游休闲纲要（2013—2020年）》	支持邮轮游艇码头等旅游休闲基础设施建设，积极发展邮轮游艇旅游等旅游休闲产品
2013年3月	交通运输部	《关于促进我国邮轮运输业持续健康发展的指导意见》	积极培育邮轮市场、完善邮轮港口功能，加强邮轮运输行业监管、提升邮轮服务水平、促进邮轮经济发展、推动平安绿色发展、加快邮轮人才培养等

续表 8－5

时间	发布单位	产业政策	要　点
2015 年 4 月	交通运输部	《全国沿海邮轮港口布局规划方案》	我国邮轮港口发展将以始发港为主体，重点发展七大区域 8 个始发港
2015 年 8 月	国务院	《关于进一步促进旅游投资和消费的若干意见》	推进邮轮旅游产业发展，促进旅游市场高端需求的开发和市场的进一步细分
2016 年 4 月	国家发展改革委等 24 个部门	《促进消费带动转型升级行动方案》	规范并简化邮轮通关手续，拓展国内邮轮航线，培育本土邮轮发展，支持国内造船企业与国外造船企业联合生产制造大型邮轮
2016 年 6 月	国家发展改革委、交通运输部	《关于推动交通提质增效提升供给服务能力的实施方案》	有序推进邮轮始发港和访问港建设，鼓励支持航运企业根据市场需求拓展国际国内邮轮航线，推进邮轮产业化和规范化发展
2016 年 12 月	原国家旅游局	《全国邮轮旅游发展总体规划（2016—2025 年）》	自主建造邮轮，打造适合中国需求的有中国特色的船型，打造特色邮轮航线，丰富邮轮产品，协同推进邮轮产业发展
2017 年 2 月	国务院	《“十三五”现代综合交通运输体系发展规划》	有序推进邮轮码头建设，拓展国际国内邮轮航线

（五）各方建设热情高涨

当前，我国邮轮产业发展仍处于培育期、粗放式的起步发展阶段，随着游轮旅游的不断快速增长，我国邮轮产业发展将步入爆发期及市场细分的快速发展期。邮轮业作为新兴产业，无论从经济体量、就业人数，还是带动基础建设、产业链长度，都具备成为经济新动能的潜力，因此，各沿海城市、码头、邮轮公司、旅行社等对推动我国邮轮业发展的热情极其高涨。除各沿海城市纷纷出台邮轮业发展支持政策，各港口加紧布局邮轮码头及配套设施建设之外，目前上海、天津、海南、福建、浙江等地已有很多企业，特别是民营企业通过买船、租船、造船等形式积极投身于邮轮产业发展。而且，近年来包括招商局集团、中交建、中铁总、中外运长航集团等大型央企都陆续从码头、船队、船厂、服务业等不同领域布局邮轮新兴产业发展。本土邮轮公司海航邮轮、渤海邮轮等也从国内消费群体的特征出发，力求在经营模式、发展方向上突出特色，增强竞争力。

二、我国邮轮业发展存在的主要问题

（一）邮轮母港建设缺乏统筹规划

随着邮轮经济的不断升温，各沿海城市也纷纷提出了建造邮轮母港的设想，各沿海港口都将邮轮发展写入地方“十三五”发展规划。尽管交通运输部在2015年出台的《全国沿海邮轮港口布局规划方案》中提出，2030年前全国沿海形成以2~3个邮轮母港为引领、始发港为主体、访问港为补充的邮轮港口布局，但是各沿海港口城市的“雄心”远不止于此。考虑到邮轮母港停靠时间长，对所在区域消费资金流、物流、信息流等拉动作用巨大，能极大提升地方经济发展层次，规划的各邮轮始发港无一例外地都提出邮轮母港的发展计划（见表8－6）。这种一哄而起的态势，极有可能造成投资巨大、盲目竞争的状况。而且，不少沿海城市竞相发展邮轮业，造成码头建设过于注重地标性建筑，应预防邮轮港口变身邮轮地产的趋势。因此，亟须政府统筹规划，积极引导，避免一哄而上、盲目建设。

表8－6　主要沿海城市的邮轮母港发展规划

港口	定　　位
上海港	亚太地区规模最大的邮轮母港之一
天津港	中国北方最大的邮轮母港、国际邮轮母港区
厦门港	国际化邮轮母港

续表 8－6

港口	定　　位
青岛港	中国北方邮轮中心、东北亚区域性邮轮母港
大连港	国际邮轮母港
广州港	亚洲最大邮轮母港之一
三亚港	亚洲最大邮轮母港
烟台港	国际知名邮轮母港
舟山—宁波港	舟山邮轮母港
深圳港	华南区现代化邮轮母港和邮轮经济圈
海口港	国际邮轮母港
北海港	西南沿海邮轮港、面向东盟国家的区域性国际邮轮母港

（二）邮轮港口等基础设施建设不足

基础设施是发展邮轮经济的先决条件之一，邮轮产业涉及很多服务行业，因此，邮轮产业基础设施建设不仅包括邮轮码头上的硬件设施，还包括港口周边的旅游设施、交通设施、购物场所、服务设施等配套设施建设。由于我国邮轮业起步晚，发展相对滞后，大多沿海港口在接待邮轮游客时还只能利用既有的货运码头，码头环境和服务设施严重影响了国际邮轮旅游的形象。尽管部分港口城市已经建设了相应的码头硬件基础设施，但由于我国邮轮产业受到管理水平和人才等因素限制，与国外邮轮基础设施相比还不够完善，目前国内各港口城市大都尚不具备国际竞争力的邮轮相关软件配套基础设施，仍然不能满足国际邮轮特别是大型邮轮的现实需要。

（三）邮轮建造和自有邮轮船队亟待加强

目前全球邮轮市场供给总体呈现寡头垄断格局。全球八大邮轮公司隶属于三大邮轮集团——嘉年华集团、皇家加勒比邮轮集团和丽星邮轮集团，这三大集团占有全球邮轮旅游市场约 85% 的市场份额，其中嘉年华集团占有全球市场 56% 份额。当前，我国邮轮经济基本上受制于在境内经营的国际邮轮公司，市场上主要邮轮产品的 97% 由国际邮轮公司提供，国内企业在物资配送、邮轮修造、邮轮运营等方面还存在较大差距。一方面，我国自营邮轮公司刚刚起步，公司规模不足，当务之急是组建发展自己的邮轮船队。另一方面，我国在贡献度最大的邮轮制造业方面目前几近空白，我国作为全球第一造船大国，在豪华邮轮的自主设计建造能力、资源整合能力、项目管理能力、系统集成能力、安全质量控制能力等方面还有很大差距，我国造船业的过剩产能与豪华邮轮需求旺盛之间形成巨大反差。

（四）邮轮产业服务体系不完善

长期以来，我国邮轮发展力量主要集中在邮轮政策制定、邮轮码头建设、邮轮船队引进、邮轮旅游观光和接待等方面，在邮轮管理、邮轮产业规划、邮轮制造、邮轮服务体系、邮轮市场机制、邮轮消费理念等方面还存在许多空白和不足。我国邮轮经济只是简单的港口接待和旅游接待，尚未形成体系化的产业全貌，导致邮轮业务的发展对港口城市带来的综合影响很小，行业应有的放大效益没有使本土经济大范围受益，这一局面有可能影响到我国邮轮港口的可持续发展。在港口码头经营与配套环节，已有的产业活动尽管已涉及交通运输业、船舶供应业、邮轮专用码头运营、码头服务设施配套，但没有涉及港区周围休闲商业设施项目及环境的营造、旅游主题公园与附属大型商业综合体项目开发等商业配套经营环节。国际邮轮公司亚洲航线在我国企业供应的物资采购和补给量占比非常小，其上万种采购物品中，在我国采购的只有 250 种左右。

（五）国家管理制度和政策限制

一是邮轮口岸服务水平、通关效率有待进一步提升。目前我国对邮轮的出入境管理和口岸管理采用一般的出入境程序和口岸管理制度，邮轮乘客出入境时间过长，出入口岸不方便，据国际邮轮公司反映，在国内，所有旅客全部完成上船有时需要长达 3 ~ 4 个小时，而在美国只需要 15 分钟左右，迫切需要符合国际惯例的联检手续及相关管理办法。二是港口收费标准需要完善。国内邮轮母港的收费标准主要包括政府规费和码头企业收费两部分。其中，政府规费包括吨税、港务费、引航费、拖轮费、检疫费等；码头企业收费包括停泊费、旅客人头服务费、客运大厅使用费、行李费等。按照现行的法规，同等情况下，国内停靠综合收费约比美国高出3到5倍，比欧洲高出2到3倍。三是邮轮境内多点挂靠尚有一定难度。目前在我国市场开展区域客班轮营运的邮轮为悬挂外国国旗的境外船舶，当前的营运规定禁止此类船舶在境内实现连续两港或多港间停靠，这大大地限制了邮轮消费市场的培育。

（六）国内邮轮专业人才稀缺

邮轮业在我国起步较晚，专业人才稀缺，而行业发展离不开专业人才的培养。首先，邮轮产业链运行管理水平较高，我国熟悉国际通行规则和市场运作的高端专业邮轮技术与管理专业型人才比较稀缺。其次，邮轮素有“海上流动度假村”之称，涉及航海、住宿、餐饮、海关、法律、医疗、通信等众多部门，这都需要相关的专业人才进行组织、管理、协调和运作，而这样的人才在我国极少。近年来，陆续有高校开设新兴的旅游专业课程，如高尔夫、会展旅游，但邮轮旅游课程很少有高校开设，导致我国邮轮行业的专业人才稀缺。

三、对于我国邮轮业发展的主要认识

（一）我国邮轮业发展速度远超预期

自20世纪末以来，全球邮轮旅游发展迅速，成为引人瞩目的产业之一。1980年以来，全球旅游行业整体年均复合增速为4%，而邮轮行业增速达8.9%。近年来，我国邮轮业发展迅速，正在成为新兴国际邮轮市场。据交通运输部预测，2020年我国邮轮旅客数量将达450万人次，2030年沿海邮轮旅客吞吐量将达到3000万人次左右。而实际表明，这一预测结果显得有些保守。2016年，全国邮轮旅客量达到452万人次，提前4年达到预期目标。而且，依据当前发展趋势，未来10年我国邮轮旅客量仍将保持高速增长，将成为亚太最具活力和最大的邮轮市场。同时，国内企业普遍看好邮轮业务，调升对邮轮业发展的预期，如携程网、途牛网、同程网、驴妈妈、艺龙、环世邮轮网等在商机面前纷纷加快拓展邮轮市场版图，锦江旅行社、春秋旅游、中国国际旅行社等传统旅行社也组建专门的邮轮业务部门以承接邮轮业务，上港集团与地中海邮轮公司成立地中海邮轮旅行社，京东独家签约皇家加勒比邮轮公司下的高端邮轮，并与途牛合作，开设京东邮轮频道，提供多条国际航线产品等。

（二）我国邮轮业发展正进入黄金时期

中国经济的长期稳健发展，带来了社会生活水平的持续提高和旅游消费需求的迅速增长，发展邮轮旅游业的优势条件正在不断成熟。按照国际邮轮发展经验，人均 GDP 达 5000 美元，邮轮业开始起步；达 1 万 ~4 万美元，邮轮业进入快速发展期。我国人均 GDP 突破 8000 美元，部分沿海省市已超过 1 万美元，具备了邮轮业快速发展的条件。同时，我国居民收入水平的提升、消费结构的升级和带薪休假制度的不断落实，以及人们旅游观念从以游览观光为主逐步向度假休闲的转变，将不断为我国邮轮市场注入活力，邮轮旅游也将逐步成为重要的新型休闲方式。从邮轮旅游消费看，目前，全球邮轮旅游消费渗透率为 1.4%，美国 3.5%，澳洲 3.4%，欧洲 1.3%（德国 2%，英国 2.6%），日本 0.9%，新加坡 3%，而我国还不到 0.05%，我国邮轮旅游消费仍有很大的提升空间。因此，当前我国邮轮业发展恰逢其时，正在进入快速发展的黄金时期，将形成更大的市场规模和更高层次的发展格局，有望成为全球第一大邮轮旅游市场。

（三）邮轮业具有显著衍生带动效应

邮轮产业集港口、航运、旅游于一体，产业链条长，综合性经济效益强。产业链上游包括邮轮设计与制造、船上物资的采购与配送、燃料补给，码头和港区的配套设施建设；中游环节为各大邮轮公司对邮轮的运作和管理；产业链下游为邮轮产品的营销和市场拓展。从产值分布的角度看，在整个产业链中，邮轮设计与制造占据 20%，邮轮经营管理占 50%，码头配套服务占 30%。邮轮业以其庞大的产业链条，带来极为显著的衍生带动效应，能以 1:10 的高比例带动多产业协同发展。尤其是对消费服务业的带动效应尤为显著，将成为第三产业中发展最活跃的产业之一。邮轮在母港停靠能够带来大量客流，拉动当地消费，新加坡经验表明，修建邮轮母港后其国际游客年均增幅超过 40%，而且邮轮靠港需要增加补给、油料、淡水与处置废品、接受港口服务、邮轮维护与修理等一系列配套服务，经济衍生效应显著。根据世界旅游组织统计，参加邮轮旅游的每名游客在邮轮的住宿平均天数为6.9天，人均消费1341美元，比国际旅游人均消费的740美元还要高601美元，可见邮轮的发展将成为第三产业发展新的增长点，详见图8－1。

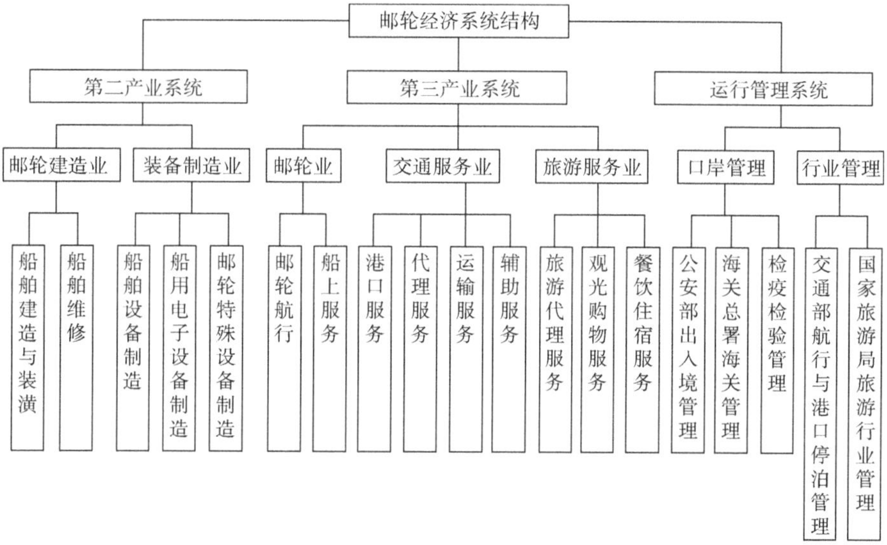

图8－1　邮轮经济体系结构

资料来源：《邮轮、邮轮产业与邮轮经济概述》。（百度文库，2011年）

四、促进邮轮业发展的相关建议

（一）加强全国邮轮港口统筹规划

统筹规划、合理布局我国沿海邮轮母港和停靠港，避免地区、码头之间的恶性竞争。在邮轮挂靠频繁的港口加大邮轮母港投资建设，创新国际邮轮码头的设计，确保邮轮游客顺利、方便和无缝对接，实现旅客快速周转。引导相邻港口之间根据自身条件和特点进行合理功能分布，组成“组合港”，强化合作，走联合、联盟、相互参股等集团化合作道路，形成以邮轮母港为中心，访问港、始发港等配套的良性合作局面。联合国内外港口协同发展，以拓展邮轮航线、打造精品线路为目标，联合规划邮轮港口建设、航线和岸上游拓展等。

（二）完善促进邮轮发展的政策体系

统一入境船舶查验手续、挂靠港船舶要求提供的文件和材料、旅客行李的查验方式等，制定统一的和邮轮经营管理相关的法律法规，严格规定各港口的收费制度，减少邮轮在港的行政费用。出台降低本土邮轮公司船舶进入门槛的相关政策，借鉴国外经验，鼓励本土邮轮公司购买和租用在中国境内建造的邮轮，并在融资方面给予专项财政支持。在本土邮轮企业注册方面，鼓励上海、天津、厦门等地立足自贸试验区，创新邮轮船舶登记制度，放宽登记主体条件、股权结构、所购船龄、船员配比、经营项目等准入条件，并给予税收优惠政策，提升国内游轮竞争力。制定专门针对邮轮生活污水、垃圾对海洋环境污染的法律法规，将邮轮防污染相关内容纳入国家海洋环境保护相关法律，确保邮轮生活污水、垃圾适时合理处理。

（三）大力建设本土邮轮船队

联合国际知名豪华邮轮运营商、豪华邮轮建造商、国际船级社及金融投资机构等，采取产融结合、国际化合作等模式，培育、建立自己的邮轮公司和邮轮船队，着力打造和培育豪华邮轮本土产业链，促进邮轮产业体系建设发展，逐步推进邮轮产业活动扎根本土经济。重点与欧洲的德国、芬兰、意大利和法国四个邮轮制造巨头进行合作，提升我国的邮轮制造水平，推动我国船舶工业从中低端向高端发展，促进我国船舶工业供给侧改革进程，最终提升我国船舶工业的整体实力。学习国外邮轮企业的先进运营方法，结合中国实际，开发适合本土邮轮产业发展的邮轮运营方法和管理系统。建议国家发展改革委、交通运输部、公安部等部门适当放松、放宽船舶运输企业经营政策、船龄政策、船员管理政策、航行管理政策、税收政策、娱乐业政策，积极鼓励海峡两岸暨香港、澳门资本联合组建邮轮公司或邮轮船队，购买或租用方便旗邮轮，常态化经营两岸邮轮旅游航线、南北邮轮旅游航线。

（四）加快打造邮轮经济产业链

制定与国际邮轮经济发展接轨的产业发展规范，创造良好投资环境，鼓励国际邮轮公司、国际性邮轮组织或行业协会在我国邮轮母港设立地区性总部。加快邮轮旅游发展实验区建设，集聚邮轮港口服务、邮轮配套服务、水陆旅游、航运中介、邮轮装备技术研究、邮轮设计与修造等企业和机构，规划建设综合型邮轮船供物流配送中心，做大邮轮船舶供应市场，积极争取国际邮轮注册保税港政策，建立邮轮船供保税加工区。在邮轮旅游发展实验区内建设高标准的商务商业等楼宇设施，打造具有综合功能的配套商务区，合理规划开发建设餐饮、酒店、滨水广场、影剧院、购物中心等旅游商贸项目与设施。

（五）开发符合市场需求的邮轮旅游及产品

加强与国际邮轮公司合作，积极开辟区域性、近洋型国际航线，重点积极拓展与周边国家（日本、韩国、俄罗斯远东、新加坡、马来西亚、泰国、越南、菲律宾）的国际邮轮航线、开辟港、澳、台地区性邮轮航线，远期开发我国沿海至阿拉斯加、北美太平洋东岸、南美、南太平洋岛国、东南亚等的环太平洋邮轮航线，并进一步发展环球邮轮航线。借鉴国际邮轮运营经验，积极发展国内沿海沿江邮轮旅游航线，发展深海游航线，根据国家积极稳妥开放开发西沙群岛旅游产业的要求，注重开发与海南三沙市各岛屿之间的邮轮航线。借鉴国际邮轮度假产品特点，在我国开发 3 ~ 7 天的门槛比较低的短期邮轮旅游产品、10 天左右的中端产品及包括精品邮轮航线、定制服务和包船业务等的高端产品，丰富邮轮旅游产品形态。

（六）培养和引进邮轮专业人才

重视邮轮专业人才队伍建设，通过引进管理人才和探索建立邮轮行业的教育培训体制机制，逐步发展邮轮码头接待、邮轮经营管理、邮轮旅游服务、邮轮营销策划、邮轮设计建造和邮轮检验等专项人才教育，形成邮轮专业人才体系。加强邮轮企业与高校、科研机构、政府联合培养、培训专业人才，高校有针对性地开设邮轮旅游专业，培养高级邮轮业人才，邮轮企业内部引进国外高级邮轮业人才，并选拔有能力的人才到欧美等邮轮业发达国家学习深造。同时，加强与世界著名邮轮母港合作，通过相互之间的合作、交流、沟通，为我国邮轮码头管理层累积宝贵的邮轮旅游运营管理经验，培养具备港口管理和配套服务的人才。

执笔人：丁金学

第九章　我国部分临空经济区发展情况的调研分析

内容提要　临空经济对推动区域经济和产业转型发展的意义和作用重大。各地已普遍认识到发展临空经济的重要性，建设临空经济区热情很高。本章选择成都、长沙、西安、武汉、鄂州等国家批复的临空经济示范区及部分典型城市临空经济区作为调研对象，对临空经济区建设发展现状进行分析，突出问题表现为航空枢纽组织功能尤其是国际资源配置能力不足，临空经济区功能雷同、开发模式单一，航空枢纽与城市产业发展未形成合力，支持政策和措施导向不明，体制机制不健全等。当前，临空经济发展水平偏低、综合效益不高，亟须转变发展思路、创新发展路径，提升航空枢纽资源配置能力，因地制宜差异化制定临空经济发展导向与路径，整体性策划临空经济区建设，完善临空经济发展政策和体制保障，使其成为交通与经济深度融合发展、新旧动能接续转换的重要试验场。

临空经济是依托航空枢纽和现代综合交通运输体系，以临空经济区为核心载体，提供高时效、高质量、高附加值产品和服务，推进航空运输业、高端制造业和现代服务业等产业集聚发展的经济形态。发展临空经济，是新时期顺应交通枢纽代际更替趋势、推动枢纽经济发展、实现交通与经济深度融合的重要抓手，也是助力我国新旧动能接续转换、推动区域经济“弯道超车”、提升国际竞争力、构建现代经济体系的重要载体。2017 年 2 月，习近平总书记考察北京新机场建设时，强调“北京新机场是国家发展一个新的动力源”，一语道出航空枢纽对区域经济发展的战略意义。为更好提升航空枢纽功能，促进航空枢纽与经济、产业和空间的融合发展，特对我国临空经济区建设发展情况进行调研。本次调研采取案头调研和实地调研相结合方式，梳理了国家批复的 10 个临空经济示范区基本情况，并赴成都、长沙临空经济示范区及深圳、西安、武汉、鄂州等临空经济区进行实地调研。

一、我国临空经济区建设发展取得一定成绩

（一）建设临空经济区意义重大，各地推动积极性高

当前，经济发展新常态下我国产业转型升级内在需要已与新一轮产业变革和科技革命交相呼应，高技术、高附加值、高时效产品的生产组织方式、流通方式及消费模式不断涌现。从国内看，我国人均 GDP 正加快迈向 1 万美元，按照国际经验，当人均 GDP 迈入中等收入国家水平后，中等收入群体不断扩大，消费能力加快增长，消费水平加速升级。从国际看，随着全球化的深入发展，围绕产业链分工格局，在加快向微笑曲线两端或产业链高端环节发展过程中，国家间、区域间和城市间竞争日趋激烈，不仅需要构建全球配置资源平台，快速融入全球产业链，同时也要对复杂多变的竞争环境做出积极、快速、有效的响应，航空经济区将成为重要的承载地和发动机。许多地区认识到依托机场发展临空经济区对提升支撑区域经济转型发展和提升全球产业链和城市分工体系地位的重要意义，相继启动临空经济区规划和建设。据不完全统计，全国各地已规划布局超过 80 个临空经济区。目前，旅客吞吐量在 1000 万吨以上的机场所在城市均已建设或规划临空经济区，旅客吞吐量在 500 万～1000 万人次的机场所在地区也积极推进临空经济区建设。

（二）临空经济示范区加快布局，空间分布更加均衡

从国家层面，临空经济区将在优化我国经济发展格局、全方位深化对外开放、加快转变经济发展方式中发挥重要作用。2013 年 2 月，国务院批准《郑州航空港经济综合实验区发展规划》，郑州航空港成为第一个以国家名义批准的航空经济区。为更好推进我国临空经济区发展，2015 年 6 月国家发展改革委出台《关于临空经济区建设发展的指导意见》，从与相关规划衔接程度、城市规模、机场吞吐量以及临空产业基础等方面，遴选若干条件成熟的临空经济区开展试点示范。自 2016 年以

来，在着力推进经济新旧动能转换的大背景下，国家层面加快批复临空经济示范区试点。2016 年 10 月至 2017 年 5 月，国家发展改革委、民航局先后批复规划建设北京新机场、青岛胶东、重庆、广州、上海虹桥、成都、长沙、贵阳、杭州等 9 个国家级临空示范区。其所在依托的航空枢纽既包括东部沿海发达地区，又覆盖中西部欠发达地区，同时均为国际性或区域性枢纽机场，在华北、华东、中南、西南等各大区域机场群中处于核心地位。

（三）临空经济区建设各具特色，发展路径加快探索

各地在制定临空经济区发展战略时，注重临空产业与区域优势产业在发展战略、空间布局的衔接，如北京新机场临空经济示范区按照北京“四个中心”的战略定位，重点打造首都的“世界客厅”；上海虹桥临空经济示范区结合上海现代服务业发展，规划建设临空高端产业集聚区；杭州临空经济示范区注重与跨境电商相结合，打造全国跨境电商发展示范区；贵阳临空经济示范区依托贵州大数据产业发展，提出建设智慧型、生态化临空经济区。在快速推进临空经济区建设中，一些临空经济区进行积极探索。如郑州航空港经济综合实验区以航空货运为基础，通过政府政策支持，快速完善航空网络及航空物流服务体系，以交通优势带动临空产业集聚发展，形成以流量带贸易促产业路径探索。再如，深圳宝安、成都双流临空经济示范区积极引入网络型的航空快递物流企业，打造航空快递物流基地，培育临空指向性产业集聚发展，积极探索物流驱动型临空经济的发展路径。

（四）临空经济区作用不断发挥，支撑带动效果初显

航空枢纽对区域经济社会拉动作用明显，据国际相关机构测算，民航业投入产出比可达到 1∶8。调研发现，一些临空经济区发展势头迅猛，已初步成为经济发展和高端产业集聚的重要平台，以郑州航空港经济实验区为例，2015 年新郑国际机场旅客吞吐量达到 1730 万人次，货邮吞吐量达到 40 万吨，货邮吞吐量年均增速位居全国枢纽机场首位，实验区地区生产总值达到 520 亿元，3 年年均增长 21.4%，远高于郑州增长水平。依托郑州航空枢纽，一批知名物流企业落户实验区，智能手机生产基地建设加

快推进，手机产量突破 2 亿部，占全球出货量逾 1/7，精密机械、生物医药、商贸会展等产业也加快集聚。

二、我国临空经济建设发展面临的突出问题

（一）航空枢纽设施及服务网络亟须完善，枢纽组织功能短板明显，资源配置能力有待提升

随着我国航空需求快速增长，部分枢纽机场能力不足问题仍比较突出，深圳、重庆、西安、长沙、武汉、郑州等机场均需实施改扩建，国际航线布局尚不完善，国内航线布局仍需优化，机场集疏运网络有待完善，尤其是机场与干线、城际、市域各层级铁路网及公路网衔接不畅。机场转运设施、设备专业化和标准化程度不高，标准装载单元应用不足，换装、换载频繁，口岸、通关、信息服务、结算、保险等综合服务水平亟待提升。机场多为承担转运作业功能，引流、驻流能力不强，供应链组织能力普遍缺失，对产业链、供应链组织整合能力不足，难以支撑各种资源要素集聚、转化和价值创造。

（二）航空枢纽与城市产业发展未形成合力，各类开发区缺乏有效整合，区域增长极化作用尚不明显

近年来，虽然一些临空经济区发展较快、极核效应比较明显，但整体上，临空经济的发展层次和水平还不高。所在城市产业发展导向与临空经济特征不匹配，临空经济区与周边其他产业园区的功能定位与分工不清，临空经济发展缺乏城市产业的有效支撑。机场与临空指向性产业脱节，围绕枢纽的产业链、价值链尚未形成。临空产业层次低，产业链条短，增值空间有限，资源配置效率低。虽然如郑州航空港经济区在发展初期阶段的优惠政策驱动下，实验区经济增速很快，达到 20% 以上，远高于周边城市发展速度，但随着优惠政策边际效益降低，在发展到一定阶段后，实验区经济增速将难以持续。一些临空经济区基础较差、临空指向性产业较少，短期内很难实现产业集聚和区域发展带动。

（三）临空经济区开发区功能雷同，开发模式单一，港产城深度融合发展不足

虽然我国一些临空经济示范区在功能定位、发展路径等方面进行积极尝试，但总体看，国内临空经济区建设普遍采用传统开发区建设模式，通过政府补贴开通航线，以土地、税收等招商优惠政策进行开发建设，临空经济区的战略导向、发展目标、实施路径雷同，特色不鲜明。一些人认为临空经济区就是发展临空产业，缺乏兼顾城市空间开发，也有人认为临空经济区以货流为主，缺乏客流产业链延伸和价值挖掘，重工业、轻服务，重生产、轻生活，重开发、轻发展，重硬件、轻软件，缺乏对枢纽通道、服务系统、资本及产业的整体考虑、系统谋划，在新旧动能加快转换大形势下，容易造成枢纽经济区发展乏力，带来极大的投资风险和资源浪费。

（四）对临空经济区发展的认识存在误区，政策措施执行效果不明显，管理体制机制不顺畅，难以顺应融合跨界发展潮流

推进临空经济发展要按照新一轮产业变革和消费革命形势，打破既有行政边界、产业边界，充分利用航空“速度经济”特征，支撑传统产业转型升级，带动新兴产业培育壮大，打造具有鲜明航空特色的产业集群，形成新的区域增长极。当前，符合产业融合发展规律和特征的发展政策和保障措施普遍缺乏，以国家临空经济示范区试点为例，主要是对机场所在城市等级、客货运量规模提出相应规定，这些机场往往航空客运量较大，支撑航空货运发展的空间有限。没有认识到临空经济区可依托中小城市发展，如美国孟菲斯、路易斯维尔等机场均布局在中小城市。临空经济区往往涉及多层级、多行业、跨行政区，部分临空经济区缺乏统一的管理运行机构，体制机制运行不顺畅。

三、推进我国临空经济发展的政策建议

（一）统筹软硬件依托航空枢纽打造供应链组织中心

强化航空枢纽资源配置能力，提升客流、货流、资金流、信息流等各

类流要素的集聚转化水平，是集聚临空产业、发展临空经济的基础。需要硬件和软件双管齐下，既需要按照多式联运型枢纽功能设计要求，完善航站楼、机场跑道及配套设施建设，推进多种运输方式的有机衔接和高效换装（乘）；更需要在国家层面根据航空枢纽功能定位，推进航空网络布局优化，扩大国际航空网络覆盖，提升国际资源要素的集聚和辐射能力。充分利用互联网、大数据等信息技术更迭加速的机遇，依托航空枢纽的网络优势，抢抓互联网、大数据等信息技术更迭加速的发展机遇，打造实体与虚拟、线上与线下一体的供应链组织平台，将航空枢纽建设成为全球供应链体系的重要节点，全面提升航空枢纽资源要素配置能力。

（二）因地制宜明确临空经济的发展导向

国际经验表明，临空经济发展具有阶段性特征，从起步阶段至成熟阶段一般需要十余年，不可能“一蹴而就”。要根据国家战略需要、航空枢纽功能定位、交通区位条件及区域经济发展基础等，科学确定临空经济发展战略与路径。我国临空经济应转变过于依赖航空物流作为发展驱动力，重视航空客运在高端服务业发展如商贸、会展、养生中的牵引带动作用。应摆脱传统单一路径依赖，既可以根据航空枢纽在全球、全国航空网络中地位，发挥交通中转优势，发展如新加坡、中国香港、法兰克福等国际机场为代表的中转驱动型临空经济；也可以在航空物流网络扩展背景下，发展符合航空物流运作特点的物流驱动型临空经济，类似美国的孟菲斯、路易斯维尔等机场；也可以根据产业布局和转型升级需要，选择具有航空产业发展基础的航空枢纽发展产业驱动型临空经济，类似荷兰阿姆斯特丹史基浦国际机场；也可以在国家战略实施需要及自贸区、国家级园区等政策支持下，发展类似仁川、迪拜等国际机场那样的政策驱动型临空经济。

（三）营造生态环境整体性策划推动临空经济区建设

改革开放以来，我国园区开发模式先后经历了“优惠政策主导”阶段（通过土地、税收等优惠政策吸引投资），随后出现了“基础设施主导”阶段，在优惠政策趋同情况下，通过优化投资环境（尤其是基础设施条件）吸引投资。随着国家不搞“政策洼地”的政策导向及各地临空经济同质化严重、激烈竞争，传统以区块为单元通过优惠政策招商引资的方式难以为继，应顺应创新发展、融合发展大势，统筹生产生活生态、港产城及短期中期长期关系，推动枢纽与产业、空间融合发展。按照现代产业集群培育、产业链打造的内在机理，发挥资本、流量、枢纽通道以及核心产业植入、现代信息技术手段应用等组合优势，对临空主导产业落地、上下游配套产业及供应链服务系统构建进行整体性策划，缩短临空经济成熟周期。加强临空经济区与自贸区、高新区、经开区等周边园区互动发展及政策共享，增强航空枢纽所依托的城市、区域产业支撑，科学引导指向性、关联性强的临空产业集群、成链发展。加强规划留白，预留发展空间，构筑宜居、紧凑的生活生态环境。

（四）从融合发展视角健全临空经济发展政策和体制保障

整合各层级、各部门、各行业的临空经济发展政策，对相关产业及依托航空枢纽的供应链服务体系统筹考虑，系统性制定扶持政策。充分考虑临空经济区融合发展特点，完善我国临空经济示范区申报条件，提高政策精准性，既要考虑航空运输量达到一定规模的城市，也要考虑未来极具发展潜力和规模扩张的航空枢纽，如鄂州顺丰机场，如果按照既有规模难以达到申报条件，但由于该航空枢纽是我国第一个以货运为主的机场，同时随着顺丰将亚太快递转运中心落户鄂州，机场航空物流将实现几何倍数增长，对物流驱动型临空经济区发展具有重要的示范意义。转变政府职能，采用市场化合作方式推动航空枢纽与临空经济区、周边园区合作，培育壮大临空新业态、新产业和新模式。推进临空经济区区域管理一体化，减少管理层级和主体，构建高效运转、有机衔接、权责清晰的管理协调机构，统筹推进航空枢纽建设和区域开发。

执笔人：毛科俊

第十章　我国智能交通发展调研分析

内容提要　为研究交通运输与网络信息融合发展产生的新业态及智能交通未来趋势，课题组对济南市和北京百度公司进行了调研。调研发现，济南市加强了网络信息技术对传统交通执法手段的改造，积极运用互联网新技术创新管理和服务方式，引导公众文明出行，取得了良好效果。百度则依托其在网络信息领域经营积累的用户基础和互联网入口，集聚线上线下要素资源，发挥其地图导航和搜索技术的优势，在人工智能应用领域方面重点投入，在地图导航和自动驾驶领域发力，打造新的利润增长点。

一、现状和挑战

（一）济南交通运输行业的信息化智能化发展

2017 年 8 月 28 日，课题组调研了济南市交通运输与网络信息的融合发展。调研对象主要包括济南交警和济南公交。

1. 济南交警智能交通管理情况

济南交警着力研发、优化和应用智能交通应用系统，对交通运输行业进行信息化智能化改造，先后搭建了济南市治安交通智能化综合管控平台、济南交警公众服务平台、大数据综合应用平台、机动车驾驶人动态监管与社区警务服务系统、通行证管理系统等，优化完善了指挥调度平台，创新研发了微信小程序等。济南交警依托“一个中心、三大平台”，以“指挥中心”为统领，通过“大数据平台”分析研判、“治安交通智能化综合管控平台”实时预警、“指挥调度平台”快反处置，打造现代交通管理工作体系，智能管控综合效能不断提升。

济南交警围绕交通秩序大整治，发挥科技信息化的创新、引领和支撑作用。创新研发了行人非机动车闯红灯警示及自动抓拍系统，通过运用视频检测、语音灯光报警提示和电子显示屏，采取“声、光、电”立体式综合施策，实现了自动警示、提示、劝阻、抓拍、曝光和循环播放违法图片及视频，并对违法者进行人像比对自动识别，落实其身份，纳入交通诚信平台。

济南交警结合本地特点，依托大数据、云计算和移动互联网等信息技术，拓展交管服务新模式。打造了包括“泉城行＋”手机 APP、济南交警微信、微博等主要应用的“济南交警公众服务平台”，实现了交管资讯发布、动态交通诱导、业务查询办理、信息推送、违法举报、互动参与、生活服务等7大类30余项服务功能，以直达掌心、高效便捷的方式，为市民提供更省心、更顺心、更贴心的交管服务。截至目前，“泉城行＋”APP注册用户已超过20万人，微信服务号21.4万人，日均各类请求服务8万余次。

2. 济南公交建设“智慧公交”情况

济南公交是市属大型公益性国有企业，主要经营市辖区公共交通客运、出租客运等业务，注册资本13472万元。企业下设7个营运分公司和维修、物资、物业等12个直属单位，总公司机关设15个部室。截至2016年底，拥有员工12590人，营运公交车辆5345辆，公交线路250条，日均运送乘客约210万人次，年营运里程2.1亿公里，乘客满意度91.86%。企业荣获全国文明单位、全国五一劳动奖状、全国城市公交十佳先进企业等多项荣誉称号，并得到胡锦涛、张德江等中央领导的勉励与肯定。

济南公交正在加快智慧公交建设，提高公交智能化水平。目前已建设了智能调度系统，开展了调度云平台试点建设，并依托智能调度技术建设智能电子站牌400余处、智能候车亭300余处，在30条公交线路上实现了“定点发车、准时到站”。同时，推出了 NFC 手机刷卡和手机支付宝扫码乘车业务，建设了济南公交网上充值平台，初步实现了公交卡网上充值。还按照“互联网＋公交”的思路，推出了“369出行”手机 APP，为市民提供来车预报、IC 卡充值、定制公交查询和预订等出行服务，不断改善市民乘车体验。

3. 济南物流信息平台

济南市的物流信息平台主要分为由政府主导完成的和企业自主建设经营的两大类。济南市的物流主管部门济南市经信委希望将所有企业自主建设的平台都纳入政府的监管之下，同时促进物流行业数据共享共用。

目前，济南市主导的省会城市群经济圈物流公共信息服务平台已正式上线运营，逐步实现圈内融合；济南综合保税跨境电子商务综合服务平台实现与交易平台、支付工具、物流公司及企业仓储管理系统的数据交换。

另外，济南企业自主建设的物流平台运作良好，济南传化（泉胜）公路港实现“互联网物流平台网络”和“公路港共享平台网络”的互联互通，系统性解决了公路物流短板问题；盖世集团国际冷链及农产品交易信息平台建设完成，实现山东 17 地市和北京、天津全网络覆盖；九州通医药物流电子商务平台实现药品 B2B 网上交易、网上支付一体化。与浪潮集团合作，拟建设济南物流云平台展示中心。城市共同配送物流信息平台功能日趋完善。

4. 济南市交通运输和网络信息融合发展面临的挑战

电子信息软件等战略新兴产业目前已经成为济南市的支柱性产业，济南市政府非常重视信息化创新和信息产业的发展。尤其是将交通运输与网络信息深度融合发展作为重点，大力发展智能交通产业，起到了全国引领示范作用。目前，“济南交警”和“济南公交”已经成为全国知名的城市名片，近 20 年来，济南交通管理和服务的信息化智能化水平始终处于全国领先水平。由于主管部门严格执法、积极弘扬文化传统，济南的交通文明程度也显著领先于全国。

信息网络和交通运输的深度融合在济南的实践，主要是解决了交通和物流需求管理的问题，将既有交通设施更好地服务出行者和物流企业，以提升出行和物流系统的效率。但是，济南城市布局规划的先天缺陷和交通基础设施供给不足使得当前的交通供给无法满足需求，应该考虑交通供给侧和交通需求侧共同发力。这样才能使得济南甩掉“堵城”的帽子，打造“济南交通”新名片。

（二）百度关于“互联网 +”交通运输新业态探索

2017 年 9 月 28 日，课题组主要针对“互联网 +”交通运输新兴产业对百度集团公司进行了书面材料调研，并提出了以下问题：百度地图服务平台的发展情况，以及面向公众和面向政府拓展服务领域的意向；阿波罗自动驾驶平台的发展情况，与相关企业的合作进展，以及对国内自动驾驶产业发展的愿景，在公共设施和政策法律上的需求；对国内自动驾驶产业发展的愿景、公共设施和政策法律上的需求；在大数据、云服务、人工智能等领域的研究进展，在技术应用及产业化方面的状况和问题，以及对政府引导政策的需求。

结合当前交通运输与经济社会融合发展的现状，综合分析百度公司对上述问题的回复。

1. 百度基本情况

百度公司是一家主要经营搜索引擎服务的互联网公司，于2000年1月1日由李彦宏、徐勇两人创立于美国。2005年，百度在美国纳斯达克上市，一举打破首日涨幅最高等多项纪录，并成为首家进入纳斯达克成分股的中国公司。2016年以来，百度历经了业务重整和转型，逐渐从网络营销为中心向以人工智能技术创新为驱动进行转变。2016年至今，百度推出了百度大脑、百度个人云存储（PCS）、LBS·云、百度移动云测试中心（MTC）、百度应用引擎（BAE）及多屏幕 Screen X 技术、百度移动云应用生成服务（Site APP）和百度移动浏览内核等新产品。

当前，百度（Baidu）与阿里巴巴（Alibaba）、腾讯（Tencent）并称为我国互联网行业的三巨头 BAT，是我国市值排名前三的互联网创新公司。截至2018年12月30日，百度在美国纳斯达克的市值折合为人民币约3879亿元，大约为阿里巴巴和腾讯市值的15%。

2. 百度营收情况

百度目前正在利用“互联网+”时代形成的优势，全力向技术创新转变，未来将更多依靠在人工智能领域的技术突破来实现发展转型。2017年以来，百度的业绩稳步上升，核心业务和人工智能驱动的新兴业务都取得了具有重大意义的进展。手机百度 APP 与信息流进展显著，而且活跃客户数稳定增长。百度在2016年的 Create AI 开发者大会上展现了其人工智能平台和生态系统的领导地位。同时百度还在不断改善平台运营效率，在核心技术与生态系统上持续投入，以更好地完成百度在人工智能时代的使命。

根据百度 2017 财年第二季度财报，百度公司该季度营收为人民币 208.74 亿元，同比增长 14.3%；按美国通用会计准则计，归属公司上市部分的净利润为人民币 44.15 亿元，上年同期为净利润人民币 24.14 亿元，同比增长 82.9%；合摊薄后每股利润为人民币 11.31 元，上年同期为每股利润人民币 6.57 元，同比增长 72.1%。

3. 百度应用服务生态圈

百度生态圈分为传统搜索、移动云战略、位置衍生服务、金融四大领域，百度的主要收入仍是来自传统搜索的网络营销，其收入占比超过了其全部收入额的 90%（见图 10－1）。

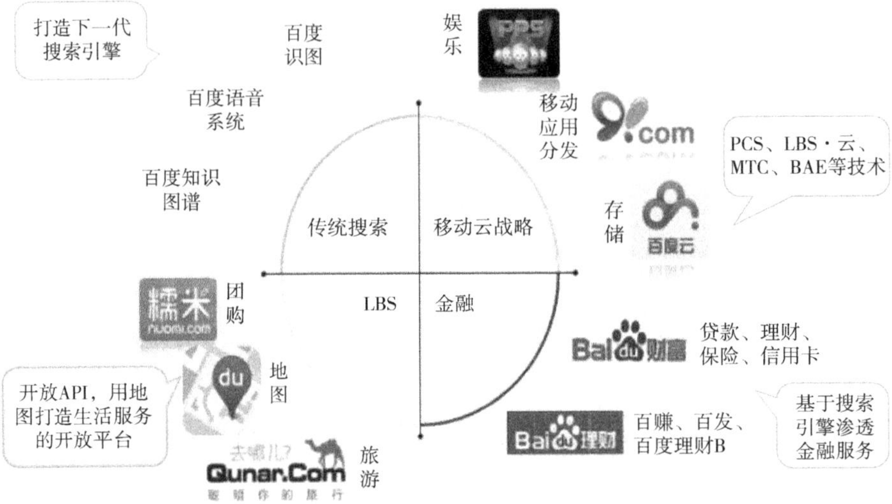

图 10－1　百度生态圈示意图

4. 百度地图发展情况

（1）百度地图服务的经营资质

国内地图测绘资质受准入限制的，国家测绘局 2010 年对互联网地图服务建立了准入制度，分为甲乙丙丁四级，不同级别的测绘企业经营范围大不相同。按照新修订的《互联网地图服务专业标准》，取得互联网地图服务甲级测绘资质的单位可以从事地图搜索、位置服务，地理信息标注服务，地图下载、复制服务、地图发送、引用等四类服务，取得互联网地图服务乙级测绘资质，可以从事前两类服务，但不得从事后两类。目前，百度是全国147家甲级互联网地图服务测绘资质单位之一。

（2）百度地图服务情况

目前，百度地图每日800亿次定位服务请求、每日导航服务超2亿公里、覆盖400多个城市路况，同时与全国各地主要城市的交警、交通部门均建立了合作，推出了交通实时监测与研判分析平台、智慧诱导屏、实时大数据信息发布等多款产品，在面向公众服务的产品中，有权威道路事件发布、实景路况服务、城市诱导屏发布、大型活动节假日出行建议等内容，深度服务公众出行。

百度地图基于每天产生的海量路况大数据，推出了交通路况大数据研判分析平台，为城市交通管理提供数据决策和支持，但目前与政府部门数据对接不够，希望能在未来和更多的政府交通管理部门打通数据，提升平台的数据准确性。

目前，百度地图和高德地图是我国月活跃用户数最多的互联网地图服务应用。

5. 百度自动驾驶发展情况

（1）百度自动驾驶及Apollo平台和生态建设情况

作为自动驾驶行业的领军企业，百度多年深耕人工智能技术，提早布局自动驾驶，于2015年12月成立自动驾驶事业部，致力于核心技术的研发和商业化应用。2017年，进一步成立智能汽车事业群组，覆盖自动驾驶（L4）、辅助驾驶（L3）、车辆网三大业务板块。依托人工智能、云计算、大数据等领域的优秀能力，百度致力于高级别自动驾驶系统（L4）的研发，目前已取得全球领先的环境感知、智能决策与控制、高精度地图与定位、车载系统、车载硬件、仿真、智能互联、人机交互、系统安全等核心技术，并研发了一套具有完全自主知识产权的国内外先进的自动驾驶系统，并实施“阿波罗计划（Apollo）”，向业界提供了覆盖车辆、硬件、软件和云端服务的系统级解决方案。

基于阿波罗平台的百度自动驾驶汽车已在美国加州、浙江乌镇、北京亦庄等地进行了实际道路测试，接待了三百余位重要嘉宾的试乘。2017年7月，“阿波罗平台”正式对外开放，这是全球范围内自动驾驶技术的第一次系统级开放。目前已开放Apollo1.0和Apollo1.5版本能力。阿波罗生态已成为全球最大的自动驾驶生态，首批成员超过54家，覆盖产业链各个环节，包括整车厂、一级供应商（Tierl）、零部件厂商、出行服务商、高校和地方政府等。阿波罗平台旨在聚集全产业链力量，共同打造技术先进、安全可靠的自动驾驶产业体系，合力构建开放合作新生态，助推我国汽车、交通实现跨越式发展。

基于“开放能力、共享资源、加速创新、持续共赢”的重要原则，阿波罗生态合作伙伴联盟已于 2017 年 7 月 5 日正式成立，首批成员超 50 家，成为全球最强大的自动驾驶生态，目前成员数量正持续扩大（见图 10－2）。

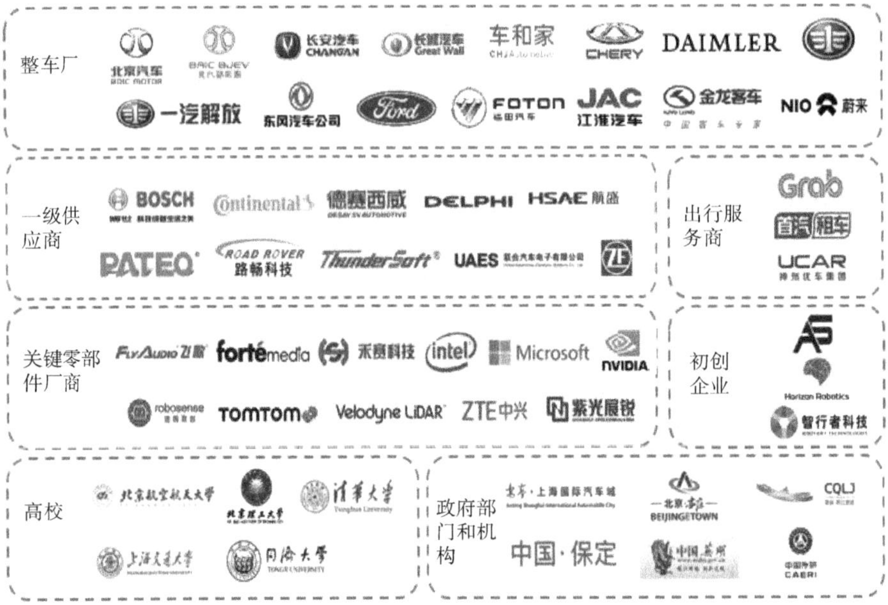

图 10－2　百度阿波罗自动驾驶平台生态

1）汽车厂商，包括奇瑞、一汽、长安、长城、北汽、江淮、东风、戴姆勒等 15 家领先的 OEM 厂商，自主品牌 OEM 销量前 10 名中，已有 6 家加入阿波罗生态合作伙伴联盟。

2）一级供应商（Tier1），多家 Tier1 企业加入阿波罗生态合作伙伴联盟。全球最知名的两家 Tier1——博世、大陆均已成为阿波罗生态首批成员并与百度签订了战略合作协议。

3）政府部门和机构，芜湖、保定、北京亦庄等地方政府部门和研究机构也在首批阿波罗生态合作伙伴联盟中。

4）阿波罗生态还包括NVIDIA、微软、中兴通讯、Velodyne等多领域关键零部件生产商；AutonomouStuff、地平线等新锐初创企业；神州优车、Grab taxi和首汽租车等出行服务商，覆盖了汽车零部件、芯片、地图、出行服务等各个自动驾驶的关键领域。清华大学、北京航空航天大学、北京理工大学、上海交通大学、同济大学等国内一流高校也已加入。

（2）对国内自动驾驶产业发展的愿景、公共设施和政策法律上的需求

自动驾驶涉及感知、分析、决策、控制等多项尖端技术，是人工智能领域的集大成者。自动驾驶汽车作为未来市场最大、前景最好的人工智能重要领域，正引领未来社会和生活变革。自动驾驶具有安全、高效、经济、绿色等优异特性，已经成为全球汽车、交通和城市管理转型升级的重要力量。百度希望政府部门能够积极支持自动驾驶产业的快速发展，大力培育自动驾驶产业，构建国内外领先的自动驾驶生态体系，形成世界一流的自动驾驶产业聚集地。

——公共设施方面。完善的智能化交通基础设施将有力促进自动驾驶的商业化，在新的智能交通基础设施和公路基础设施建设中，需要充分考虑未来的智能汽车和无人车的应用，可结合国内自动驾驶企业现有和未来的测试和运营区域，以及全国自动驾驶的发展需求，提前规划和设计传感器、通信网络、车路协同、交通云、交通大数据等智能化交通基础设施，构建新一代智慧交通体系。

——政策法规方面。积极探索政策和管理创新，尽快出台覆盖全国的支持自动驾驶发展的政策指南，加快发放无人车道路测试和运营许可，塑造中国无人车新技术、新业务发展的典范，建成全球领先的无人车示范区，并提供配套支持。加快推动国家层面的无人车相关的法律法规、政策、标准的创新，出台相关文件。统筹我国汽车、信息、通信和交通标准工作体系，协同建立我国自主自动驾驶标准体系。

——产业配套方面。加强核心关键软硬件研发，重点围绕芯片、操作系统、软件、传感器等核心软硬件产品，系统化布局一批研发与产业化项目，支持国产GPU、FPGA等更符合深度学习的研发，支持企业发展车载智能系统、计算机视觉、高精度地图、智能决策和控制系统自主汽车核心软硬件，培育自主产业生态体系。

——测试运营方面。推进在京津冀、长三角、珠三角、西部省份等全

国多地设立自动驾驶测试与运营区域，支持建设规模化封闭和开放的测试场地。在更多地方、选择更多道路环境开设测试运营区域，提升企业研发测试效率，支持吸引国外企业来华进行创新，汇聚全球科技创新资源，打造无人驾驶研发创新高地和产业聚集地，抢占未来创新制高点，为经济增长培育新动力。

——平台建设方面。推动牵头聚集企业、高校、科研机构等各方力量，形成政策大力支持，企事业单位共同参与，创业公司共同努力的发展局面，加快自动驾驶的自主产业生态体系建设。支持百度 Apollo 计划开放的技术平台，作为国家级自动驾驶创新的公共技术平台，设立自动驾驶相关的工程实验室或创新中心，聚集全国创新创业资源，促进产业合作和协同创新，共同打造全球自动驾驶产业聚集地。

6. 协同推动交通运输和网络信息融合发展

依托公路、水路、民航、铁路等综合交通发展背景，发挥其在人工智能、大数据、云计算等领域技术优势，深化政府和企业在多种运输方式衔接方面的合作，提升综合运输效率和水平，共同探索建立互动良好的政企合作模式，如旅客人脸识别安检、人脸识别乘车、人脸识别登机、自助通关服务等。

7. 百度未来发展面临的挑战

（1）百度的核心商业模式演进路线并不明朗

百度以互联网搜索引擎技术起家，发展模式与美国的谷歌非常相似。依托成熟稳定的搜索技术和本地化应用，百度取得了我国搜索引擎市场的支配性地位。和谷歌一样，百度的主要盈利来自互联网搜索的商业营销，基于关键字营销实现对线上线下企业的业务推广。百度对人们的日常生活的娱乐、社交、金融、电商等业务涉足较晚，无法冲击阿里巴巴、腾讯等巨头主营业务生态圈。但阿里巴巴和腾讯已经形成了自营的搜索引擎业务，并在核心业务上对百度等搜索引擎进行了隔离（如百度无法搜索淘宝网产品和腾讯微信公众号的内容）。预计当前百度的核心广告业务扩展已经达到了极限。

百度人工智能业务仍缺乏撒手锏级别的应用场景，其核心技术转化为商业利润并不顺畅。百度的前沿技术主要用于自身系统，对外推广非常有限，要形成具有自我造血功能的生态圈更是非常困难。百度在百度大脑上投入大量的资源，推动大数据、云计算、机器人等业务的发展，但是研究成果和在第三方合作伙伴的应用效果并不是非常突出。

（2）互联网地图服务等交通类应用发展前景可观

百度地图是网络信息与经济社会融合发展的重要领域。地理信息系统是互联网行业的核心技术。地图导航作为移动互联网时代的重要入口，是每个大型互联网公司的战略产品，是保护核心竞争力的技术业务护城河，也是消费者最为依赖的移动互联网入口。百度地图是开展其他基于地理信息应用（LBS）的基础，也是提供对百度搜索的接入通道。

互联网地图导航行业集中度较高，虽然地图勘察测绘成本让普通企业难以承受，电子地图本体产生的利润较小，但是与其他互联网业务结合将会产生巨大的融合效应。互联网地图的发展需要有行业长年的技术积累，大量的人力和设备投入，还要面向上级主管部门进行协调，面向基层商户进行地推补贴，因此形成了较高的竞争门槛。百度地图和高德地图已经占据了我国互联网地图服务的大部分市场份额。互联网地图对交通运输及经济社会发展起到不可替代的支撑作用，已经成为基础性信息基础设施。

行业集中度高更有利于互联网地图服务等获取更为完整的地理信息及交通物流动态数据，以得出更为准确的预测和判断。当前的各类互联网应用已经和地图信息服务密不可分。大数据的提取分析更离不开地理坐标信息的标定。

未来，互联网地图服务对支撑交通运输和经济社会融合发展将会起到更为重要的作用，虚拟现实（VR）、加强现实（AR）等技术的应用可以对地图导航起到强化作用，进一步丰富“互联网＋”服务。

（3）自动驾驶汽车全面产业化需要较长过程

自动驾驶汽车是交通、汽车、网络信息产业融合发展的产物。自动驾驶汽车产业是安全苛求度很高的产业，直接关系到人的生命安全，只有当技术完全成熟，对人的生命安全威胁降低到可以忽略不计，才能全面产业化。

目前，各大汽车厂商和互联网新兴企业都在加大自动驾驶领域的研发投入，以期在即将到来的自动驾驶时代占得先机。不可否认，自动驾驶会对交通运输行业产生颠覆性的变革。但是，技术尚不成熟、社会接受度有限、安全风险较大、政府政策取向不明等仍然影响着自动驾驶汽车产业的发展，大量产业资本仍对该行业持观望态度。虽然谷歌等企业的自动驾驶已经在美国加利福尼亚州等地的公路上运行了将近十年，美国个别州政府也对自动驾驶汽车颁发了测试牌照，但是当前自动驾驶汽车仍没有迎来突破性的技术进步，社会对自动驾驶引发事故的容忍程度非常低。我国政府当前也没有配套自动驾驶的开放路网环境。

自动驾驶汽车的全面产业化需要一个较长的过程，但政府部门可以在部分领域进行试点突破，带动社会更新对自动驾驶技术的认识，培育经济新增长点。如在港区、货场、物流园区等封闭式环境下可进行自动驾驶汽车运营服务，支撑交通枢纽高效运行；也可以试点建设专用自动驾驶货运高速公路，在交通事故高发、运行成本较高的道路货运领域进行自动卡车驾驶运行；或者将堵车环境下的自动驾驶协调作为减轻驾驶员疲劳度、疏导城市堵车状况、减轻城市污染的重要抓手。城市内自动驾驶汽车与普通汽车、行人的混合运行可作为自动驾驶的终极场景。

二、政策建议

（一）把握网络信息发展趋势，改革新业态管理体制机制

密切关注交通运输与网络信息融合的发展动态，积极拥抱新业态新产业，秉持“包容审慎”的监管方式，明确监管范围和法律底线，有效应对可能会对经济社会发展产生重大影响的问题。在城市智能交通管理、自动驾驶产业、互联网信息服务方面鼓励业态融合和技术创新，借鉴世界发达国家管理经验，倒逼推动管理体制机制改革。

（二）完善法律法规，达成社会共识

对于监管的空白或是现有法律未有覆盖的区域应该尽快启动立法程序，并及时征求公众意见，让主管部门有法可依，公众也能了解法律的底线。加强部门之间的联动协同，必要时以综合宏观部门牵头成立部际协同工作小组，建立省部市联动机制，对重大问题作出快速反应。

（三）营造技术创新环境，推动核心技术突破

营造鼓励创新的社会环境，切实保护知识产权，引导企业在核心技术领域长期投入。鼓励原始创新，有效催生模式创新。在资金和政策上进行引导，培育交通运输与网络信息融合发展的龙头企业。

执笔人：陈晓博